国学新读本

WANG BI JI

王弼集

党圣元　陈民镇 注说

河南大学出版社
·郑州·

目　　录

序 …………………………………………………… 李振宏（1）

《王弼集》通说 ……………………………………………（1）

一　王弼的生平 ……………………………………………（1）

二　王弼的著述 ……………………………………………（7）

（一）《老子指略例》 ……………………………………（8）

（二）《老子道德经注》 …………………………………（10）

（三）《周易略例》 ………………………………………（12）

（四）《周易注》 …………………………………………（13）

（五）《论语释疑》 ………………………………………（14）

三　王弼思想概述 …………………………………………（16）

（一）举本统末：王弼思想的纲领 ………………………（17）

（二）“举本”与本体的存在形式 …………………………（22）

（三）“统末”与王弼的政治观与伦理观 …………………（30）

四　王弼的影响 ……………………………………………（35）

五　王弼著述的阅读 ………………………………………（40）

（一）把握王弼著述的性质 ………………………………（40）

（二）了解王弼著述的思想来源 …………………………（47）

(三)具体的研读方法 …………………………………… (55)
六　校注说明…………………………………………………… (57)
老子指略例(佚文) ……………………………………………… (59)
老子道德经注……………………………………………………… (71)
上篇 ………………………………………………………………… (71)
第一章……………………………………………………………… (71)
第二章……………………………………………………………… (73)
第三章……………………………………………………………… (74)
第四章……………………………………………………………… (75)
第五章……………………………………………………………… (76)
第六章……………………………………………………………… (77)
第七章……………………………………………………………… (78)
第八章……………………………………………………………… (78)
第九章……………………………………………………………… (78)
第十章……………………………………………………………… (79)
第十一章…………………………………………………………… (80)
第十二章…………………………………………………………… (81)
第十三章…………………………………………………………… (81)
第十四章…………………………………………………………… (83)
第十五章…………………………………………………………… (84)
第十六章…………………………………………………………… (84)
第十七章…………………………………………………………… (86)
第十八章…………………………………………………………… (87)
第十九章…………………………………………………………… (87)
第二十章…………………………………………………………… (88)
第二十一章………………………………………………………… (89)

第二十二章……………………………………………………（90）
第二十三章……………………………………………………（91）
第二十四章……………………………………………………（92）
第二十五章……………………………………………………（92）
第二十六章……………………………………………………（94）
第二十七章……………………………………………………（94）
第二十八章……………………………………………………（95）
第二十九章……………………………………………………（96）
第三十章………………………………………………………（97）
第三十一章……………………………………………………（98）
第三十二章……………………………………………………（98）
第三十三章……………………………………………………（99）
第三十四章……………………………………………………（100）
第三十五章……………………………………………………（101）
第三十六章……………………………………………………（101）
第三十七章……………………………………………………（102）
下篇 ……………………………………………………………（103）
第三十八章……………………………………………………（103）
第三十九章……………………………………………………（108）
第四十章………………………………………………………（109）
第四十一章……………………………………………………（110）
第四十二章……………………………………………………（112）
第四十三章……………………………………………………（113）
第四十四章……………………………………………………（113）
第四十五章……………………………………………………（114）
第四十六章……………………………………………………（115）
第四十七章……………………………………………………（115）

第四十八章……………………………………………………(116)
第四十九章……………………………………………………(116)
第五十章………………………………………………………(118)
第五十一章……………………………………………………(119)
第五十二章……………………………………………………(120)
第五十三章……………………………………………………(121)
第五十四章……………………………………………………(122)
第五十五章……………………………………………………(122)
第五十六章……………………………………………………(123)
第五十七章……………………………………………………(124)
第五十八章……………………………………………………(125)
第五十九章……………………………………………………(126)
第六十章………………………………………………………(127)
第六十一章……………………………………………………(127)
第六十二章……………………………………………………(128)
第六十三章……………………………………………………(129)
第六十四章……………………………………………………(130)
第六十五章……………………………………………………(131)
第六十六章……………………………………………………(132)
第六十七章……………………………………………………(132)
第六十八章……………………………………………………(133)
第六十九章……………………………………………………(133)
第七十章………………………………………………………(134)
第七十一章……………………………………………………(135)
第七十二章……………………………………………………(135)
第七十三章……………………………………………………(136)
第七十四章……………………………………………………(137)

第七十五章……………………………………………………(137)
第七十六章……………………………………………………(138)
第七十七章……………………………………………………(138)
第七十八章……………………………………………………(139)
第七十九章……………………………………………………(139)
第八十章………………………………………………………(140)
第八十一章……………………………………………………(140)
周易略例 ……………………………………………………(141)
明彖……………………………………………………………(141)
明爻通变………………………………………………………(143)
明卦适变通爻…………………………………………………(146)
明象……………………………………………………………(147)
辩位……………………………………………………………(149)
略例下…………………………………………………………(151)
卦略……………………………………………………………(152)
周易注 ………………………………………………………(156)
上经 …………………………………………………………(156)
乾………………………………………………………………(156)
坤………………………………………………………………(163)
屯………………………………………………………………(167)
蒙………………………………………………………………(170)
需………………………………………………………………(173)
讼………………………………………………………………(175)
师………………………………………………………………(178)
比………………………………………………………………(180)
小畜……………………………………………………………(182)
履………………………………………………………………(186)

泰……(188)
否……(190)
同人……(192)
大有……(194)
谦……(197)
豫……(199)
随……(200)
蛊……(203)
临……(205)
观……(206)
噬嗑……(209)
贲……(211)
剥……(214)
复……(216)
无妄……(218)
大畜……(220)
颐……(222)
大过……(224)
习坎……(226)
离……(229)
下经……(231)
咸……(231)
恒……(233)
遯……(235)
大壮……(237)
晋……(238)
明夷……(241)

家人…………………………………………………………………（243）
睽……………………………………………………………………（245）
蹇……………………………………………………………………（247）
解……………………………………………………………………（249）
损……………………………………………………………………（252）
益……………………………………………………………………（254）
夬……………………………………………………………………（257）
姤……………………………………………………………………（259）
萃……………………………………………………………………（262）
升……………………………………………………………………（264）
困……………………………………………………………………（266）
井……………………………………………………………………（269）
革……………………………………………………………………（271）
鼎……………………………………………………………………（273）
震……………………………………………………………………（276）
艮……………………………………………………………………（278）
渐……………………………………………………………………（280）
归妹…………………………………………………………………（282）
丰……………………………………………………………………（285）
旅……………………………………………………………………（287）
巽……………………………………………………………………（289）
兑……………………………………………………………………（292）
涣……………………………………………………………………（293）
节……………………………………………………………………（295）
中孚…………………………………………………………………（297）
小过…………………………………………………………………（299）
既济…………………………………………………………………（302）

未济……………………………………………………………………（304）
论语释疑（佚文）……………………………………………………（308）
学而……………………………………………………………………（308）
为政……………………………………………………………………（308）
八佾……………………………………………………………………（309）
里仁……………………………………………………………………（309）
公冶长…………………………………………………………………（310）
雍也……………………………………………………………………（310）
述而……………………………………………………………………（311）
泰伯……………………………………………………………………（312）
子罕……………………………………………………………………（314）
乡党……………………………………………………………………（315）
先进……………………………………………………………………（315）
颜渊……………………………………………………………………（317）
宪问……………………………………………………………………（317）
卫灵公…………………………………………………………………（318）
阳货……………………………………………………………………（318）
微子……………………………………………………………………（321）
主要参考文献…………………………………………………………（322）

序

最近一些年来，一股“国学热”的思潮强劲涌动，在文化学界以至于整个社会上，引起了强烈反响。为什么在这样一个社会的大变革时代，在从传统社会向现代社会的转型期，最为传统的国学，却能引起国人的极大兴趣，这的确是一个值得思考和研究的问题。

“国学”作为一个学术文化概念，产生于近代。从渊源上讲，“国学”概念的产生，与“国粹”有些关联，并且是从对抗西学侵入的角度提出来的。今天，中华民族早已是一个独立于世界民族之林的自立自强的民族，全球经济一体化所带来的世界文化的汇合与交融，也早已是历史发展的必然趋势，而在这样的历史大势中，却会有“国学热”的产生，乍一看来，确有不可思议之处。但实际上，国学的当代走红，则与我们今天所处的历史时代有着一定的关系。

随着改革开放的迅速推进，随着市场经济的强劲发展，传统道德受到了强烈冲击，传统文化与现代文化观念的碰撞也日益强烈。于是，如何看待传统文化的问题，就严峻地摆到了国人的面前。传统文化的出路何在，它从何而来，要走向何方，如何对之进行价值重估，一切关心文化问题、有强烈历史责任感的人们，无不把关注的目光投向中国的传统学术。当然，也不排除一些对改革开放和市场经济所带来的冲击无法理解和接受，对现代经济发展对传统道德的亵渎强烈抗议的人们，自然而然地发出向传统文化复归而倡导国学的呼声。总之，不论是出于积极的思考，还是抱着一种向后看的心态，对国学的重视则成了最近十多年来一种普遍的文化选择。

于是，对待“国学热”就需要有一个分析的态度。对于任何一个民族的发展来说，传统文化都是其牢固的根基，是其一切历史的出发点，摒弃传统、甚至全盘否定传统文化，都是幼稚可笑的，不可取的。但一遇到问题就求助于传统，甚至一味狂热地提倡向传统复归，也是走不通的，过去那句常说的“倒退是没有出路的”话，虽说不是什么至理名言，却也还是有些道理的。这些年来，一些地方出现的中小学生、甚至幼儿园小朋友的读经热，就是一种值得注意的倾向。国学，毕竟是一种学术，需要有一定的文化基础，有一定的分析批判能力，才能对之进行识读、鉴别而决定其取舍。所以，严格地说，对于国学，尤其是经学，在当代中国，需要的是研究以及在此基础上的批判继承，而不是再像传统社会中那样采取唱诗班的方式，对青少年一代进行无分析地灌输。因此，如何弘扬传统文化，就是一个需要思考的问题。

正是基于以上考虑，为了满足弘扬优秀传统文化的需要，也为了对社会上盲目崇尚读经的风气有所引导，我们组织了这套“国学新读本”丛书，选择一些在中国传统文化中影响较大的国学典籍，对之简明扼要地进行注释，然后在读本前边，用较大篇幅解读该典籍的基本思想文化内涵，评述其在中国文化史上的地位和影响，并对如何阅读该典籍做出读书方法上的引导。通过这样一个较为翔实的导读内容，以批判分析的态度，给青年人的国学典籍阅读提供一个健康的思想导向。根据这样的宗旨，这套丛书，在大的结构上，每本都分为“通说”和“简注”两个部分，“通说”是导读的性质，“简注”在于疏通文字，希望这样的安排，能够为青年朋友和一般社会读者提供一个国学入门的向导。果能如此,也就实现了撰著者和出版者的愿望。

国学所以是国学,就在于它是我们祖国优秀民族文化和民族精神的载体。这些国学典籍包含着民族文化的基因,蕴藏着民族精神的范型。衷心期待这套丛书能够成为广大读者学习国学精华、体认民族精神、继承祖国优秀文化遗产的良师益友。

李振宏

《王弼集》通说

无论是就中国历史发展进程而言，还是就中国思想的演进趋势而言，魏晋作为一个过渡阶段，有其特殊的意义。随着东汉的衰微与分裂，经学在思想界的绝对控制力下降，道家、法家、名家等诸子思想重新抬头，又一个思想激荡的时代呼之欲出。最终，在曹魏正始年间(240～249 年)，何晏、王弼登上了历史舞台，魏晋玄学自此在中国思想史上确立了自身的历史坐标。如果说何晏揭启了魏晋玄学的序幕，王弼则在何晏"以无为本"的基础上发展出"举本统末"的思想体系，标志着魏晋玄学的正式成立。在此之后，嵇康、阮籍、裴頠、郭象等人续作开拓，他们的讨论基本上是在何晏、王弼基础上的延伸。欲理解魏晋玄学，王弼无疑是最为关键的人物。其著述所迸发出的思想闪光，使其无愧于中国古代大思想家的历史标签。

一　王弼的生平

王弼生于公元 226 年，卒于公元 249 年，享年 24 岁。就其生命的长度而言，他不过是一闪而过的流星。但这颗流星所裹挟而来的陨石，却极大震撼了华夏大地，其余波经久不息，影响至今。

就其在中国思想史上的地位而言，王弼已然是耀眼夺目的恒星，在历史星空中留下了永恒的印记。

很难想象，王弼以如此有限的生命容纳了如此无穷的思想能量，以至于有人误认为流传至今的王弼著作一概出自伪托。王弼的早慧，与家世背景与时代风气息息相关。若非出生于山阳高平王氏家族，王弼很难具备从事玄学研究的知识结构。而若非何晏导夫先路，若非诸多前辈扶掖赞誉，王弼很难独立完成魏晋玄学基本框架的构建，自然也便很难完成从天才少年到时代巨子的转变。

黄初七年(226 年)，王弼降生于山阳高平王氏家族。山阳高平在现在的山东省金乡县至邹城市一带，隶属于孔孟之乡济宁市。山阳王氏“世为豪族”①，自王龚以来，开始在史册上书写浓墨重彩的篇章。王龚与其子王畅均官至司空，后来坐镇荆州的刘表曾在王畅门下求学，而且刘表也是山阳高平人氏。王畅生子王谦，曾被何晏的祖父大将军何进提拔为长史。王谦生子王粲，是著名的“建安七子”之“冠冕”(《文心雕龙·才略》)，名重当时。在汉末战乱中，王粲曾与族兄王凯一道投奔刘表。刘表十分欣赏王粲的才华，本来欲将女儿许配给他，但因嫌他相貌丑陋且过于率性，便将女儿嫁给了更有风度的王凯②，王凯便是王弼的祖父。

在曹操平定荆州之后，客居荆州的山阳王氏重返北方，为曹魏家族所倚重。在王粲逝世之后，他的两个儿子因参与叛乱被诛杀，王粲绝后，这令当时远在汉中前线的曹操深以为憾③。王凯与刘表之女所生儿子王业，也便过继到王粲一脉，不但继承了王粲的宗

① 《后汉书》卷五十六《王龚传》。

② 《三国志·魏书》卷二十八《钟会传》注引《博物记》;《博物志》卷六《人名考》。

③ 《三国志·魏书》卷二十一《王粲传》注引《文章志》。

业，也继承了蔡邕赠予王粲的万卷藏书①。王业生子王宏与王弼，王宏字"正宗"，王弼字"辅嗣"，均有承继王粲宗业的寓意。王粲本是王弼的叔祖，此时却成了王弼名义上的祖父。王粲与荆州学派之间的密切关系，以及其深厚的家学、宏富的藏书，不能说对王弼毫无影响。在这样的家世背景之下，同时也受到当时思想风气的熏染，王弼自幼熟稔儒、道典籍，这无疑为他后来的一鸣惊人奠定了基础。

虽然王弼在中国思想史上有特殊地位，但正史中有关他的史料并不丰富。在《三国志·魏书·钟会传》中，陈寿为钟会立传时仅以寥寥几语附带提及王弼：

> 弼好论儒道，辞才逸辩，注《易》及《老子》，为尚书郎，年二十余卒。

而裴松之注所引何劭的《王弼传》，则为我们了解王弼的生平事迹提供了关键的线索。譬如何劭记载了未及弱冠的王弼与吏部郎裴徽的对话②：

> 时裴徽为吏部郎，弼未弱冠，往造焉。徽一见而异之，问弼曰："夫'无'者，诚万物之所资也。然圣人莫肯致言，而老子申之无已者何？"弼曰："圣人体无，无又不可以训，故不说也。老子是有者也，故恒言无所不足。"寻亦为傅嘏所知。于时，何晏为吏部尚书，甚奇弼，叹之曰："仲尼称后生可畏，若斯人者，可与言天人之际乎！"

在《世说新语·文学》中，有相近的记述：

> 王辅嗣弱冠诣裴徽，徽问曰："夫'无'者，诚万物之所资，

---

① 《三国志·魏书》卷二十八《钟会传》注引《魏氏春秋》。

② 王晓毅先生将此事定于正始四年(243 年)，王弼时年十七岁。参见王晓毅：《王弼评传》，南京：南京大学出版社，2011 年，第 364 页。

圣人莫肯致言，而老子申之无已，何邪?”弼曰：“圣人体无，无又不可以训，故言必及有。老、庄未免于有，恒训其所不足。”

余嘉锡先生指出《世说新语》的记述源出何劭《王弼传》①。这一对话，似乎是王弼作为天才少年的首次重要表演。但这并非纯粹的文字游戏或者年少机智。在何晏的推动下，“无”的本体意义已然深入人心，故裴徽对“无”作为“万物之所资”的定位毫不怀疑，但却对圣人(孔子)与老子的关系有所疑虑。当时虽然经学统治力下降，但儒家仍具有崇高地位，孔子作为“圣人”仍无可质疑。而时人所艳称的“无”，分明出自道家，却是孔子未曾措意的。这便涉及到孔子与老子谁更胜一筹、老子算不算“圣人”的问题，最终又落实到如何处理儒家与道家关系的问题。魏晋时期的士人在儒、道之间摇摆，如何促成儒、道之间的平衡便成为大家关心的焦点，因而有不少士人参与了相关论争。王弼基于“无”“不可以训”的出发点，指出孔子虽未言及“无”，但其本身体现了“无”，事实上肯定了孔子作为“圣人”的地位在老子之上，即所谓“老不及圣”②。这一对话反映了王弼思想的早熟，可见其基本理念已然成型。以“举本统末”(或“崇本举末”、“崇本息末”)平衡儒、道关系，正是王弼的一个重要贡献。

王弼的聪明才智令玄学先驱何晏大为叹服。何晏是汉末大将军何进之孙，后来成为曹操的养子。在正始年间，他成为曹爽集团的重要一员。《世说新语·文学》记载了何晏举办的一次清谈，年

---

① 余嘉锡:《世说新语笺疏》，北京:中华书局，1983年，第199页。

② 《弘明集》卷六载南齐周颙《重答张长史书》:“王、何旧说，皆云老不及圣。”《广弘明集》卷八载道安《二教论》云:“何晏、王弼咸云老未及圣。”称何晏、王弼均主张“老不及圣”。但《世说新语·文学》刘孝标注引《文章叙录》:“自儒者论以老子非圣人，绝礼弃学。晏说与圣人同，著论行于世也。”准此，何晏、王弼的圣人观未必完全相同。

少的王弼在此回活动中一鸣惊人：

何晏为吏部尚书，有位望，时谈客盈坐，王弼未弱冠，往见之。晏闻弼名，因条向者胜理语弼曰："此理仆以为极，可得复难不？"弼便作难，一坐人便以为屈，于是弼自为客主数番，皆一坐所不及。

几番论辩下来，年少的王弼令在座的人均自叹弗如。何劭称王弼"幼而察惠，年十余，好老氏，通辩能言"①，以上事例无疑是生动的注脚。何劭《王弼传》载："淮南人刘陶善论纵横，为当时所推。每与弼语，常屈弼。弼天才卓出，当其所得，莫能夺也。其论道赋会文辞，不如何晏；自然有所拔得，多晏也。"即便以善辩著称的刘陶，也不能胜过王弼。而且，王弼的识见辩才，多已在当时的玄学领袖何晏之上。《世说新语·文学》还记载：

何平叔注《老子》始成，诣王辅嗣。见王注精奇，乃神伏曰："若斯人，可与论天人之际矣！"因以所注为《道》、《德》二论。

何晏注《老子》未毕，见王弼自说注《老子》旨。何意多所短，不复得作声，但应诺诺。遂不复注，因作《道》、《德》论。

"平叔"是何晏的字。何晏与王弼均为《老子》一书作注，但何晏在得知王弼的意旨之后却自愧不如，不复作注，而只是撰写了《道》、《德》二论。《德论》今已不存，《道论》在《列子·天瑞》张湛注中尚残留部分文字：

有之为有，恃无以生；事而为事，由无以成。夫道之而无语，名之而无名，视之而无形，听之而无声，则道之全焉。故能昭音向而出气物，包形神而章光影。玄以之黑，素以之白，矩以之方，规以之员。员方得形而此无形，白黑得名而此无名也。

---

① 《三国志·魏书》卷二十八《钟会传》注引何劭《王弼传》。

从《世说新语》的记载看，何晏《道论》是在与王弼交流之后写作的，从基本观点看与王弼的思想相当吻合，因此《道论》只能在一定程度上反映何晏后期的思想。可以代表何晏独立观点的主要是《列子·仲尼》张湛注引的《无名论》①。何晏在《无名论》中提出的“夫道者，惟无所有也”、“自然者，道也”、“道本无名”等看法，已经初具“贵无论”的轮廓，为王弼的进一步理论构建奠定了基础。

王弼思想之早熟，已经远远超过同龄人。但他与同龄的贵族子弟一样，热衷于当时流行的娱乐活动，“乐游宴，解音律，善投壶”②。他也与当时的众多贵族子弟一样，虽醉心清谈，但仍希望在仕途上有所作为。反映在他的玄学思想中，便是强调“崇本”的同时，仍主张“举末”，始终未远离名教。遗憾的是，王弼在官场上并不得志。何晏对王弼深为赏识，当时他又担任吏部尚书之职，主持选官，想任用王弼为黄门侍郎。黄门侍郎为五品，作为皇帝的近侍之臣，地位颇为显要。这本是绝佳的机缘，但由于当时丁谧正与何晏争权，丁谧向当时当权的曹爽推荐了王黎，曹爽最终任用王黎为黄门侍郎，王弼则屈居六品的尚书郎。王弼显然不甘沉沦下僚，而希望凭借自己的才华有所施展。在刚被授官之际，王弼抓住一次与曹爽会面的机会，要求屏退众人，单独与曹爽谈话。王弼滔滔不绝地向曹爽宣讲其玄学主张，对治国之道只字不提。这次谈话并没有让王弼平步青云，反而令王弼成为曹爽眼中的笑柄。曹爽并不待见王弼，不久之后王黎病死，曹爽任用王沈为黄门侍郎，这预示着王弼升迁的大门彻底被关上了。“弼在台既浅，事功亦雅非所长，益不留意焉”，王弼仕途失意，也便破罐破摔，这令何晏深以

---

① 严可均《全三国文》根据张湛注所作辑佚当混入张湛的随文注语，参见白欲晓：《何晏〈无名论〉辑佚辨疑——兼论何晏“贵无”说的特质与地位》，《中国哲学史》2013 年第 2 期。

② 《三国志·魏书》卷二十八《钟会传》注引何劭《王弼传》。

为憾，“为之叹恨”①。

王弼智商奇高，但情商显然有待提高，他与曹爽的谈话可见一斑。王弼热衷于凭借自己的才华嘲笑他人，“为人浅而不识物情”，因此招致许多人的反感，“时为士君子所疾”②。王弼一开始与王黎、荀融关系甚为融洽，但因为曾与王黎竞争黄门侍郎，王黎自此嫉恨王黎；荀融曾对王弼的《大衍义》提出质疑，王弼在回信中对荀融不乏奚落，王弼与荀融的友情也最终未能善终。不难看出，王弼虽沉浸于“道”、“无”、“自然”等宏大命题的探索，但他本人却心胸狭隘，情商低下，未能真正超脱于名利俗事，与“无累于物”的理想之间尚有极大的落差。《颜氏家训·勉学》称“辅嗣以多笑人被疾，陷好胜之阱也”，并论及何晏、夏侯玄、嵇康、阮籍等人的下场，可见挣扎于“自然”与“名教”之间是当时士人的普遍境遇。

正始十年(249 年)，也就是曹芳正始年号的最后一个年头，司马懿发动高平陵政变，曹爽集团覆灭，追随曹爽的何晏被诛灭三族。王弼也受到波及，被免去尚书郎之职。这一年的秋天，王弼因病走完了短短 23 年的生命历程。相传司马懿之子司马师在听到王弼的死讯之后，扼腕叹息良久。一个天才少年故去了，但魏晋玄学的壮丽篇章才刚刚掀开。

二　王弼的著述

王弼短暂的一生，为后人留下了一系列重要的著述。目前我们所能见到的，主要是《老子道德经注》和《周易注》两种对经典的注释，以及《老子指略例》和《周易略例》两种解释《老子》和《周易》

① 《三国志·魏书》卷二十八《钟会传》注引何劭《王弼传》。

② 《三国志·魏书》卷二十八《钟会传》注引何劭《王弼传》。

的通论，此外尚有《论语释疑》的部分佚文。本书即是针对以上著述的汇总注说。此外诸如《周易大演论》、《易辨》、《周易穷微论》等著作，或彻底亡佚，或残留只言片语，线索有限，难以作更深入的考察①。

据《隋书·经籍志》："又有《王弼集》五卷，录一卷。"可见当时尚有《王弼集》五卷传世。《旧唐书·经籍志》以及《新唐书·艺文志》同样著录《王弼集》五卷。《王弼集》大约亡佚于宋代，其原貌已不可见。楼宇烈先生著有《王弼集校释》②，其内容为王弼《老子道德经注》、《老子指略》（即《老子指略例》佚文）、《周易注》、《周易略例》、《论语释疑》的校释。根据《隋书》、《旧唐书》、《新唐书》的著录，除了《王弼集》五卷之外另著录王弼有关《老子》、《周易》、《论语》的诠释文本，《王弼集》未必是这些文本的汇集，故《王弼集校释》并不能反映《王弼集》的原貌。余嘉锡先生指出："《隋志》有魏尚书何晏集十一卷，又言梁有王弼集五卷、录一卷。按王、何祖尚浮虚，人所习知，然不闻有称辅嗣能诗者。其诗亦无只字之传，殆本非所长也。"③实际上认为《王弼集》系王弼诗集。然王弼诗作散佚，已不可复见。本书所收内容系王弼的现存著述，以下分别予以介绍。

（一）《老子指略例》

《老子指略例》是王弼解释《老子》的一种通论性著作。该文献

---

① 此外，有学者将一些莫须有的著述附会于王弼，如所谓《易类》，参见田永胜：《王弼思想与诠释文本》，北京：光明日报出版社，2003年，第3页。至于《易传纂图》等著作，亦非王弼著述。

② （魏）王弼撰，楼宇烈校释：《王弼集校释》，北京：中华书局，1980年。按该书初稿完成于1964年，由于种种原因，到1980年始得出版。

③ 余嘉锡：《世说新语笺疏》，北京：中华书局，1983年，第264页。

亡佚于宋末，过去长期未得重视，目前所见文本系近人的辑佚成果。在现存文本中，我们可知王弼将《老子》一书的宗旨概括为“崇本息末”四字，并反复阐论“形”、“名”之辨，这也成为我们理解其《老子道德经注》及其他诠释文本的基本线索所在。

何劭《王弼传》载：“弼注《老子》，为之指略，致有理统，著《道略论》，注《易》，往往有高丽言。”楼宇烈先生以“指略”为书名①，但从行文看，《王弼传》中的“指略”更有可能指涉行为。不少学者直接认定《道略论》即《老子指略例》，王葆玹先生则反对此说②。《隋书·经籍志》未见著录。《旧唐书·经籍志》著录有《老子指例略》二卷，未题作者，列于“《老子道德论》二卷(何晏撰)”之后。《新唐书·艺文志》著录有《老子指例略》二卷，始署名王弼撰，载：“王弼注《新记玄言道德》二卷；又《老子指例略》二卷。”《宋史·艺文志》著录“《老子指例略》一卷(并不知作者)”，在“张湛《列子注》八卷”之前；“王弼《老子注》二卷”之下，又载“又《道德略归》一卷”。《宋史》所载《老子指例略》未详作者，与《道德略归》别为二书③。《子略》著录《老子指例略》二卷。以上均题为《老子指例略》。此外，《通志·艺文一》著录《老子指略例》二卷，《经典释文》及《册府元龟》均作《老子指略》，《玉海》作《老子略说》。晁公武《郡斋读书志》则题作《老子略论》，谓“凡十有八章”。宋末以降，《老子指略例》亡

---

① (魏)王弼撰，楼宇烈校释：《王弼集校释》，北京：中华书局，1980年，第641页。

② 王葆玹：《正始玄学》，济南：齐鲁书社，1987年，第172页。

③ 王葆玹先生认为《老子指例略》或《老子指略例》二卷并非全是王弼的作品，《例略》二卷是《老子杂论》(何晏、王弼等著)一卷与《指略》一卷的合编；到了宋代，改编古书的风气再度兴起，好事者又将《指略例》二卷分而为二，即《老子指例略》一卷和《道德略归》一卷。参见氏著《正始玄学》，济南：齐鲁书社，1987年，第174—176页。其说并未有坚实的证据，有待进一步研究。

佚。王维诚先生考证《云笈七签》中《老君指归略例》以及《道藏》中《老子微旨例略》即《老子指例略》佚文，辑作《老子指略》①，楼宇烈先生所著《王弼集校释》及《老子道德经注校释》②、《老子道德经注》③均以此为底本并予以校订。

该文献有《老子指例略》、《老子指略例》等异称。《文心雕龙·论说》叙及"辅嗣之两例，平叔之二论"，范文澜先生指出"两例疑当作略例"④，杨明照先生认为"'两例'当指易略例上下二篇言之"⑤。"平叔之二论"之何晏《道论》、《德论》，"辅嗣之两例"当指王弼《周易略例》与《老子指略例》⑥。从《文心雕龙》的记载、何劭《王弼传》"弼注《老子》，为之指略"的表述以及该文献作为《老子道德经注》例言的性质看，《老子指略例》的题名当更接近原本，本书即恢复旧名。此外，严灵峰先生认为《老子指例略》原当作《老子微旨例略》，"微"字脱漏⑦，亦可参考。

（二）《老子道德经注》

《老子道德经注》是王弼对《老子》一书的注释。除了第三十一

---

① 王维诚：《魏王弼撰老子略例佚文之发现》，《国立北京大学国学季刊》第7卷第3号，1952年12月。严灵峰先生于《〈老子微旨例略〉后序》、《列子张湛注确证〈老子微旨例略〉系王弼之作》诸文中作进一步的考证。

② （魏）王弼撰，楼宇烈校释：《老子道德经注校释》，北京：中华书局，2008年。

③ （魏）王弼撰，楼宇烈校：《老子道德经注》，北京：中华书局，2011年。

④ （梁）刘勰著，范文澜注：《文心雕龙注》，北京：人民文学出版社，1962年，第338页。

⑤ 杨明照：《文心雕龙校注拾遗补正》，南京：江苏古籍出版社，2001年，第178页。

⑥ 王葆玹：《正始玄学》，济南：齐鲁书社，1987年，第175页。

⑦ 严灵峰：《周秦汉魏诸子知见书目》，北京：中华书局，1993年，第17页。

章、第六十六章无注之外，王弼对《老子》一书作了精心的注说。王弼将其对《老子》“崇本举末”的认识贯彻于注文之中，在《老子》文本的基础上阐发其玄学思想，形成了别具一格的诠释风格。

《三国志·魏书·钟会传》载：“弼好论儒道，辞才逸辩，注《易》及《老子》。”何劭《王弼传》亦载：“弼注《老子》。”王弼曾注《老子》，并无问题。张湛注《列子》、刘孝标注《世说新语》去王弼未远，已征引王弼注，与王弼注今本并无过多差异。历代著录王弼《老子注》基本为二卷，不过题名有所不同。《隋书·经籍志》作《老子道德经注》，《宋史·艺文志》等作《老子注》，均为同书异称。此外，《旧唐书·经籍志》作《玄言新记道德》，《新唐书·艺文志》作《新记玄言道德》①，应与当时《道藏》的归部有关。宋人晁说之（晁以道）缮写“王弼《老子道德经》二卷”，他在作于政和乙未（1115 年）的序文中指出“然弼题是书曰《道德经》，不析乎道、德而上下之，犹近于古欤”②。南宋镇江府府学教授熊克获得晁说之抄本，在此基础上于乾道庚寅（1170 年）重刊此书，他在跋文中指出：“克自此求弼所注甚力，而近世希有，盖久而后得之，往岁摄建宁学官，尝以刊行，既又得晁以道先生所题本，不分道、德而上下之，亦无篇目，喜其近古，缮写藏之。”③可知晁说之本和熊克本均将《道经》、《德经》混而为一，且无篇目。晁说之与熊克均认为不分道、德二经且无篇目的

---

① 《新唐书·艺文志》又著录王肃《玄言新记道德》二卷。《四库全书总目·子部·道家类》指出：“益为舛互，疑一书而误分为二，又颠错其文也。”

② 见《道藏》第 12 册，北京：文物出版社、上海：上海书店、天津：天津古籍出版社，1988 年，第 291 页。

③ 见《道藏》第 12 册，北京：文物出版社、上海：上海书店、天津：天津古籍出版社，1988 年，第 291 页。

文本更为近古,更能反映王弼注的原貌①。他们勘定过的文本,成为今天所见王弼注的主要来源。明刻《道藏》作《道德真经注》,则分为四卷,其中第一章至二十章为第一卷,二十一章至三十七章为第二卷,三十八章至五十八章为第三卷,五十九章至八十一章为第四卷。按《道藏》收书卷数大多加倍,王弼《老子注》分四卷系由于统一改编而重行分卷②。

楼宇烈先生所著《王弼集校释》收录《老子道德经注》,后该部分作为《老子道德经注校释》单独行世。楼氏所据底本为浙江书局所刻明万历华亭张之象本(已据清《永乐大典》本作部分校订,非张之象原本),这也是国内学者主要依据的底本(包括《四部备要》、《诸子集成》等)。日本学者多重视明代孙鑛刊本,由此衍生出阜谷本、宇惠本诸本。王葆玹先生则指出《道藏》本是"王弼《老子道德经注》的最佳版本","而以《道藏》本为底本者,迄今尚无一例"③。《道藏》本刊印于明正统十年(1445 年),是现存最早的王弼注版本,文本亦较精善。

(三)《周易略例》

《周易略例》是王弼解释《周易》的一种通论性著作,今本分为《明象》、《明爻通变》、《明卦适变通爻》、《明象》、《辩位》、《略例下》、

---

① 陈振孙《直斋书录解题》云:"此本《道德经》且无章目,当是古本。"《四库全书总目·子部·道家类》云:"二跋皆称不分《道经》、《德经》,而今本《经典释文》,实上卷题《道经音义》,下卷题《德经音义》,与此本及跋皆不合。岂传刻《释文》者,反据俗本增入欤?考陈振孙《书录解题》尚称不分《道经》、《德经》,而《陆游集》有此书跋,曰:'晁以道谓王辅嗣《老子》题曰《道德经》,不析乎道、德而上下之,犹近乎古。'此本乃已析矣,安知其他无妄加窜定者乎?其跋作于庆元戊午,已非晁、熊所见本,则《经典释文》之遭妄改,固已久矣。"

② 王葆玹:《正始玄学》,济南:齐鲁书社,1987 年,第 169 页。

③ 王葆玹:《正始玄学》,济南:齐鲁书社,1987 年,第 168—169 页。

《卦略》七部分，就《周易》的象、爻、彖、位诸要素予以解析，阐明其“执一御众”、“得意忘象”等基本易学思想与释经原则。

《隋书·经籍志》著录《周易》十卷，其中王弼所注涉及六十四卦经文及相关彖辞、象辞、《文言》六卷，韩康伯所注《易传》涉及余下内容三卷，另有《易略例》一卷。历代的著录，多以《周易略例》一卷纳入王弼《周易注》之中，《周易略例》附于《周易注》。《周易略例》或称《易略例》，或径称《略例》。

（四）《周易注》

《周易注》是王弼对《周易》一书的注释，它一反汉代易学象数派的陈说，基于其“举本统末”的核心思想，在《易传》的基础上，坚持“执一御众”、“得意忘象”等原则，从玄学的角度加以发挥，是易学义理派的代表。

王弼仅仅就《易经》卦爻辞以及《易传》中与六十四卦密切配合的《彖》上下、《象》上下、《文言》进行注释①，剩下的《系辞》上下、《说卦》、《序卦》、《杂卦》由东晋韩康伯注释完毕。韩康伯受王弼影响颇深，其注文多继承王弼思想，他所征引的王弼对于“大衍之数”的论述是极为重要的材料。王弼与韩康伯的注释被采入唐代《五经正义》，成为官方刊布的权威注释，是研读《周易》绕不开的材料。王弼《周易注》传承有序，自《隋书·经籍志》以来，王弼注基本著录为六卷，另多与《周易略例》合为七卷。合以韩康伯注，则为十卷。据陆德明《经典释文》所引，南朝王俭《七志》已称十卷，准此，王、韩注文合刊由来已久。

---

① 将《彖》、《象》、《文言》附于卦爻辞之下的做法，或说源自西汉费直，或说源自东汉郑玄。晁公武《郡斋读书志》指出王弼将卦爻辞与《彖》、《象》、《文言》相杂的做法“本费氏”。《四库全书总目·经部·易类一》亦谓“弼之说《易》，源出费氏”。

（五）《论语释疑》

《论语释疑》是王弼对《论语》一书的注释。王弼认为孔子“体无”，但言必称“有”，《论语释疑》集中体现了王弼贯通“本”、“末”的尝试。

《隋书·经籍志》著录为三卷，《旧唐书·经籍志》、《新唐书·艺文志》则为二卷。该书在唐以后亡佚，目前只能在梁皇侃《论语义疏》、宋邢昺《论语正义》中一窥豹斑。从目前所见佚文看，王弼将其“举本统末”的思想贯彻其中，在《论语》的诠释文本中独树一帜。

王弼著述著录信息一览表

题名	出处	篇卷数	作者信息
《王弼集》	《隋书·经籍志》	五卷	王弼
《王弼集》	《旧唐书·经籍志》	五卷	王弼
《王弼集》	《新唐书·艺文志》	五卷	王弼
《道略论》	何劭《王弼传》	不详	王弼
《老子指例略》	《旧唐书·经籍志》	二卷	不详
《老子指例略》	《新唐书·艺文志》	二卷	王弼
《老子指例略》	《宋史·艺文志》	一卷	不详
《道德略归》	《宋史·艺文志》	一卷	王弼
《老子指略》	《经典释文·序录》	一卷	王弼
《老子指例略》	《子略·老子注》	二卷	王弼
《老子指略例》	《通志·艺文略》	二卷	王弼
《老子指略》	《册府元龟·学校部》	不详	王弼
《老子略说》	《玉海·艺文》	不详	王弼
《老子略论》	《郡斋读书志·子类》	十八章	王弼
《老君指归略例》	《云笈七签》	一卷	不详
《老子微旨例略》	《道藏》	一卷	不详

续表

题名	出处	篇卷数	作者信息
《老子道德经》注	《隋书·经籍志》	二卷	王弼
《玄言新记道德》	《旧唐书·经籍志》	二卷	王弼
《新记玄言道德》	《新唐书·艺文志》	二卷	王弼
《老子》注	《宋史·艺文志》	二卷	王弼
《老子》王弼注	《经典释文·序录》	二卷	王弼
《老子》注	《直斋书录解题·道家类》	二卷	王弼
《道德真经》注	《道藏》	四卷	王弼
《老子杂论》	《隋书·经籍志》	一卷	何晏、王弼等
《易略例》	《隋书·经籍志》	一卷	王弼
《略例》	《宋史·艺文志》	一卷	王弼
《易略例》	《经典释文·序录》	一卷	王弼
《周易略例》	《通志·艺文一》	一卷	王弼
《略例》	《郡斋读书志·易类》	不详	王弼
《略例》	《直斋书录解题·易类》	一卷	王弼
《周易》王弼注	《隋书·经籍志》	六卷	王弼
《周易》王弼注	《旧唐书·经籍志》	七卷	王弼
《周易》王弼注	《新唐书·艺文志》	七卷	王弼
《周易》王弼注	《宋史·艺文志》	六卷	王弼
《周易》王弼注	《经典释文·序录》	六卷	王弼
《周易》注	《通志·艺文略》	七卷	王弼
《周易》王弼注	《郡斋读书志·易类》	不详	王弼
《周易》王弼注	《直斋书录解题·易类》	六卷	王弼
《周易大演论》	《旧唐书·经籍志》	一卷	王弼
《大衍论》	《新唐书·艺文志》	三卷	王弼
《易辨》	《宋史·艺文志》	一卷	王弼

续表

题名	出处	篇卷数	作者信息
《周易穷微论》	《通志·艺文一》	一卷	王弼
《周易穷微》	《直斋书录解题·易类》	一卷	王弼
《论语释疑》	《隋书·经籍志》	三卷	王弼
《论语释疑》	《旧唐书·经籍志》	二卷	王弼
《释疑》	《新唐书·艺文志》	二卷	王弼
《论语释疑》	《册府元龟·学校部》	三卷	王弼

三　王弼思想概述

自汤用彤先生以西方哲学的“本体”概念与魏晋玄学相联系，并以“贵无”、“崇有”等关键词区分玄学发展诸阶段，王弼思想作为“本体论”(Ontology)或者“贵无论”已然深入人心。然而，以“本体论”或“贵无论”概括王弼思想均不无缺失之处，王弼思想的核心可归结为“举本统末”，非“本体”或“贵无”所能涵盖。

汤用彤先生联系到西方哲学的“本体论”，张岱年先生则以“本根论”替代学界艳称的“本体论”，他指出：“印度哲学及西方哲学讲本体，更有真实义，以为现象是假是幻，本体是真是实。本体者何？即是唯一的究竟实在。这种观念，在中国本来的哲学中，实在没有。中国哲人讲本根与事物的区别，不在于实幻之不同，而在于本末、原流、根支之不同。万有众象同属实在，不惟本根为实而已。以本体为唯一实在的理论，中国哲人实不主持之。”①张先生强调，中国古代哲学中“本根”，是超乎形的，它与事物之间，不是真实与

① 张岱年：《张岱年文集》第2卷《中国哲学大纲》，北京：清华大学出版社，1990年，第41页。

虚幻的关系，而是源流根枝的关系。若以“本体论”讨论中国古代的“本根论”，无疑方枘而圆凿。西方哲学所说的“本体”，与中国古代的“本”、“体”、“本体”并不能完全对应。从某种程度上说，王弼思想属于“本根论”，但又绝不限于“本根论”。至于“贵无论”，亦难以概括王弼的全部思想。“无”是王弼所言称的重要范畴，但“本”是更为根本的范畴，“无”是“本”的存在形式之一，而非唯一的表现。王弼的重要贡献在于，在何晏“夫道者，惟无所有也”命题的基础上，加强了“本”、“末”之间的联系，构建起“举本统末”的完善思想体系。

“本末”之论，《老子》一书未见，但先秦以降已有不少论者使用“本”、“末”的概念，尤其是《庄子·天下》提出的“明于本数，系于末度”，与王弼的“举本统末”遥相呼应。中国古代的“本”与“体”义近，与它们相对的是“末”或“用”。中国古代所说的“本体”，与西方哲学中的“本体”并不是一回事①，本书所称“本体”是就中国文化的语境而言的。注重本体探索的中国形上学，实际上是自《老子》发端的，《老子》虽未言及“本”、“末”，但却是后世“本根论”的直接源头。在汤用彤先生的基础上，论者普遍认为王弼玄学是由汉代宇宙生成论向本体论转变的重要标志。但所谓的宇宙生成论与本体论，实际上都应该归入“本根论”，它们均要进一步上溯至《老子》的时代。

（一）举本统末：王弼思想的纲领

王弼在《老子指略例》中指出：“《老子》之书，其几乎可一言而蔽之。噫！‘崇本息末’而已矣。”这一概括高屋建瓴，以“崇本息

---

① 张岱年：《中国古代本体论的发展规律》，《社会科学战线》1985年第3期。

末”撮述《老子》一书的旨趣。《老子》第五十二章王弼注云：“‘母’，本也。‘子’，末也。得本以知末，不舍本以逐末也。”可见，“本”即“母”，“末”即“子”。“本”、“母”为本体，“末”、“子”表示现象世界，系由本体所衍生。由“本”可以推知“末”，不可背离“本”而追求“末”。但“本”与“末”之间又非割裂的关系，在“末”形成之后，“本”与“末”仍是相统一的，即所谓“体用一如”。

与“崇本息末”相关的论述还有：

然则，《老子》之文，欲辩而诘者，则失其旨也；欲名而责者，则违其义也。故其大归也，论太始之原以明自然之性，演幽冥之极以定惑罔之迷。因而不为，顺而不施；崇本以息末，守母以存子；贱夫巧术，为在未有；无责于人，必求诸己，此其大要也。　（《老子指略例》）

故竭圣智以治巧伪，未若见质素以静民欲；兴仁义以敦薄俗，未若抱朴以全笃实；多巧利以兴事用，未若寡私欲以息华竞。故绝司察，潜聪明，去劝进，翦华誉，弃巧用，贱宝货。唯在使民爱欲不生，不在攻其为邪也。故见素朴以绝圣智，寡私欲以弃巧利，皆崇本以息末之谓也。　（《老子指略例》）

夫以道治国，崇本以息末；以正治国，立辟以攻末。本不立而末浅，民无所及，故必至于奇用兵也。……立正欲以息邪，而奇兵用；多忌讳欲以耻贫，而民弥贫；利器欲以强国者也，而国愈昏。多皆舍本以治末，故以致此也。……我之所欲唯无欲，而民亦无欲而自朴也。此四者，崇本以息末也。（《老子》第五十七章王弼注）

以光鉴其所以迷，不以光照求其隐慝也，所谓“明道若昧”

也。此皆崇本以息末，不攻而使复之也。　（《老子》第五十八章王弼注）

守母以存其子，崇本以举其末，则形、名俱有而邪不生，大、美配天而华不作。故母不可远，本不可失。仁义，母之所生，非可以为母；形器，匠之所成，非可以为匠也。舍其母而用其子，弃其本而适其末，名则有所分，形则有所止。虽极其大，必有不周；虽盛其美，必有患忧。功在为之，岂足处也？
（《老子》第三十八章王弼注）

"予欲无言"，盖欲明本。举本统末，而示物于极者也。夫立言垂教，将以通性，而弊至于湮；寄旨传辞，将以正邪，而势至于繁。既求道中，不可胜御。是以修本废言，则天而行化。以淳而观，则天地之心见于不言；寒暑代序，则不言之令行乎四时。天岂谆谆者哉！　（《论语·阳货》王弼注）

时人弃本崇末，故大其能寻本礼意也。　（《论语·八佾》王弼注）

从《老子指略例》看，所谓"崇本息末"，表现为"见素朴"、"绝圣智"、"寡私欲"、"弃巧利"。《老子》第五十七章王弼注所说的"四者"，即《老子》经文"我无为而民自化，我好静而民自正，我无事而民自富，我无欲而民自朴"中的"无为"、"好静"、"无事"、"无欲"，它们均为"崇本息末"的表现。《老子》第三十八章王弼注亦云："本在无为，母在无名。弃本舍母，而适其子，功虽大焉，必有不济；名虽美焉，伪亦必生。"王弼指出"本"、"母"体现为"无为"、"无名"，若舍本逐末，即便有功、名，仍不足取，强调"本"与"末"的统一。在解释《论语·阳货》"予欲无言"时，王弼延续他的圣人观，认为孔子"无言”实际上是在强调“举本统末”。“本”即“天地之心”,唯有“修本废言”,天地才能广施教化。同样是解释《论语》,王弼反对“弃本崇末”,而这里的“末”则明确落实到“礼”的身上。

总之,“无为”、“无事”、“无名”、“无欲”、“好静”、“素朴”、“质素”、“朴”、“笃实”等与“本”、“母”有关,可以说是“本”的存在状态,无形无名,都是“无”的表现;而“圣智”、“仁义”、“礼”、“聪明”、“司察”、“爱欲”、“私欲”、“民欲”、“宝货”、“巧利”、“巧用”、“巧伪”、“劝进”、“华竞”、“华誉”等与“末”、“子”有关,有形有名,都是“有”的表现,均由本体所衍生并受本体所统御。所谓“本”,表现为“道”、“无”等概念,所以王弼说“夫以道治国,崇本以息末”。“以正治国”属于“有事”,与“以无事取天下”相对,则是“立辟以攻末”,即确立法度来攻击“末”,但这违背了“崇本息末”的宗旨。王弼强调“不在攻其为邪”、“不攻而使复之”,不应攻击欲望、争竞这样的“末”、“邪”,而当从根本上遏制欲望的产生而归于真朴,“本在朴也”(八十一章注),真朴是“本”的存在状态。

可见,王弼主张“崇本以息末”、“守母以存子”,而反对“舍本以治末”、“舍本而攻末”、“弃本舍母,而适其子”、“舍其母而用其子,弃其本而适其末”、“用其子而弃其母”、“弃本崇末”。即尊崇“本”、“母”,反对舍弃“本”、“母”而从其“末”、“子”。但王弼并不完全反对“末”与“子”,而是强调在“崇本”、“举本”、“守母”的基础上“息末”、“统末”、“存子”。有不少论者从“息末”之“息”入手强调王弼希望杜绝“末”、“子”,实际上,“息末”与“存子”之间并不矛盾,何况“崇本息末”尚有“崇本举末”的表述。

目前学术界有一种较普遍的观点,即王弼诠释文本中同时存在“崇本息末”与“崇本举末”,这是相矛盾的。汤一介先生认为王弼没有也不可能摆脱老子哲学思想的影响,因而导致了这一矛盾①。田永胜等先生则认为"崇本息末"与"崇本举末"应该相剥离,王弼在《老子》"崇本息末"的基础上提炼出了"崇本举末"的思想,"崇本息末"是《老子》的思想,"崇本举末"则是王弼的思想②。我们则认为,"崇本息末"、"崇本举末"、"举本统末"等表述之间并不相悖,均强调"本""末"并举、以"本"统"末"。相较而言,"举本统末"的概括更能窥及王弼思想的旨趣。"举本统末"是王弼思想的基本纲领,此外王弼"执一御众"、"得意忘象"等命题的讨论,实际上均由此衍生。从这一纲领出发,过去对王弼思想"本体论"抑或"贵无论"的定位均有失片面。

在《老子》第三十八章王弼注中,"崇本以举其末"与"守母以存其子"并举,正如《老子指略例》中"崇本以息末"与"守母以存子"并举,可见"崇本举末"与"崇本息末"并无根本区别。"本"与"末"应该是统一的关系,而非对立、割裂的。"崇本举末"侧重于"末"由"本"衍生,"崇本息末"侧重于"本"为根本,反对舍本逐末,均在强调"崇本",只不过侧重点有微妙差异。"息"为止息,"存"为存有,以"息"为生③、以"存"为止息④之类的训释均难以成立。"本"为"无名"、"无形","形"、"名"均由"本"衍生。若是"崇本举末",则"形、名俱有而邪不生,大、美配天而华不作"。"本"、"末"兼备,"形"、"名"俱有,则为理想的状态。所谓"为功之母",指生成万物之功的"母",即"道"、"无",《老子指略例》亦云:"功不可取,美不可

---

① 汤一介:《郭象与魏晋玄学(增订本)》,北京:北京大学出版社,2000年,第46页。

② 田永胜:《王弼思想与诠释文本》,北京:光明日报出版社,2003年,第53页。

③ 林丽真:《王弼》,台北:东大图书股份有限公司,1988年,第55页。

④ 刘季冬:《儒道会通——王弼〈老子注〉之思想建构》,北京:人民出版社,2014年,第178页。

用，故必取其为功之母而已矣。”“载之以大道，镇之以无名”，亦即得其“本”、“母”，如此则欲望不生，可以无为而治。反之，若是“弃其所载，舍其所生”，则“仁”、“义”、“礼”这些看似正面的事物也会产生争竞欲望。要想实现“仁”、“义”、“礼”，需要从“崇本”入手，“母不可远，本不可失”，而不可“舍其母而用其子，弃其本而适其末”。《老子指略例》云：“夫圣、智，才之杰也；仁、义，行之大者也；巧、利，用之善也。本苟不存，而兴此三美，害犹如之，况术之有利斯，以忽素朴乎？”同样在强调如果失去“本”，行“圣”、“智”、“仁”、“义”、“巧”、“利”反而有害。在《老子》第二十章注中，王弼也对“弃生民之本，贵末饰之华”的行为表达了不满。在第五十章注中，王弼指出“物苟不以求离其本，不以欲渝其真”，认为不因欲求而脱离“本”，则“虽入军而不害，陆行而不可犯”，自然不被侵害。

在王弼的诠释文本中，本体除了以“本”、“母”为表述，还有“宗”、“主”、“君”这样的指称。如《老子》第十四章王弼注：“无形无名者，万物之宗也。”第四十二章注：“故万物之生，吾知其主，虽有万形，冲气一焉。”第四十七章注：“事有宗而物有主。”第四十九章注：“物有其宗，事有其主。”第七十章注：“‘宗’，万物之宗也。‘君’，万物之主也。”《老子指略例》亦云：“夫物之所以生，功之所以成，必生乎无形，由乎无名。无形无名者，万物之宗也。”此外，“根”亦即“本”，第五十四章注：“固其根，而后营其末，故‘不拔’也。”第五十九章注：“国之所以安，谓之‘母’。重积德，是唯图其根，然后营末，乃得其终也。”即以“根”来表示本体。

（二）“举本”与本体的存在形式

至于“本”、“母”的具体存在形式，王弼的诠释文本因袭了《老子》一书中“道”的概念，同时，王弼对于《老子》一书中已经出现但没有过多论述的“无”和“一”予以特别的强调。

“道”自然是王弼诠释文本绕不开的概念，实际上，王弼也的确是将“道”作为本体使用的，并且将其等同于“本”。在第三十八章注中，王弼即强调“道”的终极意义：“夫大之极也，其唯道乎！自此已往，岂足尊哉！”不过王弼似乎对“道”这一指称颇有微词。如在《老子指略例》中，他指出：“‘道’、‘玄’、‘深’、‘大’、‘微’、‘远’之言，各有其义，未尽其极者也。”基于“名号则大失其旨，称谓则未尽其极”的认识，他认为“本”是“无名”、“无形”的，是不可命名的。《老子》第二十五章注：“吾所以字之曰‘道’者，取其可言之称最大也。责其字定之所由，则系于‘大’。‘大’有系则必有分，有分则失其极矣，故曰‘强为之名曰大’。”亦在阐论以“道”、“大”命名本体的局限。因此，王弼认为“道”未必能表示本体，而是倾向于以“无”、“一”来表示终极概念。也出于本体不可被称述的特点，本体拥有多个称名并不难理解，这与本体的终极性也是不矛盾的。《论语·述而》王弼注云：“‘道’者，‘无’之称也，无不通也，无不由也。况之曰‘道’，寂然无体，不可为象。”指出“道”具有统御万物且无形无名的特点，同时，以“道”为“无”的一种指称，说明“无”较之“道”更具根本意义。

“无”是《老子》的一大发现，如其十一章“无之以为用”、四十章“天下万物生于有，有生于无”，为王弼“以无为本”、“以无为用”的思想奠定了基础。《晋书·王衍传》载：“魏正始中，何晏、王弼等祖述《老》、《庄》，立论以为：‘天地万物皆以无为为本。无也者，开物成务，无往不存者也。阴阳恃以化生，万物恃以成形，贤者恃以成德，不肖恃以免身。故无之为用，无爵而贵矣。’”何晏明确标举“无”，揭启了魏晋玄学的序幕。王弼在何晏的基础上完善了对本体的认识，将“无”直接等同于本体并且将其置于自身思想体系的重要位置，可谓思想史的一大突破。但“无”并非王弼思想最核心的因素，故称王弼思想为“贵无论”虽无大错却并不全面，毕竟王弼所强调的"本"并不限于"无"。

众所周知,王弼主张"以无为本",这实际上是对何晏思想的继承。在诠释《老子》第一章时,王弼指出:

凡有皆始于无,故未形无名之时,则为"万物之始"。及其有形有名之时,则"长之、育之、亭之、毒之",为其母也。言道以无形无名始成万物,以始以成而不知其所以,"玄之又玄"也。……万物始于微而后成,始于无而后生。故常无欲,空虚其怀,可以观其始物之妙。……"玄"者,冥也,默然无有也,始、母之所出也。

"万物之始于无"的表述,亦见于第二十一章注。在王弼眼中,"有"均始于"无",万物的始源是"无形"、"无名"的状态①,"有形"、"有名"由其衍生。这些看法,直接导源自《老子》"无名,天地之始"、"天下万物生于有,有生于无"的观念,可以说仍局限于《老子》的框架。

在第四十章注中,王弼明确提出了"以无为本":

天下之物,皆以有为生。有之所始,以无为本。将欲全有,必反于无也。

这句话是为了解释"天下万物生于有,有生于无",其基本思想来自于《老子》,但明确将"无"等同于"本",则具有特殊意义。在此之前,无论是《老子》、《庄子》还是黄老后学,均强调宇宙的本体呈现出"无"的状态,但并没有明确将其等同于本体。王弼认为"道"难以称述本体,而"无"可以表达本体真朴、无为、无欲且包通万物的状态,因此试图以"无"来取代"道"。

王弼一再强调"以无为用",这也是在《老子》基础上的发挥:

凡有之为利,必以无为用。　　(《老子》第一章王弼注)

---

① 《老子》第三十二章王弼注:"道,无形不系,常不可名。"

木、埴、壁所以成三者，而皆以无为用也。言“无”者，有之所以为利，皆赖无以为用也。 （《老子》第十一章王弼注）

“德”者，得也。常得而无丧，利而无害，故以德为名焉。何以得德？由乎道也。何以尽德？以无为用。以无为用，则莫不载也。故物，无焉，则无物不经；有焉，则不足以免其生。是以天地虽广，以无为心；圣王虽大，以虚为主。……万物虽贵，以无为用，不能舍无以为体也。不能舍无以为体，则失其为大矣，所谓“失道而后德”也。以无为用，则得其母，故能已不劳焉而物无不理。下此已往，则失用之母。 （《老子》第三十八章王弼注）

高以下为基，贵以贱为本，有以无为用，此其反也。动皆知其所无，则物通矣。故曰“反者，道之动”也。 （《老子》第四十章王弼注）

是故天生五物，无物为用；圣行五教，不言为化。（《老子指略例》）

《老子》第十一章云：“三十辐共一毂，当其无，有车之用。埏埴以为器，当其无，有器之用。凿户牖以为室，当其无，有室之用。故有之以为利，无之以为用。”这可以说是“以无为用”说的直接源头。王弼的诠释实际上早已超出《老子》的范围，从“体用一如”的角度强调“无”作为本体当贯彻于“用”。这也意味着，若“以无为用”，则可到得到“本”、“母”；在“以无为用”的同时，不能“舍无以为体”，作为“用”的“无”与作为“体”的“无”是高度统一的。这里的“体”、“用”之辨，实际上即“本”、“末”之辨。

第三十八章注称“以无为用”则“莫不载”、“无物不经”，并指出“上德之人，唯道是用，不德其德，无执无用”，“唯道是用”即“以无为用”。第十六章注亦云：

与天合德，体道大通，则乃至于穷极虚无也。穷极虚无，得道之常，则乃至于不穷极也。无之为物，水火不能害，金石不能残。用之于心，则虎兕无所投其爪角，兵戈无所容其锋刃，何危殆之有乎？

“体道大通”则至于“穷极虚无”，“穷极虚无”则“得道之常”，进而至于无所穷极。第四十三章注称：“虚无柔弱，无所不通。无有不可穷，至柔不可折。”即强调“无”包通万物又不可穷极的特点。王弼指出“无”能够“水火不能害，金石不能残”，不会遭受万物的侵害。第三十八章注称“以无为心”①，“无”正是“天地之心”。若是将“无”用诸己心，则同样不受外物侵害，联系到第五十章注“故物苟不以求离其本，不以欲渝其真，虽入军而不害，陆行而不可犯也”的论述，可知“无”即等同于“本”。

在王弼的诠释文本中，“一”也被赋予了本体的性质，第三十九章注云：

“一”，数之始而物之极也。各是一物之生，所以为主也。物皆各得此一以成，既成而舍一以居成，居成则失其母，故皆裂、发、歇、竭、灭、蹶也。……各以其一，致此清、宁、灵、盈、生、贞。用一以致清耳，非用清以清也。守一则清不失，用清则恐裂也。故为功之母不可舍也。是以皆无用其功，恐丧其本也。

“一”作为数字的始端，有其终极意义。第八十一章注云：“极在一也。”《论语·里仁》注亦云：“极不可二，故谓之‘一’也。”万物

① 《老子》第三十二章注亦云：“朴之为物，以无为心也，亦无名。”

得"一"而生，故"一"可为"主"。同时，在王弼的表述中，"一"与"母"、"本"也是相等同的。受到《老子》第三十九章"侯王得一以为天下贞"的影响，也或许受到黄老道家以"一"贯彻宇宙论乃至政治论的影响，王弼谈到"一"时往往与统治术相联系，强调君主需要"得一"，如第四十二章注："百姓有心，异国殊风，而得一者，王侯主焉。以一为主，一何可舍？"第二十五章注："所以为主，其一之者主也。"《老子指略例》称"明侯王孤寡之义，而从道一以宣其始"，认为君主以"孤"、"寡"自称，实际上与"道"、"一"的本体意义息息相通①。

但"一"与"无"仍有微妙差异。第四十二章注在解释"道生一，一生二，二生三，三生万物"时说：

> 万物万形，其归一也。何由致一？由于无也。由无乃一，一可谓无？已谓之一，岂得无言乎？有言有一，非二如何？有一有二，遂生乎三。从无之有，数尽乎斯，过此以往，非道之流。故万物之生，吾知其主，虽有万形，冲气一焉。百姓有心，异国殊风，而得一者王侯主焉。以一为主，一何可舍？愈多愈远，损则近之。损之至尽，乃得其极。既谓之一，犹乃至三，况本不一，而道可近乎？"损之而益"，岂虚言也？

万物万形均归于"一"，但"一"由何而起？王弼的答案是"无"，也就是所对应的经文中的"道"。既然"一"、"无"都是本体，二者是否存在矛盾呢？"无"是否是超越"一"的更为终极的存在呢？王弼显然意识到了这一矛盾，因此他反问："一"还能是"无"么？既然已经称作"一"，还能说是"无言"么？在王弼眼中，从"一"到"三"，都

① 王维诚、楼宇烈认为"道一"当作"得一"，参见(魏)王弼撰，楼宇烈校释：《老子道德经注校释》，北京：中华书局，2008 年，第 207 页。此说未必尽然。

不能算是“无”，而是“有”。“一”到“三”尚且属于“道之流”，数字大于此的，则已经超出了“道”的范围。王弼指出“愈多愈远，损则近之。损之至尽，乃得其极”，极少极简乃得终极，这实际上又涉及“执一御众”、“以寡统众”的命题。

第二十二章注指出：“‘一’，少之极也。”“一”亦即“寡”。“一”或“寡”可以统御万物，这为崇本论提供了理论基础。“执一御众”、“以寡统众”的相关论述有：

> 毂所以能统三十辐者，无也。以其无能受物之故，故能以寡统众也。（《老子》第十一章王弼注）

> 自然之道，亦犹树也。转多转远其根，转少转得其本。多则远其真，故曰“惑”也。少则得其本，故曰“得”也。（《老子》第二十二章王弼注）

> 听之不闻名曰“希”，不可得闻之音也。有声则有分，有分则不宫而商矣，分则不能统众，故有声者非大音也。（《老子》第四十一章王弼注）

> 无在于一，而求之于众也。道视之不可见，听之不可闻，搏之不可得。如其知之，不须出户；若其不知，出愈远愈迷也。（《老子》第四十七章王弼注）

> 夫众不能治众，治众者，至寡者也。夫动不能制动，制天下之动者，贞夫一者也。故众之所以得咸存者，主必致一也；动之所以得咸运者，原必无二也。
>
> 物无妄然，必由其理，统之有宗，会之有元，故繁而不乱，众而不惑。故六爻相错，可举一以明也；刚柔相乘，可立主以

定也。是故杂物撰德，辩是与非，则非其中爻莫之备矣。故自统而寻之，物虽众，则知可以执一御也；由本以观之，义虽博，则知可以一名举也。故处璇玑以观大运，则天地之动未足怪也；据会要以观方来，则六合辐凑未足多也。故举卦之名，义有主矣；观其彖辞，则思过半矣。夫古今虽殊，军国异容，中之为用，故未可远也。品制万变，宗主存焉；《彖》之所尚，斯为盛矣。

夫"少"者，多之所贵也；"寡"者，众之所宗也。一卦五阳而一阴，则一阴为之主矣；五阴而一阳，则一阳为之主矣。

（《周易略例·明彖》）

夫事有归，理有会。故得其归，事虽殷大，可以一名举；总其会，理虽博，可以至约穷也。譬犹以君御民，执一统众之道也。　　（《论语·里仁》王弼注）

从以上论述看，"寡"不但可与"一"相当，也可以与"无"相当。《老子》第四十八章："损之又损，以至于无为，无为而无不为。"又云："为道日损。"王弼注："务欲反虚无也。"在《老子》的基础上，王弼强调越少越接近"虚无"的终极，越能接近"本"。一旦繁衍增多，一旦有"分"，则会离本体越来越远，也便无法统御万物。

"执一御众"或者"以寡统众"，实际上是为了支撑"本"、"母"、"道"、"一"等表示本体的概念何以为万物的根本并统御万物，是王弼"举本统末"思想的有机组成部分。其中的"众"，则相当于"末"。从某种程度上说，"执一御众"、"以寡统众"实际上是"举本统末"的另一种表述形式。在《周易略例》以及《周易注》中，王弼也将这一思想贯彻于爻象的解读，如六爻之中必有其"主"，通过确定"主"即可确定一卦之旨。这与京房的主爻说存在一定的联系，但却是基于"举本统末"宗旨下提炼出的解《易》原则。

除了“道”、“无”、“一”，王弼的诠释文本中还出现“太极”（《老子》第六章注），同样是本体的存在形式，不过仅此一例。

（三）“统末”与王弼的政治观与伦理观

与何晏相比，王弼使“本”、“末”得以更好地融贯，其“举本统末”的思想虽然着眼于“本”，但落脚点则是“末”，这突出体现于其政治观与伦理观。余敦康先生认为，王弼《老子道德经注》讨论的是“无”，而《论语释疑》讨论的是“有”①。“本”、“末”、“有”、“无”在王弼的诠释文本中实际上均有体现，只是侧重点有所不同。王弼关于《老子》的诠释文本主要基于对《老子》经文的发挥，而《老子》对本体、政治最为强调，故王弼注的本根论与政治论较为突出。《论语》一书在政治与伦理方面多有讨论，在王弼看来，孔子虽然关注的是“有”，却无时无刻不体现“无”，因此王弼在《论语释疑》中对“本”、“末”关系做了进一步的阐发。而出于《周易》的特殊性质，王弼的政治观与伦理观往往潜隐于《周易注》的注文，相对而言不甚明显。学者对王弼“本”、“无”的观念讨论较多，而对其“末”、“有”的认识却关注较少，甚至认为王弼“崇本”的同时排斥“末”。实际上，“本”、“末”作为王弼思想的一体两翼，不可偏于一方，也不可割裂二者之间的联系。

作为“本”的对立面，“末”表现为有形有名，因而王弼反复阐论“形”、“名”之辨，这突出体现于《老子指略例》之中。王弼认为“形”是“名”的基础，有形有名则有“分”，即所谓“名号生乎形状”、“凡名生于形，未有形生于名者也”、“有此名必有此形，有此形必有其分”。“名必有所分，称必有所由。有分则有不兼，有由则有不尽”，

---

① 余敦康：《何晏王弼玄学新探》，北京：方志出版社，2007 年，第 253 页。

有形有名则有局限，但“本”又需要在“形”、“名”身上实现：“形必有所分，声必有所属。故象而形者，非大象也；音而声者，非大音也。然则，四象不形，则大象无以畅；五音不声，则大音无以至。”《论语·子罕》注亦云：“譬犹和乐出乎八音乎？然八音非其名也！”所谓“大象”、“大音”均依赖于具体的“象”与“声”，但它们又不限于具体的“象”与“声”，此所谓“象而形者，非大象”、“有声者非大音也”（《老子》第四十一章注）。《论语·述而》注云：“故至和之调，五味不形；大成之乐，五声不分；中和备质，五材无名也。”王弼并不排斥“形”、“名”，他反对的是执着于“形”、“名”，反对的是“分”，因为“有分则失其极矣”（《老子》第二十五章注）。有“分”则有“争”，因而“殊类分析，民怀争竞”（《老子》第五十八章注），故《老子》与王弼均主张崇尚无欲，抑止争竞之心。在《老子》第四十一章注中，王弼指出“有声则有分，有分则不宫而商矣，分则不能统众”、“有形则有分”，认为“分”则远离本体。在第三十八章注中，王弼指出，若“崇本举末”，则“形、名俱有而邪不生”，“本”、“末”得以兼备，这正是王弼所追求的理想目标；否则，则会“名则有所分，形则有所止”。关键在于“用夫无名，故名以笃焉；用夫无形，故形以成焉”，“无名”与“名”、“无形”与“形”实际上是可以统一的。王弼在《周易·乾·象》注中指出：“夫‘形’也者，物之累也。”在《周易略例·明象》中则明确提出“得意忘象”的解《易》方法，试图由“用”追溯“体”，这实际上可视作“举本统末”在易学领域的实践。

王弼在解释《老子》第二十八章时指出：

> “朴”，真也。真散则百行出，殊类生，若器也。圣人因其分散，故为之立官长。以善为师，不善为资，移风易俗，复使归于一也。

其中“真”、“朴”表示“本”，而“百行”、“殊类”则表示“末”。无形无名的“本”衍生出有形有名的“末”，于是开始有“形”、“名”、

"分"的区分,也便有了政治与伦理。第三十二章注也称:"始制官长,不可不立名分以定尊卑。"圣人是王弼最推崇的人格典范,所谓"圣人体无"①、"圣人有则天之德"②,圣人是与"本"相统一的存在③。圣人面对"百行"、"殊类",所做的便是本着"因"、"无为"、"自然"的态度,使万物各安其位,从而复归于"一"。在《论语释疑》中,王弼明确将"执一统众之道"落实到"以君御民"之上,可见本体既是为政的起点,也是终点。"因"是"本"的内在要求,在王弼眼中,只要"崇本"、"举本"、"执一",遵循"本"的内在要求,必将臻于圣人之治。反之,则会滋生奸邪祸乱。

这一政治观,实际上可从《老子》第二章窥及端倪:

> 是以圣人处无为之事,行不言之教,万物作焉而不辞,生而不有,为而不恃,功成而弗居。

王弼注云:"自然已足,为则败也。智慧自备,为则伪也。"在《老子》的基础上,王弼进一步强化了"本"、"末"之间的联系,由于"自然"、"无为"是"本"的内在要求,圣人也需要遵循这些原则施行教化。第二十三章注对此有明确的说明:"道以无形无为成济万物,故从事于道者以无为为居,不言为教。"圣人之所以无为而治,在于"道"本身便是"无形无为"的,即所谓"天地任自然,无为无造"(第五章注)。但圣人无为而治并不意味着无所作为,"万物无不由为以治以成之"(第三十七章注),只不过"为"要遵循"自然","万物以自然为性,故可因而不可为也"(第二十九章注),要求因循万物的自身状态与规律,从而做到"无为而无不为"。这也正如《老子指略例》所说的:"圣行五教,不言为化……圣人不以言为主,则不违

---

① 《三国志·魏书》卷二十八《钟会传》注引何劭《王弼传》。

② 《论语·泰伯》王弼注。

③ 《老子》第十七章注云:"大人在上,居无为之事,行不言之教,万物作焉而不为始。"则是以"大人"作为"圣人"。

其常；不以名为常，则不离其真；不以为为事，则不败其性；不以执为制，则不失其原矣。”否则，“造立施化，则物失其真；有恩有为，则物不具存”（第五章注），“物有常性，而造为之，故必败也”（第二十九章注），“言之者失其常，名之者失其真，为之者则败其性，执之者则失其原矣”（《老子指略例》）——这在王弼的诠释文本中反复予以强调。

“有为”的表现，便是使用“智”和“明”。王弼在《老子》第十章注中称，“智”即“任术以求成，运数以求匿”，治国若“无以智”，则“民不辟而国治之”。至于“明”，则是“多见巧诈，蔽其朴也”（第六十五章注）。王弼在《老子》“绝圣弃智”观点的基础上一再申论：“以智治国，下知避之”（第十七章注）、“行术用明，以察奸伪，趣睹形见，物知避之”（第十八章注）、“以明察物，物亦竞以其明应之……无所察焉，百姓何避？无所求焉，百姓何应？无避无应，则莫不用其情矣”（第四十九章注）、“虽极圣明以察之，竭智虑以攻之，巧愈思精，伪愈多变，攻之弥甚，避之弥勤”（《老子指略例》）。总之，统治者越是使用“智”，百姓越是躲避，并且同样以“智”来应对统治者，“民之难治，以其多智也”（第六十五章注），从而导致“民多智慧，则巧伪生”（第五十七章注）。统治者需要做到“舍己任物”、“守夫素朴”，而非“竭其聪明”、“役其智力”（第三十八章注），“不以探幽为明”（《论语·泰伯》注），即所谓“素朴可抱，而圣智可弃”（《老子指略例》）。在第三十三章注中，王弼还在《老子》“胜人者有力，自胜者强”的基础上指出“明用于己，则物无避焉”，仍然是在讨论“明”与“避”的辩证关系。

王弼于《老子》第五十八章注中指出：“言善治政者，无形、无名、无事、无正可举。”这反映了王弼总体的政治观。其《论语·泰伯》注云：“故则天成化，道同自然，不私其子而君其臣。凶者自罚，善者自功。功成而不立其誉，罚加而不任其刑。百姓日用而不知所以然，夫又何可名也！”由此勾勒出的理想政治图景，其中的关键就在于“则天成化，道同自然”。可见，王弼的政治理想，实际上仍延续着儒家“内圣外王”的理路。

根据第三十八章注，“上德”是“无执无用”的，而“下德”则是“求而得之，为而成之”，“凡不能无为而为之者，皆下德也，仁、义、礼、节是也”，将“仁”、“义”、“礼”、“节”均归入“下德”。“仁”、“义”、“礼”、“节”等属于“末”，但王弼并不完全反对它们，而是强调返归本体，从而做到“体用一如”。因为“末”是有限的，只有统一到“本”之下，才能发挥其无限的价值。这便涉及到王弼的伦理观。

王弼于《论语·八佾》注将“礼”等同于“末”。第三十八章注在《老子》“夫礼者，忠信之薄而乱之首”的基础上加以发挥：“夫礼也，所始首于忠信不笃，通简不畅，责备于表，机微争制。夫仁义发于内，为之犹伪，况务外饰而可久乎！”王弼注指出，“礼”之所以存在，在于世人缺乏忠信、过于追求表面形式。但他并不排斥“礼”，关键在于“用不以形，御不以名”：

> 故苟得其为功之母，则万物作焉而不辞也，万事存焉而不劳也。用不以形，御不以名，故仁义可显，礼敬可彰也。夫载之以大道，镇之以无名，则物无所尚，志无所营。各任其贞，事用其诚，则仁德厚焉，行义正焉，礼敬清焉。弃其所载，舍其所生，用其成形，役其聪明，仁则失诚焉，义其竞焉，礼其争焉。故仁德之厚，非用仁之所能也；行义之正，非用义之所成也；礼敬之清，非用礼之所济也。载之以道，统之以母，故显之而无所尚，彰之而无所竞。（《老子》第三十八章王弼注）

王弼认为，若能保持“贞”与“诚”，那么“仁”、“义”、“礼”便均能发挥其应有的作用；如若舍弃本体而崇尚用智，则会导致“仁则失诚焉，义其竞焉，礼其争焉”的局面。“仁”、“义”、“礼”作为“末”，本身是有限的，唯有“载之以道，统之以母”，“仁”、“义”、“礼”才能真正实现其无限的价值。《论语·先进》注称"有财,死则有礼;无财,则已焉",反映了王弼因循自然的礼乐观念。"仁"、"义"、"礼"实际上均为"名教"的内容,王弼并不反对"名教",而是针对当时"名教"逐渐虚伪化的弊端,倡导以"自然"、"崇本"来矫正。王弼的最终目的,仍是为了更好地推动"名教"的施行。到了玄学后学嵇康、阮籍等人那里,"名教"与"自然"的冲突愈加激烈,遂产生了"越名教而任自然"的口号。

据何劭《王弼传》,何晏主张"圣人无喜怒哀乐",但王弼对此不以为然,他认为:"圣人茂于人者神明也,同于人者五情也。神明茂,故能体冲和以通无;五情同,故不能无哀乐以应物。然则圣人之情,应物而无累于物者也。"王弼并不排斥圣人具备情感,"圣人之情"的特点在于"本"、"末"相偕,"应物而无累于物"。在《论语·泰伯》注中,王弼认为"夫喜、惧、哀、乐,民之自然,应感而动,则发乎声歌",哀、乐等情感出于"民之自然"。王弼还认为"自然亲爱为'孝'"(《论语·学而》注),"自然"正是"本"的内在要求。王弼反对"怀情失直,孝不任诚,慈不任实"(《老子指略例》),要求与本体保持一致,因循伦理自身的规律,从而做到"六亲自和,国家自治",如此"则孝慈、忠臣不知其所在矣"(《老子》第十八章)。

从现存的著述看,何晏将"无"提升到"本"的地位,却未能像王弼那样融贯"本"、"末"。王弼的重要贡献在于,他在"举本统末"的框架下,将宇宙、政治、伦理均很好地统一在一起,从而较好地解答了圣人之情、儒道关系、解《易》原则等争论一时的问题。

四 王弼的影响

在魏晋南北朝时期,王弼的诠释文本具有较大的影响力,其《老子道德经注》、《老子指略例》是士人研读《老子》的必读书,其

《周易注》则被列入官学。唐代以降,《老子道德经注》在逐渐为人所忽视,《老子指略例》、《论语释疑》也逐渐亡佚,《周易注》因被采入《五经正义》而成为唐代以来影响力最大的《周易》注本。王弼著述的际遇与玄学的兴衰息息相关,今人眼中的王弼无疑是绕不开的思想高峰,但在古代的很多时候并非如此。

王弼的《老子道德经注》已然成为今人眼中的权威注本,然而它一度被埋没,甚至有散佚之虞。王弼注在刚面世的时候,便已经得到何晏等人的赞誉,堪称"精奇"(《世说新语·文学》)。南朝时期,由于玄学得到重视,王弼注亦颇受推崇。王僧虔于《诫子书》云:"汝开《老子》卷头五尺许,未知辅嗣何所道,平叔何所说,马、郑何所异,《指例》何所明,而便盛于麈尾,自呼谈士,此最险事。"可见当时王弼的诠释文本是研读《老子》的必读书。唐代《老子》河上公注流行,加之御制《老子》注颁行,王弼注逐渐冷落,这从敦煌石窟所出文献亦可见一斑①。刘知幾一度上疏请求废河上公注、推行王弼注,但总体而言在唐代王弼注无甚地位。到了宋代,人们开始重新重视王弼注。据彭耜为《道德真经集注》所作序言,咸平二年(999年)宋真宗曾下令刊印王弼注。乾道庚寅(1170年),镇江府府学教授熊克在重刊王弼注的跋文中指出:"克自此求弼所注甚力,而近世希有,盖久而后得之,往岁摄建宁学官,尝以刊行。"②可知彼时王弼注已然"近世希有"。唐代以降王弼注鲜有人措意,这一局面到清代仍未能改观。《四库全书总目·子部·道家类》载:"钱曾《读书敏求记》谓弼注《老子》已不传。然明万历中华亭张之象实有刻本,证以《经典释文》及《永乐大典》所载,一一相符。"当时

① 姜亮夫:《敦煌学概论》,北京:北京出版社,2004年,第59页。

② 见《道藏》第12册,北京:文物出版社、上海:上海书店、天津:天津古籍出版社,1988年,第291页。

有人认为王弼注“已不传”，难以进入世人视线。随着汤用彤等先生对魏晋玄学展开深入研究，王弼注的价值才得到人们充分重视。总体而言，王弼的《老子道德经注》在古代大多数时候传播范围有限，对其他有关《老子》的诠释文本的影响也乏善可陈。

《周易注》是王弼在古代影响最大的著述。它的出现，是易学发展史上的重要转折点，即所谓“王弼扫象”。不过在何晏、王弼的时代，以管辂为代表的象数派对于以义理派的抬头颇不以为然。晋扬州刺史顾夸著有《周易难王嗣义》一卷，针对王弼注提出四十余条质疑。东晋的孙盛对王弼注亦有微词：“《易》之为书，穷神知化，非天下之至精，其孰能与于此？世之注解，殆皆妄也。况弼以赋会之辩而欲笼统玄旨者乎？故其叙浮义则丽辞溢目，造阴阳则妙颐无间，至于六爻发化，群象所效，日时岁月，五气相推，弼皆摈落，多所不关。虽有可观者焉，恐将泥夫大道。”①宋代的程颐亦加以质问：“如王辅嗣、韩康伯，只以庄、老解之，是何道理？”②但随着王弼注的流行，象数派逐渐失去市场。《四库全书总目·经部·易类一》对此有较公允的评价：“平心而论，阐明义理，使《易》不杂于术数者，弼、与康伯深为有功；祖尚虚无，使《易》竟入于老、庄者，弼、康伯亦不能无过。瑕瑜不掩，是其定评。诸儒偏好偏恶，皆门户之见，不足据也。”陈振孙于《直斋书录解题·易类》指出：“自汉以来，言《易》者多溺于象占之学，至弼始一切扫去，畅以义理。于是天下后世宗之，余家尽废。”③象数派的易学著作多已亡佚，其遗说可见于李鼎祚《周易集解》。《周易注》总体上继承并发挥了《易

① 《三国志·魏书》卷二十八《钟会传》注引。

② （宋）程颐：《河南程氏外书》，《二程集》，北京：中华书局，1981年，第374页。

③ （宋）陈振孙：《直斋书录解题》卷一，上海：上海古籍出版社，1987年，第1页。

传》的义理，因而可以得到学者的普遍认可。

《南齐书·陆澄传》载录了一封陆澄致王俭的书信："晋太兴四年，太常荀崧请置周易郑玄注博士，行乎前代，于时政由王、庾，皆俊神清识，能言玄远，舍辅嗣而用康成，岂其妄然？太元立王肃易，当以在玄、弼之间。元嘉建学之始，玄、弼两立。逮颜延之为祭酒，黜郑置王，意在贵玄，事成败儒。今若不大弘儒风，则无所立学，众经皆儒，惟易独玄，玄不可弃，儒不可缺。谓宜并存，所以合无体之义。且弼于注经中已举系辞，故不复别注。今若专取弼易，则系说无注。"《北齐书·儒林传》载："河南及青、齐之间儒生多讲王辅嗣所注《周易》。"《隋书·经籍志》云："梁、陈郑玄、王弼二注，列于国学。齐代唯传郑义。至隋，王注盛行，郑学浸微，今殆绝矣。"从中可以看出王弼《周易注》在南朝地位显赫，被立为官学，流播甚广。陆德明著《经典释文》，于《周易》便"以王为主"。迨至孔颖达作《五经正义》，以王弼注为归依，更是称其"独冠古今"，王弼《周易注》的统治地位完全确立，对此后易学的发展影响甚巨。但《周易注》中的玄学思想，实际上长期未得重视。

在何晏、王弼的推动下，玄学在魏晋时期风靡一时。何晏导夫先路，王弼构筑起魏晋玄学的大厦，此后裴頠"崇有论"、郭象"独化论"等异说迭出，成就了中国历史上一个思想空前解放的时代。

长期以来，以王弼为代表的魏晋玄学因其务虚的取向而颇受人诟病。魏晋玄学是时代的产物，它既立足于"本"，亦着眼于"末"，说玄学没有现实关怀并不公允。但毕竟它在具体政治行为中的可操作性不强，没有像汉代经学那样上升为官方思想，它对当时政治、社会的直接干预是有限的。但也正由于缺少官方的束缚，玄学得以绽放为绚丽的奇葩。从思想史的角度看，何晏、王弼无疑是难以绕开的高峰，其思想遗产值得我们认真总结。

由于何、王二人以玄学解释儒家经典，招致传统学者的反对，以至有“清谈误国”之讥。其中最具代表性的是东晋范宁，他认为当时“浮虚相扇，儒雅日替”，正是何、王玄学所带来的影响，“其源始于王弼、何晏，二人之罪深于桀、纣”，甚至将何、王二人与桀、纣相提并论。他指出：

王、何蔑弃典文，不遵礼度，游辞浮说，波荡后生，饰华言以翳实，骋繁文以惑世。缙绅之徒，翻然改辙，洙泗之风，缅焉将坠。遂令仁义幽沦，儒雅蒙尘，礼坏乐崩，中原倾覆。古之所谓言伪而辩，行僻而坚者，其斯人之徒欤！昔夫子斩少正于鲁，太公戮华士于齐，岂非旷世而同诛乎！桀纣暴虐，正足以灭身覆国，为后世鉴戒耳，岂能回百姓之视听哉！王、何叨海内之浮誉，资膏粱之傲诞，画螭魅以为巧，扇无检以为俗。郑声之乱乐，利口之覆邦，信矣哉！吾固以为一世之祸轻，历代之罪重，自丧之衅小，迷众之愆大也。①

范宁从其儒学本位出发，将礼崩乐坏、中原沦陷均归咎于何、王二人。这显然将何、王的“影响”放大化了。将“中原倾覆”归咎于何、王并不公允，何、王虽开玄学之先，但在他们那里，尚不足以说“蔑弃典文，不遵礼度”。持论与范宁相近者尚有不少。如《颜氏家训·勉学》称何、王等人“以农、黄之化，在乎己身，周、孔之业，弃之度外”，《晋书·儒林传》称“有晋始自中朝，迄于江左，莫不崇饰华竞，祖述虚玄，摈阙里之典经，习正始之余论，指礼法为流俗，目纵诞以清高，遂使宪章弛废，名教颓毁，五胡乘间而竞逐，二京继踵以沦胥，运极道消，可为长叹息者矣”，陈振孙亦附和此说：“《易》有圣人之道四焉，去三存一，于道阙焉。况其所谓辞者，又杂以异端

---

① 《晋书》卷七十五《范宁传》。

之说乎！范宁谓其罪深于桀纣，诚有以也。”①可以说，在汤用彤等先生致力于勾稽魏晋玄学之前，王弼的历史贡献不能得到公允的评价，其思想史意义更是长期未能受到人们的重视。

五　王弼著述的阅读

王弼的现存著述，主要是对经典的诠释及相关通论，性质较为特殊，因此在阅读过程中不能脱离其所诠释的文本。同时，也出于这一特殊性质，王弼的著述不可避免受到经典文本的影响，何者为诠释对象的思想、何者是王弼的独有认识需要予以区别。故在阅读王弼的著述时，不但要把握其性质，而且需要了解其多元的思想来源。

（一）把握王弼著述的性质

王弼的著述是中国古代诠释学的绝佳材料②，《老子指略例》与《周易略例》这两种论著较为系统地阐论了其诠释原则，而《老子道德经注》、《周易注》、《论语释疑》则是其诠释原则的具体实践。因此，诠释学是认识王弼著述价值的重要角度。但王弼的著述又显然不止于诠释学的探索，它有更为高远的终极追认与政治关怀，这又是与其“举本统末”的指导思想相契合的。需要注意的是，由于清谈是魏晋玄学的重要开展方式，故著诸文字的内容未必反映

---

① (宋)陈振孙：《直斋书录解题》卷一，上海：上海古籍出版社，1987年，第1页。

② 汤一介先生于《能否创建中国解释学》、《再论创建中国解释学问题》、《三论创建中国解释学问题》和《关于僧肇注〈道德经〉问题——四论创建中国解释学问题》诸文讨论创建中国解释学（诠释学）的问题，王弼的诠释文本无疑是重要的资源。

当时士人思想的全部①，而且王弼的不少论著业已亡佚，史书中记载的论辩书信也没有流传下来，故目前所见的王弼诠释文本未必能代表其全部思想内容。在目前的条件下，我们讨论王弼的思想，只能围绕现存的王弼著述展开。

王弼影响最大的著述莫过于《老子道德经注》与《周易注》。它们均为注经之作，依附经文存在，难以脱离经文而单独成立。由于文体的特殊性，注文中哪些观念出自经文、哪些观念出自王弼本人便难以厘清。

我们有必要先来了解中国古代诠释文本的特点。《孟子·万章上》记载了孟子诠释《诗》的原则："故说诗者不以文害辞，不以辞害志。以意逆志，是为得之。""意"指说诗者之意，"志"指诗人之志②。中国古代的"经"有崇高的地位，文本一旦经典化，一方面后人不断予以诠释，另一方面这些诠释原则上不能歪曲经典的原意。诠释者或从训诂的角度解释字词，或从义理的角度阐发文本的思想，虽然认识可能存在不同程度的偏差，但总体上有着共同的征实态度，均尝试"以意逆志"。施莱尔马赫（Friedrich Daniel Ernst Schleiermacher）指出："解释的重要前提是，我们必须自觉地脱离自己的意识（Gesinnung）而进入作者的意识。"③同样在强调诠释者接近作者意识在诠释过程中的重要性。不少论者强调《老子道德经注》与《周易注》是王弼有意构建哲学体系的著作，诚然，王弼的诠释文本反映了其独特的玄学思想，但它们的本质仍是释经之

---

① 王葆玹：《黄老与老庄》，北京：中国人民大学出版社，2012年，第267页。

② 赵岐注云："志，诗人志所欲之事。意，学者之心意也。"认为"以己之意，逆诗人之志，是为得其实矣"。其他注家多从此说。然清人吴淇于《六朝诗选定论缘起》卷一认为"意"是"古人之意"，恐与孟子原意有隔。

③ [德]施莱尔马赫：《诠释学箴言（1805—1810）》，洪汉鼎主编：《理解与解释——诠释学经典文选》，北京：东方出版社，2001年，第23页。

注，是在经典本身的框架之下展开的，经文对注文有约束力——这是一个根本的前提。

但正如诠释学大师伽达默尔（Hans－Georg Gadamer）所指出的："绝不可能存在摆脱一切前见的理解，尽管我们的认识意愿必然总是力图避开我们前见的轨迹。"①海德格尔（Martin Heidegger）也曾论及："任何解释工作之初都必然有这种先入之见，作为随着解释就已经'设定了的'东西是先行给定了的，这就是说，是在先有、先见和先把握中先行给定了的。"②伽达默尔提出了著名的"前见（Vorurteil）"这一概念，在他看来，在试图接近作者意识的过程中，诠释者原先便已存在的观念不可避免会对诠释工作带来影响。伽达默尔的"视界融合"观同样强调诠释者必然带有特定的历史视界。就中国古代的诠释文本而言，虽然诠释者各尽所能试图呈现经典的原貌，但因为"前见"的存在而言人人殊。因此，王弼的诠释文本虽然依附于经典存在，但也不可避免地被赋予了一定的个人色彩，因为诠释实际上"不只是一种复制的行为，而始终是一种创造性的行为"③。不少诠释文本的复杂与矛盾，需要从主观与客观拉锯的角度加以理解④。

一般认为，王弼对《老子》的诠释用力最深、成就最大、突破最多（却未必影响最大），并深刻影响了他对其他经典文本的诠释。由于王弼的《老子道德经注》是以经注的形式呈现的，故它究竟反

---

① ［德］汉斯－格奥尔格·加达默尔：《真理与方法——哲学诠释学的基本特征》下卷，洪汉鼎译，上海：上海译文出版社，1999年，第626页。

② ［德］海德格尔：《理解和解释（1927）》，洪汉鼎主编：《理解与解释——诠释学经典文选》，北京：东方出版社，2001年，第120页。

③ ［德］汉斯－格奥尔格·加达默尔：《真理与方法——哲学诠释学的基本特征》下卷，洪汉鼎译，上海：上海译文出版社，1999年，第380页。

④ 参见田永胜：《王弼思想与诠释文本》，北京：光明日报出版社，2003年，第42—59页。

映了王弼的思想还是《老子》的思想，尚存在一定的争议。自汤用彤先生以来，学界普遍认为王弼的《老子道德经注》反映了其天才创造，但也有论者认为王弼实际上仍主要局限于《老子》的本义①。出于王弼诠释文本的层累特点，我们有必要将其中的《老子》底层与王弼的个人旨趣相剥离。诚然，这种剥离是很难彻底的，中国古代的诠释文本往往经注之间相互纠缠，难以像地质学与考古学那样做明晰的分层断代。但正如汤一介先生所指出的，研究概念、范畴发展的历史是揭示理论思维发展规律的根本途径②。从《老子道德经注》所涉及的主要范畴入手，进而探讨注文与经文之间、注文与其他文本之间的关系，不失为探索王弼思想因革嬗变的途径。

我们将王弼注文所涉及的主要范畴初步分为 6 组，分别为：

1. “本—末”、“母—子”；

2. “道”、“无”、“一”、“寡”；

3. “真”、“朴”、“虚”、“静”、“常”；

4. “无为”、“弃智”、“自然”、“因”、“任”；

5. “无欲”、“不争”、“卑下”；

6. “形”、“名”、“象”、“分”。

其中，第 1 组是王弼“举本统末”思想体系的核心范畴，第 2 组为“本”的存在形式，第 3、4、5 组可归并为一组，均表示“本”的存在状态，第 5 组则表示“末”。以上范畴，均围绕王弼“举本统末”的核心思想展开。出于经注的形式，以上范畴主要因袭自《老子》。但无论是使用频率，还是所赋予的内涵看，王弼注与《老子》之间仍存在一定的差异。尤其是《老子》一书中不见或罕见的范畴，如“本”、

---

① 劳思光：《新编中国哲学史（二）》，台北：三民书局，1981 年，第 161 页。

② 汤一介：《郭象与魏晋玄学（增订本）》，北京：北京大学出版社，2000 年，第 2 页。

“末”、“因”、“任”、“形”、“分”等，最值得我们重视。王弼注强调“本”、“末”，与其“举本统末”的思想体系息息相关，而这一体系并非《老子》所固有，而是出自王弼的创造；对“因”、“任”、“形”、“分”的反复申说，与黄老思想有密切联系，同时也是“举本统末”的内在要求，相比之下《老子》更重视“本”，而对“形”、“分”等属于“末”的内容缺乏关注。此外，《老子》中多见的范畴，如“无”、“一”等，王弼注做了进一步的发挥，内涵与外延均有所变化①。关于王弼注对《老子》一书的超越，下文将做进一步探讨。

至于《周易注》，世人多谓王弼以老解《易》。如晁说之指出：“予于是知弼本深于《老子》，而《易》则末矣。其于《易》，多假诸《老子》之旨，而《老子》无资于《易》者，其有余不足之迹，断可见也。”②程颐也认为：“王弼注《易》，元不见道，但却以老、庄之意解说而已。”③均认为王弼以老庄之学解释《周易》。田永胜先生则指出，王弼《周易注》大多数内容是以《易传》的思想和汉代的注易方法来解释《周易》，王弼以老解《易》的说法难以成立④。王弼注着眼于义理，一扫象数派的积弊，其义理主要有两大来源：其一是《易传》本身，其二是王弼自身以“举本统末”为核心的思想体系。严格来说，称王弼以老解《易》是不能成立的，因为王弼继承《易传》的倾向

① 田永胜先生认为王弼注既没有提出新概念，也没有发展《老子》的本有概念，参见氏著《王弼思想与诠释文本》，北京：光明日报出版社，2003年，第91页。此说并不公允。

② 见《道藏》第12册，北京：文物出版社、上海：上海书店、天津：天津古籍出版社，1988年，第291页。《郡斋读书志·子类》引作：“弼有得于《老子》，而无得于《易》；注《易》资于《老子》，而《老子论》无资于《易》。则其浅深之效可见矣。”

③ （宋）程颐：《河南程氏遗书》，《二程集》，北京：中华书局，1981年，第8页。

④ 田永胜：《驳“王弼以老解〈易〉论”》，《周易研究》2001年第1期。

更为明显，何况王弼“举本统末”的思想与《老子》不可同日而语。但毕竟《老子》是王弼“举本统末”思想的重要来源，说王弼在诠释《周易》的过程中借鉴了《老子》的思想亦未尝不可，尤其是《老子》中的“执一”、“卑下”、“因”、“无为”等观念多被王弼用来解释爻象。总之，王弼注主要是在《易传》的基础上继续发挥义理较诸其《老子道德经注》，似乎与经典更为接近而突破较少。而王弼扫象一反汉代象数派的积习而回溯《易传》，在易学史上有着特殊的意义，对于中国思想史的发展亦有极大的推动作用。

同样是对儒家经典的诠释，相对于《周易注》，王弼《论语释疑》的现存佚文表现出更多的玄学色彩。正如王弼“圣人体无，无又不可以训，故言必及有”①的著名断语，王弼以孔子为圣人，认为孔子体现了“无”的宗旨。在此前提下，王弼将“举本统末”的思想贯彻于对《论语》的诠释之中，“前见”的色彩显然更为浓郁。

除了注文与经文之间思想的异同，注文与经文之间文字的异同亦值得关注。学界在征引《老子》诸版本时，称王弼《老子道德经注》的经文为“王弼本”，且一般默认这一经文代表王弼所见经文。实际上，所谓“王弼本”的经文与注文需要割裂看待。已经有学者注意到王弼本《老子》经文与注文所引述经文存在差异的现象，如马叙伦先生敏锐指出王弼今本“经注相諭，颇多错讹复重”②。在此之后，蒙文通、楼宇烈、刘殿爵、岛邦男、鲍则岳（William G. Boltz）、瓦格纳（Rudolf G. Wagner）等先生也注意到这一点，从各自的角度予以讨论。楼宇烈先生已经注意到，马王堆帛书《老子》为审视这一问题提供了重要线索③。瓦格纳试图抛开通行的王弼本

---

① 《世说新语・文学》。

② 马叙伦：《老子校诂》，北京：古籍出版社，1956 年，第 6—7 页。

③ （魏）王弼撰，楼宇烈校释：《老子道德经注校释》，北京：中华书局，2008 年，第 1 页。

本身，通过简帛文本以及各种传世本对《老子》的经文加以重构。瓦格纳强调，《老子》王弼通行本并不等同于王弼实际上使用的《老子》本，他罗列出79处王弼今本经文与注文的相异之处，并指出除其中一处外，所有王弼注所暗示的读法都可以在郭店简、马王堆帛书、《淮南子》、《文子》、《战国策》、索紞本、想尔本、傅奕本、范应元本等文献中找到依据①。近年刊布的北大西汉简则提供了新的线索，结合简帛本以及其他《老子》文本的全面比勘，我们认为王弼注文所引《老子》与简帛本、傅奕本最为契合，而王弼今本的经文与河上公本最为接近，当受到以河上公本为代表的通行本的大面积同化，已非真正意义上的王弼本经文②。因此，现存王弼本经文并不能反映王弼所依据的《老子》文本，王弼本的经文与注文应注意加以区分。《老子》在流播过程中呈现出多元的文本面貌，而我们今天所见的《周易》文本较为固定，王弼《周易注》经文、注文之间并无明显分歧。但也有一些现象值得注意，如王弼在解释《乾·象》"大哉乾元"时指出："'健'也者，用形者也。"解释《坤·象》"地势坤"时指出："地形不顺，其势顺。"以"乾"作"健"、以"坤"作"顺"可与马王堆帛书《周易》相参证③，王弼所据经文与今本亦有所不同。经文版本以及传播途径的差异，也是不同诠释文本理解差异的一个重要因素。

至于《老子指略例》与《周易略例》的性质，王葆玹先生认为分

---

① Rudolf G. Wagner, "The Wang Bi Recension of the Laozi," *Early China*, vol. 14 (1989); Rudolf G. Wagner, *A Chinese Reading of the Daodejing: Wang Bi's Commentary on the Laozi with Critical Text and Translation*, Albany: State University of New York Press, 2003, P. 6—30.

② 党圣元、陈民镇：《王弼本〈老子〉"经注相谂"现象探讨》，《中国哲学史》2018年第4期。

③ 参见刘大钧：《周易概论（增补本）》，成都：巴蜀书社，2008年，第276页。

别是《老子道德经注》与《周易注》的例言或后叙①，可与《文心雕龙·论说》“辅嗣之两例”之说相参证。《周易略例》在历代著录中多与《周易注》合编，而《老子指略例》则自成一书，或单独成立。可以肯定的是，《老子指略例》、《周易略例》作为王弼诠释《老子》、《周易》的指导性通论，需要与《老子道德经注》、《周易注》相配合，孤立阅读经注或通论难以窥及王弼思想的全貌。《老子指略例》与《周易略例》作为精心营构的诠释学通论，在中国古代殊为难得，其价值有待进一步抉发。

（二）了解王弼著述的思想来源

魏晋玄学产生的时代背景，正值政局混乱、社会动荡、经学倾危，何晏、王弼等人完成了思想的重新整合，一时玄风劲吹，引领了一个形上思想空前发达的时代。作为魏晋玄学的真正确立者，王弼自然脱离不了何晏、夏侯玄等前辈的影响，也脱离不了当时社会思潮的制约。王弼思想的来源无疑是多元的，而正如汤用彤先生所强调的，玄学“未尝不取汲于前代前人之学说，渐靡而然，固非骤溃而至”②，王弼思想的形成需要置于一个动态的、立体的发展链条中予以考察。

“无”作为何晏、王弼思想的重要概念，有学者指出受到了佛教思想的启发③。但汤用彤先生则认为，玄学的产生与佛学无关，而是中华固有学术自然的演进；佛教倒是先受玄学的洗礼，这种外来

---

① 王葆玹:《正始玄学》，济南:齐鲁书社，1987年，第170、175页。

② 汤用彤:《言意之辨》，《魏晋玄学论稿》，上海:上海古籍出版社，2005年，第19页。

③ 王晓毅:《汉魏佛教与何晏早期玄学》，《世界宗教研究》1993年第3期;《儒释道与魏晋玄学的形成》，北京:中华书局，2003年，第54—65页。

思想才能为我国士人所接受①。这一判断基本合乎事实。"无"主要来自《老子》,《老子》发现了"无",玄学先驱对其进行了更深层次的抽象与提炼。从王弼"举本统末"思想体系中的常见范畴看,道家思想无疑是其主要来源。这需要结合当时儒、道两家互济、升降的关系进行考察。

两汉经学定于一尊,但道家思想尤其是在汉初具有重要地位的黄老思想仍不绝如缕。东汉末年,道家思想重新抬头,"汉桓帝立老子庙于苦县之赖乡,画孔子象于壁"②,延熹八年(165年)一年之内两次派人祭祀,"在宫中立黄老、浮屠之祠"③,延熹九年(166年)又亲自祭祀,可见统治者对道家的推崇。同时,随着社会危机的加深,士人往往遁入道家的世界求索人生真理,知识界注释道书的风气渐盛,作为宗教的道教也逐渐兴起,这为魏晋时期道家思想的兴盛奠定了重要基础。从《易传》、《淮南子》到严遵、扬雄、折象、向长等人,《易》、《老》互训向有传统,何晏、王弼等人便是从《老子》、《周易》二书入手究天人之学的④。《晋书·王衍传》称"何晏、王弼等祖述《老》、《庄》",实际上,何、王主要称述《老子》、《周易》,强调《庄子》则是玄学后学嵇康、阮籍的倾向。这便涉及到道家的两大支系——黄老与老庄。严格来说,对王弼影响更深的是

---

① 汤用彤:《魏晋思想的发展》,《魏晋玄学论稿》,上海:上海古籍出版社,2005年,第109页。

② 《三国志》卷十六《仓慈传》注。

③ 《后汉书》卷三十下《襄楷传》。

④ 余敦康先生认为何晏、王弼的天人之学直接继承了经学思潮发展而来,参见氏著《何晏王弼玄学新探》,北京:方志出版社,2007年,第1页。此说未必准确,何晏、王弼的天人之学受道家影响当更深。

黄老之学，对于这一点，除了王晓毅先生有所强调①，鲜有学者论及。留情黄老的严遵实际上对《老子》的形上之学做了进一步的演绎发挥，为后来的玄学奠定了基础②，无怪乎晁说之称王弼"盖严君平指归之流也"③。

儒学则是王弼思想的另一重要来源。儒学的核心是经学，经学的冠冕是易学④，王弼精研易学，其根基便是传统经学，具体而言是古文经学。汉代经学鼎盛，尤以今文经学为主流。东汉古文经学逐渐抬头，王弼祖辈王粲与崇尚古文经学的荆州学派有千丝

---

① 王晓毅：《黄老复兴与魏晋玄学的诞生》，《东岳论丛》1994 年第 5 期；《儒释道与魏晋玄学的形成》，北京：中华书局，2003 年，第 3—54 页；《王弼评传》，南京：南京大学出版社，2011 年，第 8—17 页。王氏对黄老复兴的背景有所揭示，但并未措意于黄老思想与魏晋玄学之间的观念比较。

② 参见许抗生：《三国两晋玄佛道简论》，济南：齐鲁书社，1991 年，第 9 页；王德有：《严遵与王充、王弼、郭象之学源流》，《道教文化研究》第 4 辑，上海：上海古籍出版社，1994 年，第 222—231 页。

③ 见《道藏》第 12 册，北京：文物出版社、上海：上海书店、天津：天津古籍出版社，1988 年，第 291 页。

④ 李学勤：《国学的主流是儒学，儒学的核心是经学》，《中华读书报》2010 年 8 月 4 日，第 15 版；《经学的冠冕是易学》，《光明日报》2014 年 8 月 5 日，第 16 版。

万缕的关系①,一般认为王弼易学承自崇尚古文经的费氏易②,王弼受古文经学影响颇深。古文经学多持新论,其开放性远非繁琐沉滞的今文经学所能比拟。王弼充分吸收了前代易学家的成果,一反汉代易学家侈谈象数之弊,复归《易传》的旨趣而崇尚义理,其开拓精神与古文经学实则气息相通。

《文心雕龙·论说》云:

魏之初霸,术兼名法。傅嘏、王粲,校练名理。迄至正始,务欲守文。何晏之徒,始盛玄论。于是聃、周当路,与尼父争涂矣。详观兰石之才性,仲宣之去代,辅嗣之两例,平叔之二论,并师心独见,锋颖精密,盖人伦之英也。

在玄学兴起之前,"名法"、"名理"可谓一时风尚③。汉末名士

---

① 汤用彤:《王弼之〈周易〉、〈论语〉新义》,《魏晋玄学论稿》,上海:上海古籍出版社,2005年,第70页。汤用彤先生最先强调源自荆州学派,此后学者多延续这一论调,参见王葆玹:《正始玄学》,济南:齐鲁书社,1987年;余英时:《士与中国文化》,上海:上海人民出版社,2003年,第307页;郝虹:《王肃〈周易注〉、王弼〈周易注〉与荆州学派关系初探》,《大连大学学报》2003年第1期。但也有学者主张荆州学派实与王弼无关,参见程元敏:《季汉荆州经学(上)》,《汉学研究》第4卷第1期,1986年;程元敏:《季汉荆州经学(下)》,《汉学研究》第5卷第1期,1987年;田永胜:《王弼思想与诠释文本》,北京:光明日报出版社,2003年,第8—11页;瞿安全、王奎:《荆州学派及其影响研究》,武汉:湖北人民出版社,2013年。

② 《隋书·经籍志一》将王弼归入费氏易:"故有费氏之学,行于人间,而未得立。后汉陈元、郑众,皆传费氏之学。马融又为其传,以授郑玄。玄作《易注》,荀爽又作《易传》。魏代王肃、王弼,并为之注。自是费氏大兴,高氏遂衰。"《四库全书总目·经部·易类一》:"弼之说《易》,源出费直。直《易》今不可见,然荀爽《易》即费氏学,李鼎祚书尚颇载其遗说。大抵究爻位之上下,辨卦德之刚柔,已与弼注略近,但弼全废象数,又变本加厉耳。"

③ 庞朴先生认为,名理学是形名之学,玄学是本体之学,玄学并不是抽象化的名理学,而是名理学的否定,参见氏著《名理学概述》,《历史论丛》第1辑,济南:齐鲁书社,1980年,第147页。玄学对所谓的名理学有继承的一面,同时也不反对形名之学,而是通过"举本统末"使本体与形名相统一。

多以名实论为理论武器，王符《潜夫论》即强调“名理”①。无论是“名法”，还是“名理”，还是何晏、王弼等玄学家侈谈的“形名”，实际上都是魏晋名思想复兴的表现。包括刘邵《人物志》在内的品鉴人物的著作被《隋书·经籍志》归入名家，这与我们通常认识中的崇尚逻辑思辨的名家不同。近年来曹峰先生强调，战国秦汉时期对“名”的讨论极为活跃，当时的“名”可以分为两类，即伦理学政治学意义上的“名”与语言学逻辑学意义上的“名”；前者对中国古代思想史影响之大远远超过后者，但以往的先秦名学研究只重视后者，未对前者展开过系统研究②。也正由于此，学者对先秦名思想与魏晋名思想之间的联系认识不足，如牟宗三先生即强调二者的巨大差异③。实际上，名思想并不限于狭义的名家，儒、道、法诸家均重视“名”，所谓“名教”有儒家根基，而“形名”则有道家、法家的基础。魏晋时期的名思想，主要还是伦理学政治学意义上的“名”，从这一角度出发，看似没有联系的人物品鉴、形名本末、名法之术等均有所归依。

汤用彤先生曾指出玄学受到法家、名家等学派的影响，诚然，魏晋玄学是多种思想交流碰撞的结果，但催生玄学的主要是道家尤其是黄老一系，甚至于所谓名家、法家的影响也需要从黄老学说中寻找答案。对此，学界普遍认识不足。一个很重要的原因在于，学术界对哪些传世文献与出土文献应归诸黄老学派仍存分歧，大

---

① 王弼于《老子指略例》强调“校实定名”，认为探究“名”最终是为了论证“实”，故称“夫不能辩名，则不可与言理；不能定名，则不可与论实也”，即所谓“循名责实”。其关于“名”、“实”的讨论对先秦两汉的名实论有所继承。

② 曹峰：《回到思想史：先秦名学研究的新路向》，《山东大学学报》(哲学社会科学版)2007年第2期；《两种名家》，“海峡两岸‘哲学及其时代角色之觉醒’学术研讨会”论文，山东大学，2007年8月。

③ 牟宗三：《才性与玄理》，长春：吉林出版集团有限责任公司，2010年，第219—227页。

家对黄老思想缺乏相对统一的认识。随着相关出土文献的披露以及研究的深入①,黄老思想的认识获得重大进展。在此基础上,魏晋玄学发生与黄老思想之间若明若暗的线索,可以得到更为全面的揭示。

战国中期以降,黄老蔚为显学,齐国稷下学宫为一大重镇。据《史记·老庄申韩列传》,韩非子"喜刑名法术之学,而其归本于黄老",申不害"学本于黄老而主刑名";另据《孟子荀卿列传》,慎到、田骈、接子、环渊等人"皆学黄老道德之术"。黄老与老庄是道家的两个重要支系,世人多尊老庄,黄老一系却长期未能得到应有的重视与认识。西汉马王堆帛书所谓的"黄帝书"或"黄帝四经"已是公认的黄老学著作②,也正是由于这批"《老子》乙本卷前古佚书"的发现,世人才得以窥及所谓"黄老"、"形(刑)名"之学的概貌。此外,《鹖冠子》、《管子》、《吕氏春秋》、《淮南子》诸书(至少是部分篇章),不少学者即认为反映了黄老思想③。至于郭店简《太一生水》、上博简《恒先》、《凡物流形》、《三德》等简帛佚籍,也被视作黄

---

① 曹峰:《关于黄老道家的一些新认识》,《诸子学刊》第12辑,上海:上海古籍出版社,2015年,第201—214页。

② 针对唐兰先生提出的这些古佚书即《汉书·艺文志》所著录《黄帝四经》的说法,有学者提出质疑,参见裘锡圭:《马王堆帛书〈老子〉乙本卷前古佚书并非〈黄帝四经〉》,《道家文化研究》第3辑,上海:上海古籍出版社,1993年,第249—255页;李零:《说"黄老"》,《道家文化研究》第5辑,上海:上海古籍出版社,1994年,第142—157页;李若晖:《马王堆帛书黄帝书的性质》,《齐鲁学刊》2009年第2期。

③ 陈丽桂:《战国时期的黄老思想》,台北:联经出版事业股份有限公司,1991年;陈丽桂:《秦汉时期的黄老思想》,台北:文津出版社,1997年。

老的论著①。

众所周知，黄老思想在西汉初期一度极为盛行，在汉武帝“独尊儒术”之前，一度是汉朝统治者的主导思想。司马谈作为黄老思想的信奉者，在《论六家要旨》中对道家（实际上即黄老）所施笔墨最多，虽对其他诸家多有批评，唯独对道家予以全面肯定，这与王弼在《老子指略例》中的论述几乎如出一辙。根据司马谈的讨论，可以窥及黄老思想的若干“要旨”：其一，“以虚无为本”，强调宇宙的本体为“虚无”；其二，“以因循为用”，“与时迁移，应物变化，立俗施事，无所不宜”，强调因循之道，顺应自然；其三，“无为”又“无不为”，“无不为”强调对治道的重视，这是与老庄一系的重要区别；其四，“因阴阳之大顺，采儒墨之善，撮名法之要”，综融百家，尤其是吸收了名家、法家的因素，因而黄老学说中有大量关于“名”、“形”、“法”、“理”之类的讨论。因此，黄老与名家、法家容易混淆，但其根本在于《老子》，亦当肯定。此外，结合黄老学的著作，还可以发现黄老思想的一个重要特点，即往往由宇宙论言及政治论，并将“道”、“无”、“一”等与本体有关的概念贯彻于宇宙论、政治论。

① 陈丽桂：《〈太一生水〉研究综述及其与〈老子〉丙的相关问题》，《汉学研究》第 23 卷第 2 期，2005 年 12 月；曹峰：《〈恒先〉研究综述——兼论〈恒先〉今后研究的方法》，《中国哲学史》2008 年第 4 期；王中江：《〈凡物流形〉的宇宙观、自然观和政治哲学——围绕“一”而展开的探究并兼及学派归属》，《哲学研究》2009 年第 6 期；曹峰：《上博楚简〈凡物流形〉的文本结构与思想特征》，《清华大学学报》（哲学社会科学版）2010 年第 1 期；曹峰：《近年出土黄老思想文献研究》，北京：中国社会科学出版社，2015 年。需要指出的是，为数不少的先秦典籍到魏晋以后逐渐散佚，有些已佚之书在史志书目中虽不见著录，但是汉魏时人却是有条件看到的，参见邬可晶：《〈孔子家语〉成书考》，上海：中西书局，2015 年，第 399 页。何况，早期黄老文献即便散佚，由于黄老思想在两汉长期流传，这些文献的思想仍可以得到传播。

汉末魏晋正是黄老学说复兴的时期①，东汉史籍中“黄老”出现的频率较之西汉更高②。上揭黄老学说的要旨，与魏晋玄学之间存在较明显的联系。黄老继承《老子》对“道”、“无”的讨论，尤其是在宇宙生成论方面对“无”的强调，为“无”的抽象化进一步奠定了基础③。与《老子》相比，黄老思想拔高了“一”的地位，以“一”为本体④，王弼即强调“一”的本体意义。马王堆帛书《黄帝书·道原》云：“为一而不化。得道之本，握少以知多。”不但强调“一”，更得王弼“以寡统众”说之先。黄老思想在《老子》的基础上极为强调因循，王弼《老子道德经注》中“因”、“任”、“自然”等词出现的频率极高。黄老学说对“形”、“名”的强调极为突出⑤，这在王弼的著述中也有大量反映。此外，黄老学说不反对“仁”、“义”、“礼”、“法”，

---

① 王晓毅：《黄老复兴与魏晋玄学的诞生》，《东岳论丛》1994 年第 5 期。

② 刘玲娣：《汉魏六朝老学研究》，武汉：华中师范大学出版社，2012 年，第 37 页。

③ 上博简《恒先》：“恒先无有。”马王堆帛书《经法》：“见知之道，唯虚无有。”

④ 王中江：《〈凡物流形〉的宇宙观、自然观和政治哲学——围绕“一”而展开的探究并兼及学派归属》，《哲学研究》2009 年第 6 期；《〈黄帝四经〉的“执一”统治术》，徐炳主编：《黄帝思想与道、理、法研究》，北京：社会科学文献出版社，2013 年，第 238 页。

⑤ 曹峰：《〈黄帝四经〉所见“名”思想之研究》，《楚地出土文献与先秦思想研究》，台北：台湾书房出版社有限公司，2010 年，第 2—31 页；曹峰：《“名”是〈黄帝四经〉最重要的概念之一——兼论〈黄帝四经〉中的“道”“名”“法”关系》，徐炳主编，北京：社会科学文献出版社，2013 年，第 242—272 页。《三国志·钟会传》载：“会常论《易》无玄体、才性同异。及会死后，于会家得书二十篇，名曰《道论》，而实刑名家也，其文似会。初，会弱冠与山阳王弼并知名。”钟会之所以论“道”，却又实为“刑(形)名家”，也需要从黄老思想的角度加以理解。

而是强调要合乎自然无为的原则①，并注意将本体贯彻于政治论，这实际上与王弼“举本统末”的旨趣如出一辙。

总之，王弼思想有多元的来源，其中道、儒两家提供了基本的思想资源。而名思想、黄老思想与王弼思想的联系过去认识不足，需要引起我们的重视。这些都是在阅读过程中值得我们注意的。

（三）具体的研读方法

由于王弼的著述主要是对经典的诠释，故研读方法也与其他典籍存在区别。最需要注意的有如下几点：

其一，经注相参，结合所诠释的经典文本。阅读《老子指略例》和《老子道德经注》，不可脱离《老子》；阅读《周易略例》和《周易注》，不可脱离《周易》；阅读《论语释疑》，同样不可脱离《论语》。在阅读过程中，需要仔细比较王弼的诠释文本与诠释对象之间的异同，体会王弼的诠释是否贴合经典文本的原意、王弼的诠释文本有哪些超越与独创之处。

其二，博观约取，结合其他诠释文本。王弼的诠释文本，并非标准答案，有必要比对其他的诠释文本，分析个中异同以及哪种看法更能反映经典文本的原意，如此既可进一步了解王弼思想的独特之处，也能加深对经典文本的理解。如阅读《老子道德经注》，可以同时参阅河上公注、严遵《老子指归》等，体会不同诠释文本间的差异，进而分析差异产生的时代背景和思想土壤。

其三，知人论世，结合王弼的心路历程和时代背景。谁启发了王弼的思想？王弼的成长受到哪些因素的影响？玄学发展的总体趋势如何？王弼在思想史上的地位如何？在阅读过程中，需要紧

---

① 熊铁基：《秦汉新道家略论稿》，上海：上海人民出版社，1984年，第28页。

扣这些问题加以思考，如此才能对王弼的思想有更为宏观的把握。

其四，提纲挈领，结合王弼的思想主线加以阅读。王弼的《老子指略例》和《周易略例》属于通论，相对而言论述较为系统。他的其他诠释文本则紧扣经典文本，观点极为散乱。若不能把握其主线，很容易不得门径。我们在前面指出王弼思想的纲领是“举本统末”，如若紧扣这一主线，王弼著述的思想闪光点也便愈加清晰。

其五，注意内证，结合王弼同一诠释文本以及不同诠释文本之间的联系。譬如《老子道德经注》的不同章节，前后呼应之处不少，《老子道德经注》与《周易注》之间也有互见的内容，我们在本书的注释中已经点出了相关线索，有助于读者理解。

如果学有余力，可以进一步研读相关的学术著作。目前对于王弼著述的校注，主要是楼宇烈先生《王弼集校释》一书。楼氏的《老子道德经注校释》、《周易注（附周易略例）》诸书，实际上是从该书拆分出来的。该书是本书的重要参考资料，对于楼氏校释所存在的缺失，本书有所补正。此外，学界有关王弼以及魏晋玄学的重要论著亦可参看。魏晋玄学的研究，是凭借汤用彤先生在20世纪三、四十年代撰写的系列论文正式确立的。汤先生所作《王弼大衍义略释》、《王弼圣人有情义释》、《王弼之〈周易〉、〈论语〉新义》诸文后结集为《魏晋玄学论稿》一书，于1957年由人民出版社付梓，此后一再重版。而自20世纪80年代至今，魏晋玄学的研究进入一个空前繁荣的阶段，大量论著问世，王弼思想得到了更深层次的发掘。诸如瓦格纳、余敦康、王葆玹、王晓毅等先生的论著，便颇值得参考。本书作为对王弼现存著述的注说，力图在学界研究成果的基础上对王弼思想进行更全面的呈现，从而让更多读者走近王弼、理解王弼。

六　校注说明

1. 本书所称“王弼集”，与宋之前的《王弼集》不可同日而语，而是对目前所见王弼著述的权宜指称。

2. 本书篇目的排列亦与楼宇烈先生《王弼集校释》一书不同。楼氏按《老子道德经注》、《老子指略》、《周易注》、《周易略例》、《论语释疑》的次序排列，我们则认为《老子指略例》、《周易略例》是了解王弼《老子道德经注》、《周易注》的门径所在，宜列于前；王弼的诠释文本，又以《老子》为核心，《周易》、《论语》相关诠释文本的重要性紧随其后。故本书重新排定的次第为：《老子指略例》(佚文)、《老子道德经注》、《周易略例》、《周易注》、《论语释疑》(佚文)。依此次序，方能对王弼的诠释文本有循序渐进、一以贯之的理解。

3. 《老子指略例》的文本据王维诚先生所辑《老子指略》。

4. 《老子道德经注》所依底本为明正统《道藏》，同时参酌王弼注其他版本(如张之象本、《永乐大典》本、《古逸丛书》本等)、其他收有王弼注文的文献(如张湛《列子注》、李善《文选注》、《道德真经集注》、《道德经集解》、《道德经取善集》、《道德真经集义》等)以及陶鸿庆、楼宇烈、瓦格纳等人的研究成果予以校订。目前所见王弼注的文本由于经过不断篡改，已非王弼本原貌。为了呈现一个相对稳定的文本，若非不可解，本书不依据其他文本擅改《道藏》本。限于体例，校改之处不一一说明，可参见楼宇烈先生《老子道德经注校释》一书。本书在注释的过程中，注意参酌郭店楚简《老子》(简称“楚简本”)、北大西汉简《老子》(简称“汉简本”)、马王堆汉墓帛书《老子》(简称“帛书本”)等简帛本，以及河上公本、想尔本、傅奕本、范应元本等传世文本，以期呈现王弼本注文与经文之间、王弼本与其他《老子》文本之间的复杂关系。

5. 楼宇烈先生校释《王弼集》收有《周易略例》，其后王弼《周易注》单行本亦收入该文献①。楼氏以明汲古阁毛晋本为底本，参校《四部丛刊》影印宋本、《汉魏丛书》本、《津逮祕书》本等，本书从之。

6.《周易注》以清阮元刻《十三经注疏》为底本，且参考其他传世文本。

7.《论语释疑》的文本据梁皇侃《论语义疏》(据《知不足斋丛书》本)、宋邢昺《论语正义》(据阮元刻《十三经注疏》本)。

8. 由于王弼的著述思辨性较强，故本书除了对疑难字词加以注释，也对相对费解的语句作简要的解说与引证。

---

① (魏)王弼撰，楼宇烈校释：《周易注(附周易略例)》，北京：中华书局，2011年。

老子指略例(佚文)

夫物之所以生,功之所以成,必生乎无形,由乎无名[①]。无形无名者,万物之宗也[②]。不温不凉,不宫不商[③]。听之不可得而闻,视之不可得而彰,体之不可得而知,味之不可得而尝[④]。故其为物也则混成,为象也则无形,为音也则希声,为味也则无呈[⑤]。故能为品物之宗主[⑥],苞通天地[⑦],靡使不经也[⑧]。若温也则不能凉矣,宫也则不能商矣。形必有所分,声必有所属。故象而形者,非大象也;音而声者,非大音也。然则,四象不形,则大象无以畅;五音不声,则大音无以至[⑨]。四象形而物无所主焉,则大象畅矣;五音声而心无所适焉,则大音至矣[⑩]。故执大象则天下往[⑪],用大音则风俗移也。无形畅,天下虽往,往而不能释也[⑫];希声至,风俗虽移,移而不能辩也[⑬]。是故天生五物,无物为用;圣行五教,不言为化[⑭]。是以“道可道,非常道;名可名,非常名”也[⑮]。五物之母,不炎不寒,不柔不刚;五教之母,不皦不昧[⑯],不恩不伤。虽古今不同,时移俗易,此不变也,所谓“自古及今,其名不去”

者也[17]。天不以此，则物不生；治不以此，则功不成。故古今通，终始同；执古可以御今，证今可以知古始，此所谓“常”者也[18]。无皦昧之状，温凉之象，故“知常曰明”也[19]。物生功成，莫不由乎此，故“以阅众甫”也[20]。

［注释］①参见《老子》第一章王弼注：“凡有皆始于无，故未形无名之时，则为‘万物之始’。及其有形有名之时，则‘长之、育之、亭之、毒之’，为其母也。言道以无形无名始成万物。”王弼强调“以无为本”，万物生于无形、无名。“名”是一个重要的哲学概念，它往往与“形”并举，是先秦以及魏晋形名之学的主要讨论对象。　②参见《老子》第十四章王弼注：“无形无名者，万物之宗也。”“无形无名者”指“道”。宗：主。　③这句话的意思是：道既不温也不凉，不属于五音中的任何一音。因为道没有具体的属性，故没有局限性。参见《老子》第十六章王弼注：“‘常’之为物，不偏不彰，无皦昧之状，温凉之象，故曰‘知常曰明’也。”《老子》第三十五章王弼注：“‘大象’，天象之母也。不炎不寒，不温不凉，故能包统万物，无所犯伤。”　④参见《老子》第十四章：“视之不见名曰‘夷’，听之不闻名曰‘希’，搏之不得名曰‘微’。此三者不可致诘，故混而为一。”王弼注：“无状无象，无声无响，故能无所不通，无所不往。不得而知，更以我耳、目、体不知为名，故‘不可致诘，混而为一’也。”彰：显明。体：体认。　⑤参见《老子》第二十五章：“有物混成，先天地生。”王弼注：“混然不可得而知，而万物由之以成，故曰‘混成’也。”《老子》第四十一章：“大音希声，大象无形。”王弼注：“听之不闻名曰‘希’，不可得闻之音也。有声则有分，有分则不宫而商矣，分则不能统众，故有声者非大音也。有形则有分，有分者，不温则凉，不炎则寒。故象而形者，非大象。”呈：显露。　⑥品物：万物。　⑦苞通：即“包通”，总括。　⑧靡使不经：即《老子》第二十五章王弼注所谓“无物而不由”。　⑨以上两句的意思是：若有具体的形象和声音，则不能算是“大象”和“大音”。然而如果不通过具体的形象和声音，“大象”和“大音”也无从体现。四象：有“春、夏、秋、冬”、“金、木、水、火”、“日、月、星、辰”等说法。畅：达。五音：我国古代五声音阶中的五个音级，即宫、商、角、徵、羽。　⑩这句话的意思是：虽然通过四象、五音来表现，但并不以四象、五音为宗

主,则"大象"、"大音"才得以畅达。适:往。　⑪执大象则天下往:语出《老子》第三十五章:"执大象,天下往。"　⑫释:阐明。　⑬辩:清楚。　⑭这句话的意思是:上天创生"五物"以构成万物,却以无为用。圣人行"五教",却通过不言进行教化。五物:即金、木、水、火、土五种基本物质。无物为用:参见《老子》第十一章:"故有之以为利,无之以为用。"王弼注:"木、埴、壁所以成三者,而皆以无为用也。言'无'者,有之所以为利,皆赖无以为用也。"第三十八章王弼注:"何以尽德?以无为用。以无为用,则莫不载也。故物,无焉,则无物不经;有焉,则不足以免其生。……万物虽贵,以无为用,不能舍无以为体也。不能舍无以为体,则失其为大矣,所谓失道而后德也。以无为用,则得其母,故能己不劳焉而物无不理。"五教:五常之教,指父义、母慈、兄友、弟恭、子孝五种伦理道德的教育。不言为化:参见《老子》第二章:"行不言之教。"《老子》第十七章王弼注:"大人在上,居无为之事,行不言之教,万物作焉而不为始,故'下知有之'而已。"　⑮语出《老子》第一章。　⑯皦(jiǎo):明亮。昧:昏暗。　⑰语出《老子》第二十一章。　⑱参见《老子》第十四章:"执古之道,以御今之有。"王弼注:"无形无名者,万物之宗也。虽今古不同,时移俗易,故莫不由乎此以成其治者也。故可'执古之道,以御今之有'。上古虽远,其道存焉,故虽在今可以知古始也。"　⑲语出《老子》第十六章。　⑳语出《老子》第二十一章。

夫奔电之疾犹不足以一时周,御风之行犹不足以一息期。善速在不疾,善至在不行①。故可道之盛,未足以官天地;有形之极,未足以府万物②。是故叹之者不能尽乎斯美,咏之者不能畅乎斯弘③。名之不能当,称之不能既④。名必有所分⑤,称必有所由⑥。有分则有不兼,有由则有不尽。不兼则大殊其真,不尽则不可以名,此可演而明也⑦。夫"道"也者,取乎万物之所由也;"玄"也者,取乎幽冥之所出也;"深"也者,取乎探赜而不可究也⑧;"大"

也者，取乎弥纶而不可极也[⑨]；“远”也者，取乎绵邈而不可及也[⑩]；“微”也者，取乎幽微而不可睹也。然则，“道”、“玄”、“深”、“大”、“微”、“远”之言，各有其义，未尽其极者也。然弥纶无极，不可名细；微妙无形，不可名大。是以篇云“字之曰‘道’”、“谓之曰‘玄’”[⑪]，而不名也。然则，言之者失其常，名之者失其真，为之者则败其性，执之者则失其原矣[⑫]。是以圣人不以言为主，则不违其常；不以名为常，则不离其真；不以为为事，则不败其性；不以执为制[⑬]，则不失其原矣。然则，《老子》之文，欲辩而诘者[⑭]，则失其旨也；欲名而责者[⑮]，则违其义也。故其大归也[⑯]，论太始之原以明自然之性[⑰]，演幽冥之极以定惑罔之迷[⑱]。因而不为，顺而不施；崇本以息末，守母以存子；贱夫巧术，为在未有；无责于人，必求诸己，此其大要也[⑲]。

[注释]①以上两句的意思是：即便快如闪电、御风而行，也不能在极短的时间内达到速度的极限。擅长速度的不在于快，擅长到达目的地的不在于行。一时、一息：形容时间短暂。周、期：极限。　②这句话的意思是：可以言说、有形的极盛之物，并不足以统摄天地。官、府：统摄。　③这句话的意思是：赞叹、歌颂道的人，并不能穷尽其美、其大。斯：此。弘：大。　④既：尽。⑤分：别。　⑥由：从，凭借。　⑦这句话的意思是：如果不能完全包括所有事物，那么必然会与真实有所差距，不能得到妥善命名，这一道理可以通过推演得以明了。　⑧赜（zé）：深奥。究：穷尽。　⑨弥纶：统摄。极：穷极。⑩绵邈：悠远。　⑪语出《老子》第二十五章：“吾不知其名，字之曰‘道’，强为之名曰‘大’。”第一章：“此两者同出而异名，同谓之玄。”　⑫语出《老子》第二十九章：“为者败之，执者失之。”王弼注：“万物以自然为性，故可因而不可为也，可通而不可执也。物有常性，而造为之，故必败也；物有往来，而执之，故必失矣。”第六十四章：“为者败之，执者失之。是以圣人无为，故无败；无执，

故无失。” ⑬制:法度,约束。 ⑭诘:问,追究。 ⑮责:质问。 ⑯大归:大要。 ⑰太始:万物开始形成的阶段。 ⑱罔:蒙蔽。 ⑲这句话的意思是:《老子》一书的要旨在于:因循万物而不施为,崇尚“本”、“母”,轻贱巧术,在未发生之前行事,不求人而求己。因而不为、顺而不施:参见《老子》第十章王弼注:“雌应而不昌,因而不为,言‘天门开阖,能为雌乎’,则物自宾而处自安矣。”《老子》第二十九章王弼注:“圣人达自然之至,畅万物之情,故因而不为,顺而不施。”崇本以息末、守母以存子:参见《老子》第五十二章:“既得其母,以知其子;既知其子,复守其母,没身不殆。”王弼注:“‘母’,本也。‘子’,末也。得本以知末,不舍本以逐末也。”第三十八章王弼注:“守母以存其子,崇本以举其末,则形、名俱有而邪不生,大、美配天而华不作。故母不可远,本不可失。”贱夫巧术:参见《老子》第十九章:“绝巧弃利。”为在未有:参见《老子》第六十四章:“为之于未有,治之于未乱。”无责于人:参见《老子》第七十九章:“是以圣人执左契,而不责于人。”

而法者尚乎齐同①,而刑以检之②;名者尚乎定真,而言以正之;儒者尚乎全爱,而誉以进之③;墨者尚乎俭啬,而矫以立之④;杂者尚乎众美,而总以行之⑤。夫刑以检物,巧伪必生⑥;名以定物,理恕必失⑦;誉以进物,争尚必起⑧;矫以立物,乖违必作⑨;杂以行物,秽乱必兴。斯皆用其子而弃其母,物失所载,未足守也。然致同涂异⑩,至合趣乖⑪,而学者惑其所致,迷其所趣。观其齐同,则谓之“法”;睹其定真,则谓之“名”;察其纯爱,则谓之“儒”;鉴其俭啬,则谓之“墨”;见其不系⑫,则谓之“杂”。随其所鉴而正名焉,顺其所好而执意焉。故使有纷纭愦错之论⑬,殊趣辩析之争,盖由斯矣。又其为文也,举终以证始,本始以尽终;开而弗达,导而弗牵⑭。寻而后既其义,推而后尽其理。善发事始以首其论,明夫会归以终其文⑮。故使同趣而感发者[16]，莫不美其兴言之始，因而演焉；异旨而独构者[17]，莫不说其会归之征[18]，以为证焉。夫途虽殊，必同其归；虑虽百，必均其致。而举夫归致以明至理，故使触类而思者[19]，莫不欣其思之所应，以为得其义焉。

［注释］①法者：指法家，下文"名者"、"儒者"、"墨者"、"杂者"分别指名家、儒家、墨家、杂家。齐同：统一。 ②检：约束。 ③誉以进之：以美誉使人们进取。 ④矫：抑制，谓抑制人们的欲望，过节俭的生活。 ⑤总：谓杂家兼收众家所长。 ⑥巧伪：虚伪不实。 ⑦理恕：宽恕。 ⑧争尚：竞争。 ⑨乖违：反常。作：兴起。 ⑩致同涂异：参见《周易·系辞下》："天下同归而殊涂，一致而百虑。"涂：同"途"。 ⑪趣：同"趋"。乖：违背。 ⑫系：系属。 ⑬愦(kuì)：昏乱。 ⑭语出《礼记·学记》："故君子之教，喻也。道而弗牵，强而弗抑，开而弗达。道而弗牵则和，强而弗抑则易，开而弗达则思。和易以思，可谓善喻矣。"开而弗达：启发但不直接告诉结果。导而弗牵：引导但不牵制。 ⑮这句话的意思是：善于揭示事物的发端，以作为论述的开始；阐明其终结，来作为文章的结束。会归：归结。 ⑯同趣：同一旨趣，与"异旨"相对。感发：情志向外释放。 ⑰独构：独创。 ⑱说：同"悦"。征：迹象。 ⑲触类：接触相类事物。

凡物之所以存，乃反其形[1]；功之所以克[2]，乃反其名。夫存者不以存为存，以其不忘亡也；安者不以安为安，以其不忘危也[3]。故保其存者亡，不忘亡者存；安其位者危，不忘危者安。善力举秋毫，善听闻雷霆，此道之与形反也[4]。安者实安，而曰非安之所安；存者实存，而曰非存之所存；侯王实尊，而曰非尊之所为；天地实大，而曰非大之所能；圣功实存，而曰绝圣之所立；仁德实著，而曰弃仁之所存[5]。故使见形而不及道者，莫不忿其言焉[6]。夫欲定物之本者,则虽近而必自远以证其始;夫欲明物之所由者,则虽显而必自幽以叙其本。故取天地之外,以明形骸之内⑦;明侯王孤寡之义⑧,而从道一以宣其始⑨。故使察近而不及流统之原者⑩,莫不诞其言以为虚焉⑪。是以云云者⑫,各申其说⑬,人美其乱⑭。或迂其言,或讥其论,若晓而昧,若分而乱,斯之由矣⑮。

[注释]①反:相反。　②克:成。　③参见《周易·系辞下》:"危者安其位者也,亡者保其存者也,乱者有其治者也。是故君子安而不忘危,存而不忘亡,治而不忘乱。是以身安而国家可保也。"　④这句话的意思是:秋毫作为最轻之物,雷霆作为最响之物,力气极大的人恰恰将力气表现在举起秋毫,听力极佳的人恰恰将听力表现在聆听雷霆,这说明了道(本)与形(末)的相反。　⑤这句话的意思是:安定者实际上安定,但并非安定本身赋予其安定;存在者实际上存在,但并非存在本身赋予其存在;侯王实际上尊贵,但并非尊贵本身赋予其尊贵;天地实际上很大,但并非大本身赋予其大;圣贤的功绩实际上存在,但需要弃绝圣人本身;仁德实际上显明,但需要弃绝仁德本身。所谓的"安"、"存"等,实际上属于"形",其根本则在于"道"。参见前文"斯皆用其子而弃其母,物失所载,未足守也"。　⑥忿:恨,只见其形而不知其道者对上述论述是不满的。　⑦形骸:人的躯体。　⑧孤寡:侯王的谦称。　⑨道一:"道"和"一"均有本体的意义。　⑩流统:衍化的系统。原:源头。　⑪诞:使虚妄。　⑫云云者:指各种学说。　⑬申:陈述。　⑭人美其乱:大家各自粉饰自身混乱的一面。或说"乱"为"辞"之误。　⑮这句话的意思是:有的言论迂腐或讥刺,看起来明了实际上暗晦,看起来分明实际上混乱,正是由于纠缠末流而不及本原的缘故。

"名"也者,定彼者也;"称"也者,从谓者也。名生乎彼,称出乎我①。故涉之乎无物而不由,则称之曰"道"②;求之乎无妙而不出,则谓之曰"玄"③。妙出乎玄,众由乎道。故"生之畜之"，不壅不塞④，通物之性，"道"之谓也；"生而不有，为而不恃，长而不宰"⑤，有德而无主，玄之德也。"玄"，谓之深者也；"道"，称之大者也。名号生乎形状⑥，称谓出乎涉求⑦。名号不虚生，称谓不虚出。故名号则大失其旨，称谓则未尽其极⑧。是以谓"玄"则"玄之又玄"⑨，称"道"则"域中有四大"也⑩。

[注释]①这句话的意思是："名"由"彼（彼者，即事物本身）"生发，"称"由"我（谓者，即称述的主体）"生发。　②参见《老子》第二十五章："字之曰'道'。"王弼注："夫名以定形，字以称可。言道取于无物而不由也，是混成之中，可言之称最大也。"　③参见《老子》第一章："玄之又玄，众妙之门。"王弼注："若定乎一'玄'，则是名则失之远矣。故曰'玄之又玄'也。众妙皆从同而出，故曰'众妙之门'也。"　④壅（yōng）：堵塞。　⑤语出《老子》第十章："生之，畜之，生而不有，为而不恃，长而不宰，是谓'玄德'。"　⑥形状：物体的形态。　⑦涉求：需求。　⑧这句话的意思是：名号、称谓只是一种描述，并不能完全传达事物的宗旨。　⑨玄之又玄：语出《老子》第一章。　⑩域中有四大：语出《老子》第二十五章。

《老子》之书，其几乎可一言而蔽之①。噫！"崇本息末"而已矣。观其所由，寻其所归，言不远宗，事不失主②。文虽五千，贯之者一；义虽广瞻，众则同类③。解其一言而蔽之，则无幽而不识；每事各为意，则虽辩而愈惑④。尝试论之曰：夫邪之兴也，岂邪者之所为乎？淫之所起也，岂淫者之所造乎？故闲邪在乎存诚，不在善察；息淫在乎去华，不在滋章；绝盗在乎去欲，不在严刑；止讼存乎不尚，不在善听⑤。故不攻其为也，使其无心于为也；不害其欲也，使其无心于欲也。谋之于未兆，为之于未始，如斯而已矣⑥。故竭圣智以治巧伪,未若见质素以静民欲;兴仁义以敦薄俗,未若抱朴以全笃实;多巧利以兴事用,未若寡私欲以息华竞⑦。故绝司察,潜聪明,去劝进,翦华誉,弃巧用,贱宝货⑧。唯在使民爱欲不生⑨,不在攻其为邪也。故见素朴以绝圣智,寡私欲以弃巧利,皆崇本以息末之谓也。

[注释]①一言而蔽之:用一句话来概括。参见《论语·为政》:"《诗》三百,一言以蔽之,曰:'思无邪。'" ②参见《老子》第七十章:"言有宗,事有君。"王弼注:"'宗',万物之宗也。'君',万物之主也。" ③这句话的意思是:《老子》五千言有一以贯之的线索,虽然意义宏富,但实际上诸多言论可以归并为一类。 ④这句话的意思是:如果从"崇本息末"这一线索入手,那么没有什么深奥的事物是不能被认识的;如果只是就各事物的表面形式出发,则越是辨明,越是疑惑。 ⑤这句话的意思是:防止奸邪在于真诚,而不在于明察;止息淫欲在于去除浮华,而不在于使之显明;杜绝盗贼在于去除贪欲,而不在于严酷的刑罚;消灭诉讼在于不推崇值得争夺的事物,而不在于善于决断。闲:防。章:明。善听:善于听察。 ⑥参见《老子》第六十四章:"其安易持,其未兆易谋,其脆易泮,其微易散。为之于未有,治之于未乱。" ⑦参见《老子》第五十七章:"我无为而民自化,我好静而民自正,我无事而民自富,我无欲而民自朴。"质素:素朴。敦:使笃厚。华竞:浮华且崇尚争竞。 ⑧参见《老子》第十九章:"绝圣弃智,民利百倍;绝仁弃义,民复孝慈;绝巧弃利,盗贼无有。此三者,以为文不足,故令有所属:见素抱朴,少私寡欲。"司察:督察。潜:隐。劝进:鼓励促进。翦:除。华誉:浮华的名誉。 ⑨爱欲不生:爱欲不滋生。

夫素朴之道不著①,而好欲之美不隐②,虽极圣明以察之,竭智虑以攻之,巧愈思精,伪愈多变,攻之弥甚,避之弥勤③。则乃智愚相欺,六亲相疑④,朴散真离⑤,事有其奸⑥。盖舍本而攻末，虽极圣智，愈致斯灾⑦，况术之下此者乎！夫镇之以素朴⑧，则无为而自正；攻之以圣智，则民穷而巧殷⑨。故素朴可抱，而圣智可弃。夫察司之简⑩，则避之亦简；竭其聪明，则逃之亦察⑪。简则害朴寡⑫，密则巧伪深矣。夫能为至察探幽之术者，匪唯圣智哉？其为害也，岂可记乎！故“百倍”之“利”未渠多也⑬。

[注释]①著：显明，与“隐”相对。 ②好欲之美：谓以崇尚欲望为美。 ③勤：尽力。 ④六亲：参见《老子》第十八章：“六亲不和。”王弼注：“‘六亲’，父、子、兄、弟、夫、妇也。” ⑤朴散真离：谓真朴离散。 ⑥奸：奸邪。 ⑦愈致斯灾：谓如果舍弃根本，连极其聪慧者都会招致灾祸。 ⑧镇之以素朴：参见《老子》第三十七章：“化而欲作，吾将镇之以无名之朴。” ⑨穷：穷困。殷：盛。 ⑩察司：即前文的“司察”。简：简略，与“密”相对。 ⑪逃之亦察：谓如果竭力明察，对方也会更巧妙地逃避。 ⑫害朴寡：伤害素朴的人就少了。 ⑬以上数句的意思是：能够探察最为幽隐的事物的，不只是有“圣智”。“圣智”的危害，难以尽数。《老子》第十九章所谓“绝圣弃智，民利百倍”，并不算过分。未渠：未曾。

夫不能辩名，则不可与言理；不能定名，则不可与论实也。凡名生于形，未有形生于名者也。故有此名必有此形，有此形必有其分。仁不得谓之“圣”，智不得谓之“仁”，则各有其实矣。夫察见至微者，明之极也；探射隐伏者①，虑之极也②。能尽极明，匪唯圣乎？能尽极虑，匪为智乎？校实定名，以观“绝圣”，可无惑矣③。夫敦朴之德不著，而名行之美显尚④，则修其所尚而望其誉⑤，修其所道而冀其利。望誉冀利以勤其行，名弥美而诚愈外⑥，利弥重而心愈竞。父子兄弟，怀情失直，孝不任诚，慈不任实,盖显名行之所招也,患俗薄而兴名行、崇仁义,愈致斯伪,况术之贱此者乎[7]？故“绝仁弃义,以复孝慈”[8],未渠弘也[9]。

[注释]①探射:探察。隐伏:隐藏。　②虑:思。　③这句话的意思是:如果核查实际而有所定名,那么“绝圣弃智”的论断便没什么疑问了。　④名行:名声与品行。显尚:显著且得到推崇。　⑤望:期待,义同“冀”。　⑥弥:更加。诚愈外:真诚愈加远去。　⑦这句话的意思是:父子兄弟之间的感情如果失去正直、真诚、实在,是由于推崇名望所招致的。因为担心风俗淡薄而推崇名行、仁义,则愈加导致虚伪,何况比这一举措更低劣的呢?　⑧语出《老子》第十九章。　⑨未渠弘:未曾夸大。

夫城高则冲生[1],利兴则求深[2]。苟存无欲,则虽赏而不窃[3];私欲苟行,则巧利愈昏[4]。故绝巧弃利,代以寡欲,盗贼无有,未足美也。夫圣、智,才之杰也;仁、义,行之大者也;巧、利,用之善也[5]。本苟不存,而兴此三美,害犹如之,况术之有利斯,以忽素朴乎[6]？故古人有叹曰:甚矣,何物之难悟也!既知不圣为不圣,未知圣之不圣也;既知不仁为不仁,未知仁之为不仁也。故绝圣而后圣功全,弃仁而后仁德厚。夫恶强非欲不强也[7],为强则失强也;绝仁非欲不仁也,为仁则伪成也。有其治而乃乱,保其安而乃危。后其身而身先,身先非先身之所能也;外其身而身存,身存非存身之所为也[8]。功不可取,美不可用,故必取其为功之母而已矣。篇云“既知其子”,而必“复守其母”[9]。寻斯理也,何往而不畅哉!

[注释]①冲:古代攻城的战车。　②求:欲求。　③参见《论语·颜

渊》："苟子之不欲，虽赏之不窃。"　④昏：迷乱。　⑤参见《老子》第十九章王弼注："'圣'、'智'，才之善也；'仁'、'义'，人之善也；'巧'、'利'，用之善也。"利：用。　⑥这句话的意思是：如果"本"不存在，而行"才之杰"、"行之大"、"用之善"这"三美"，其危害尚且如此，何况仅仅有利于"三美"而忽略素朴的呢？　⑦恶：憎恶。　⑧参见《老子》第七章："是以圣人后其身而身先，外其身而身存。"　⑨语出《老子》第五十二章："既知其母，以知其子；既知其子，复守其母，没其不殆。"

老子道德经注

上　　篇

第一章

道可道，非常道；名可名，非常名。可道之道①，可名之名②，指事造形③，非其常也④。故不可道，不可名也。**无名，天地之始；有名，万物之母。**凡有皆始于无，故未形无名之时，则为“万物之始”⑤。及其有形有名之时，则“长之、育之、亭之、毒之”⑥，为其母也。言道以无形无名始成万物，以始以成而不知其所以，“玄之又玄”也。**故常无欲，以观其妙；**“妙”者⑦，微之极也。万物始于微而后成，始于无而后生。故常无欲，空虚其怀，可以观其始物之妙。**常有欲，以观其徼。**“徼”⑧，归终也。凡有之为利，必以无为用⑨。欲之所本，适道而后济⑩。故“常有欲”，可以观其终物之徼也。**此两者同出而异名，同谓之玄。玄之又玄，众妙之门。**“两者”，“始”与“母”也。“同出”者，同出于玄也。“异名”，所施不可同也。在首则谓之“始”，在终则谓之“母”。

"玄"者[11],冥也,默然无有也,始、母之所出也。不可得而名,故不可言"同名曰玄"。而言"谓之玄"者,取于不可得而谓之然也。谓之然,则不可以定乎一"玄"而已。若定乎一"玄",则是名则失之远矣。故曰"玄之又玄"也。众妙皆从同而出,故曰"众妙之门"也。

[注释]①道:前一个"道"是动词,后一个"道"是名词,"可道之道"指可以言说的道。"道"是《老子》一书中的核心哲学概念,是宇宙的本体,王弼常以"无"来代替它,强调"有之所始,以无为本"(第四十章注)。 ②名:前一个"名"是动词,后一个"名"是名词,"可名之名"指可以命名的"名"。《老子》第三十二章王弼注:"道,无形不系,常不可名。" ③指事造形:可以被指认且可以被塑造形体,指有名、有形的状态。 ④常:永恒的、终极的,"常道"是"不可道"的,"常名"是"不可名"的。下文"常无欲"、"常有欲"的"常"也是这意思。《老子》楚简本、汉简本及帛书本中多见"恒"而少见"常",今本中的"常"基本上是因避汉文帝刘恒讳所改。 ⑤万物之始:《老子》简帛本"天地之始"作"万物之始",与王弼注文相同,而与王弼本经文相异。 ⑥长之、育之、亭之、毒之:语出《老子》第五十一章:"故道生之,德畜之:长之、育之、亭之、毒之、养之、覆之。""长"、"育"、"亭"、"毒"均有养育的意思。 ⑦妙:王弼解释作"微之极"。微:微小,精微。 ⑧徼(jiào):王弼解释作"归终",即终结、归宿。但据汉简本与帛书本,经文"徼"前有助词"所","徼"当为动词,或说当理解为"求取"。 ⑨参见《老子》第十一章:"故有之以为利,无之以为用。"利:利用。《老子》第十九章王弼注:"巧、利,用之善也。" ⑩适:归。济:止。谓"有欲"不能脱离道(无)。 ⑪玄:原指黑色,这里形容幽深玄远貌。王弼以"冥"、"默然无有"来解释,"冥"与"默"均形容幽暗。他认为"玄"是一种"无有"的状态,是道的代名词。其《老子指略例》指出:"'玄'也者,取乎幽冥之所出也……'道'、'玄'、'深'、'大'、'微'、'远'之言,各有其义,未尽其极者也。"下文的"玄之又玄"是对"玄"的强调。可参见《老子指略例》:"故名号则大失其旨,称谓则未尽其极。是以谓'玄'则'玄之又玄',称'道'则'域中有四大'也。"在王弼眼中,"玄之又玄"是与"定乎一'玄'"相对的。"玄"不能被命名,若被限定于"玄"这一指称,则背离本质了。

经文“无名，天地之始；有名，万物之母”一句，不少学者断作“无，名天地之始；有，名万物之母”。从注文看，王弼应是在“无名”和“有名”之后断句的。“故常无欲，以观其妙；常有欲，以观其徼”一句，不少学者断作“故常无，欲以观其妙；常有，欲以观其徼”。帛书本“无欲”和“有欲”之后均有语气词“也”，可见当在“无欲”、“有欲”之后断句，王弼注文与此相合。简帛本在“两者同出”之后，径接“异名同谓。玄之又玄，众妙之门”，并无“同谓之玄”一语。如此一来，“两者”当指“无名”和“有名”，而非王弼所说的“始”与“母”，所谓“两者”同出于“玄”的说法也便无从谈起。“异名同谓”指称谓不同，但所指均为道。较之王弼本，简帛本在文义上更为顺畅。

第二章

天下皆知美之为美，斯恶已；皆知善之为善，斯不善已。故有无相生，难易相成，长短相较，高下相倾，音声相和，前后相随。“美”者，人心之所进乐也①；“恶”者，人心之所恶疾也②。“美”、“恶”犹“喜”、“怒”也，“善”、“不善”犹“是”、“非”也。“喜”、“怒”同根，“是”、“非”同门，故不可得而偏举③也。此六者④，皆陈自然⑤，不可偏举之明数也⑥。**是以圣人处无为之事，**自然已足，为则败也⑦。**行不言之教，万物作焉而不辞，生而不有，为而不恃，**智慧自备⑧，为则伪也。**功成而弗居。**因物而用⑨，功自彼成，故“不居”也⑩。**夫唯弗居，是以不去。**使功在已，则功不可久也⑪。

[注释]①进乐：喜爱，即王弼下文所说的“喜”。　②恶疾：憎恶，即王弼下文所说的“怒”。　③偏举：单独列举某一方面。　④六者：即《老子》所举有无、难易、长短、高下、音声、前后（简帛本作“先后”）六组概念。　⑤自然：本身如此的状态。“自然”是道家以及玄学极为重视的概念，并不具备西方nature（自然界）一词的意义。　⑥明数：证明。　⑦为：行事，道家强调“无为”，“无为”即“自然”的状态。　⑧自备：自身具备。　⑨因物而用：因循万

物自身的规律，即“万物作焉而不辞，生而不有，为而不恃”，亦即《老子》第十章所说“生而不有，为而不恃，长而不宰”。不居：不居功，不居功方能长久。《老子》本章中的“不”，简帛本多作“弗”，作“不”多因避汉昭帝刘弗陵讳改字。“弗”、“不”义近，但具体使用中有微妙差别。　⑪这句话的意思是：如果独占其功，其功则不长久。

第三章

不尚贤，使民不争；不贵难得之货，使民不为盗；不见可欲，使民心不乱。“贤”①，犹“能”也。“尚”者②，嘉之名也。“贵”者③，隆之称也。唯能是任，尚也曷为？唯用是施，贵之何为④？尚贤显名，荣过其任，下奔而竞，效能相射⑤。贵货过用⑥，贪者竞趣⑦，穿窬探箧⑧，没命而盗⑨。故可欲不见⑩，则心无所乱也。是以圣人之治，虚其心，实其腹；心怀智而腹怀食，虚有智而实无知也⑪。弱其志，强其骨。骨无知以干⑫，志生事以乱。常使民无知无欲，守其真也⑬。使夫知者不敢为也。“知”者，谓知为也⑭。为无为，则无不治。

［注释］①贤：贤人。王弼以“能”来解释，“能”指有才能的人。　②尚：推崇。王弼以“嘉”来解释，“嘉”有表彰的意思。　③贵：以……为贵，崇尚。王弼以“隆”来解释，“隆”有尊崇的意思。　④以上两句的意思是：如果仅仅是为了某一具体能力和用途，就没有必要格外重视某人或某物。　⑤这句话的意思是：如果推崇贤人和名誉，荣耀超过其任职，那么在下位的人便会竞相追逐。效：通“较”，比较。射：追逐。　⑥贵货过用：珍视财物的程度超过了其本身的用途。　⑦趣：同“趋”，奔向。　⑧窬（yú）：爬墙。箧（qiè）：箱子。“穿窬”语出《论语·阳货》，“探箧”语出《庄子·胠箧》，“穿窬探箧”指盗窃行径。　⑨没命：不顾性命。　⑩可欲不见：见不到可以引起欲望的事物。⑪虚有智：削减有智慧者的智慧。实无知：充实无知者的智慧。　⑫干：强。⑬真：真朴的状态，即“无知无欲”。参见《老子》第二十八章王弼注：“朴，真

也。”《老子》第六十五章注：“愚，谓无知守真，顺自然也。” ⑭知为：知道如何行事。

第四章

道冲而用之，或不盈，渊兮似万物之宗。挫其锐，解其纷，和其光，同其尘，湛兮似或存。吾不知谁之子，象帝之先。夫执一家之量者，不能全家；执一国之量者，不能成国①。穷力举重，不能为用②。故人虽知万物治也，治而不以二仪之道，则不能赡也；地虽形魄，不法于天，则不能全其宁；天虽精象，不法于道，则不能保其精③。冲而用之，用乃不能穷；满以造实，实来则溢④。故冲而用之，又复不盈，其为无穷亦已极矣。形虽大，不能累其体⑤；事虽殷⑥，不能充其量。万物舍此而求主，主其安在乎？不亦“渊兮似万物之宗”乎⑦？锐挫而无损，纷解而不劳，和光而不污其体，同尘而不渝其真，不亦“湛兮似或存”乎⑧？地守其形，德不能过其载；天慊其象，德不能过其覆。天地莫能及之，不亦似“帝之先”乎⑨？“帝”，天帝也。

[注释]①这句话的意思是：如果仅仅是掌握一家的“量”，则不能保全其家；仅仅是掌握一国的“量”，则不能保全其国。量：测量物体的器物，就“家”而言是实指，但就“国”和“道”而言则相对抽象。 ②这句话的意思是：如果需要穷尽全力才能举起重物，则不能尽其用。 ③这句话的意思是：人若不能遵循天地之道治理万物，则不能周全；地虽然有实体，但如果不能取法于天，也不能维持其稳定的状态；天虽然有精微之象，但如果不能取法于道，也不能维持其纯净的状态。由于人有局限性，故需要向天地和道学习。参见《老子》第二十五章：“人法地，地法天，天法道，道法自然。”王弼注：“人不违地，乃得全安，‘法地’也。地不违天，乃得全载，‘法天’也。天不违道，乃得全覆，‘法道’也。道不违自然，乃得其性……用智不及无知，而形魄不及精象，精象不及无形，有仪不及无仪，故转相法也。”二仪：天和地。赡：充分。形魄：

原指躯壳，这里指有实体之物。精象：精微之象，指初露兆端之物。“保其精”之“精”当作“清”，参见《老子》第三十九章：“天得一以清，地得一以宁。”“精”和“清”都有纯净的意思。　④这句话的意思是：如果以“冲”的状态来用，其用就不能穷尽；若是使其充满、充实，最终会溢出。冲：虚，与“盈”、“满”、“实”相对。　⑤累：束缚。　⑥殷：繁多。　⑦渊：深。宗：主，根本。　⑧这句话的意思是：虽磨损其锋芒但道却没有损耗，虽消解纷争但道却没有烦劳，虽混同于光但道的实体没有受到污染，虽混同于尘土但道仍不改其真，这不正是《老子》所说的“湛兮似或存”么？锐：锋芒。挫：减损。纷：纷争。解：排解。劳：烦劳。和：混同。渝：改变。湛：深邃。似或存：似存非存。　⑨以上两句的意思是：地维持其形体，其德不能超越承载万物；天安守其诸象，其德不能超越遮覆万物。连天地都莫能企及，道不正是《老子》所说的“帝之先”么？慊（qiè）：满足，此处义近于“守”。先：先人。

第五章

天地不仁，以万物为刍狗；天地任自然，无为无造，万物自相治理，故“不仁”也。仁者必造立施化①，有恩有为②。造立施化，则物失其真；有恩有为，则物不具存③；物不具存，则不足以备载矣④。天地不为兽生刍⑤，而兽食刍；不为人生狗，而人食狗。无为于万物而万物各适其所用，则莫不赡矣⑥。若慧由己树⑦，未足任也。**圣人不仁，以百姓为刍狗**。圣人与天地合其德⑧，以百姓比刍狗也。**天地之间，其犹橐籥乎？虚而不屈，动而愈出**。“橐”⑨，排橐也。“籥”⑩，乐籥也。橐、籥之中空洞，无情无为，故虚而不得穷屈，动而不可竭尽也。天地之中，荡然任自然，故不可得而穷，犹若橐、籥也。**多言数穷，不如守中**。愈为之，则愈失之矣。物树其慧，事错其言，不慧不济，不言不理，必穷之数也⑪。橐、籥而守中⑫，则无穷尽。弃己任物，则莫不理⑬。若橐、籥有意于为声也，则不足以共吹者之求也⑭。

[**注释**]①造立施化：创造、干涉。　②有恩有为：有所施恩，有所干涉。③具：同“俱”。　④备载：指天地完全承载万物。　⑤为：因为。刍（chú）：牲口吃的草。　⑥赡：供养。　⑦慧由己树：恩惠由自己发起。慧：通“惠”。⑧合其德：同德。　⑨橐（tuó）：风箱。　⑩籥（yuè）：当指风箱上的管子，王弼认为是管乐器。　⑪这句话的意思是：如果对物施惠，对事设置言语，那么就会导致不施惠便无法成就，没有言语便无法处理，最终会走向穷尽。⑫橐、籥：名词作状语，像橐、籥那样。守中：保持内部空虚的状态。　⑬理：顺。　⑭共：通“供”。

第六章

谷神不死，是谓“玄牝”。玄牝之门，是谓“天地根”。绵绵若存，用之不勤。“谷神”①，谷中央无谷也②。无形无影，无逆无违，处卑不动③，守静不衰，谷以之成而不见其形，此至物也④。处卑而不可得名，故谓之“玄牝”⑤。“门”，玄牝之所由也⑥。本其所由，与太极同体⑦，故谓之“天地之根”也⑧。欲言存邪？则不见其形。欲言亡邪⑨？万物以之生。故曰“绵绵若存”也⑩。无物不成，用而不劳也，故曰“用之不勤”也⑪。

[**注释**]①谷神：即道，强调道虚空的特点。　②谷中央无谷：居于谷地中央、但又看不到谷之外形的存在。“谷以之成而不见其形”，所以称“无谷”。这里的文本有争议，或以为当作“谷中央无者”。　③处卑：居于低下之处。④至物：至高的存在。　⑤玄牝（pìn）：也是指道，强调道化育万物的特点。“牝”指女性生殖器。“玄”是《老子》中常见的形容词，第十章王弼注称“‘玄’，物之极也”，这里形容“牝”。　⑥所由：所经由的渠道。　⑦太极：王弼认为“太极”相当于“无”。　⑧天地之根：天地的根源。王弼注文引作“天地之根”，而非“天地根”，同于汉简本、帛书本和傅奕本。　⑨亡：通“无”。　⑩绵绵若存：根据王弼的解释，即若有若无的状态。　⑪用之不勤：用之不尽。王弼以“劳”来解释“勤”。

第七章

天长地久。天地所以能长且久者，以其不自生，自生则与物争①，不自生则物归也②。故能长生。是以圣人后其身而身先，外其身而身存。非以其无私耶？故能成其私。“无私”者③，无为于身也。身先身存④，故曰“能成其私”也。

[注释]①自生：为自身而生存。　②归：归附。　③无私：王弼解释作不为自身而作为。即《老子》所说的“后其身”、“外其身”。　④身先身存：即经文所说“后其身”、“外其身”的结果，“身先”、“身存”最终能成就其自身。

第八章

上善若水。水善利万物而不争，处众人之所恶，人恶卑也①。故几于道。道无水有，故曰“几”也②。居善地，心善渊，与善仁，言善信，正善治，事善能，动善时。夫唯不争，故无尤。言水皆应于此道也③。

[注释]①卑：低下。水往低处流，而卑下是一般人所憎恶的。　②几：近。道代表“无”，而水仍然是一种“有”。水的品性与道相似，但毕竟不是道，而只能说接近于道。　③应：合。此道：即经文所列举的道之诸品性。

第九章

持而盈之，不如其已。“持”①，谓不失德也。既不失其德，又盈之，势必倾危②。故“不如其已”者③，谓乃更不如无德无功者也④。揣而棁之，不可长保。既揣末令尖⑤，又锐之令利⑥，势必摧衄⑦，故“不可长保”也⑧。金玉满堂，莫之能守。不若其已。富贵而骄，自遗其咎。不可长保也。功遂身退，天之道。四时更运⑨，功成则移。

［注释］①持：保持。王弼解释为“不失德”。可参见《老子》第三十八章：“下德不失德。” ②倾危：倾覆。 ③已：放弃。 ④更：反而，表示转折的连词。无德无功：不占有“德”和“功”。 ⑤揣（zhuī）：锤击。末：尖端。⑥锐：使锋利。经文中的“棁”，《淮南子・道应训》、河上公本、严遵本、范应元本即作“锐”。 ⑦衄（nǜ）：同“衄”，挫伤，与“摧”义近。 ⑧长保：保持长久。⑨四时更运：四季更替。

第十章

载营魄抱一，能无离乎？“载”①，犹“处”也。“营魄”②，人之常居处也。“一”，人之真也。言人能处常居之宅，抱一清神，能常无离乎？则万物自宾也③。**专气致柔，能婴儿乎？**“专”④，任也。“致”，极也。言任自然之气，致至柔之和，能若婴儿之无所欲乎？则物全而性得矣。**涤除玄览，能无疵乎？**“玄”，物之极也。言能涤除邪饰，至于极览，能不以物介其明、疵其神乎？则终与玄同也⑤。**爱民治国，能无知乎？**任术以求成，运数以求匿者，“智”也。玄览无疵，犹“绝圣”也。治国无以智，犹“弃智”也。能无以智乎？则民不辟而国治之也⑥。**天门开阖，能无雌乎？**“天门”，谓天下之所由从也。“开阖”，治乱之际也。或开或阖，经通于天下，故曰“天门开阖”也。雌应而不昌，因而不为，言“天门开阖，能为雌乎”，则物自宾而处自安矣⑦。**明白四达，能无为乎？**言至明四达，无迷无惑，能无以为乎⑧？则物化矣⑨。所谓道常无为，侯王若能守，则万物自化。**生之，**不塞其原也。**畜之，**不禁其性也。**生而不有，为而不恃，长而不宰，是谓“玄德”。**不塞其原，则物自生，何功之有？不禁其性，则物自济，何为之恃？物自长足，不吾宰成，有德无主，非玄而何？凡言“玄德”，皆有德而不知其主，出乎幽冥⑩。

[注释]①载:承载,王弼解释作"处"。　②营魄:魂魄,王弼解释为人的载体。　③以上两句的意思是:人如果能居于魂魄,守于"一"且净化精神,能不离道么?万物会自行归附。参见《老子》第三十二章王弼注:"抱朴无为,不以物累其真,不以欲害其神,则物自宾而道自得也。"一:指道,王弼解释作"人之真"。宾:归附。　④专:根据汉简本和帛书本,当读作"抟"(tuán),"抟气"即聚气。王弼解释为"任",有"用"的意思。　⑤以上两句的意思是:如果能洗除伪饰,达到"极览"的境界,能够不被其他事物玷污精神么?最终会与"玄"混同。极览:是王弼对"玄览"的解释,"览"为观看的意思。但汉简本进一步证实,"览"本为"鉴(镜)","涤除玄览"即清洗"玄镜"。古代的镜子由"玄锡"制成,本身显出"玄"的颜色。介:通"疥",弄脏。明:智虑。疵:使……病。神:神思。玄同:见于《老子》第五十六章。　⑥以上数句的意思是:"智(知)"指运用权术,而"玄览无疵"、"治国无以智"则是"绝圣弃智"的表现,不通过"智"治国则自然百姓归附、国家大治。参见《老子》第六十五章:"故以智治国,国之贼;不以智治国,国之福。"辟:同"避",躲避。　⑦以上数句的意思是:"天门"是天下的通道,"天门"的开闭影响到天下的治乱;"雌"应和而不发起,因循而不作为。开:汉简本和帛书本均作"启","开"系避汉景帝刘启之讳所改。昌:通"唱",参见《老子》第六十八章王弼注:"后而不先,应而不唱。"为雌:王弼本经文作"无雌",据汉简本、帛书本及其他传世本,以"为雌"为是。"雌"代表柔、静,正是《老子》所倡导的。参见《老子》第二十八章:"守其雌。"⑧无以为:经文的"能无为",据汉简本、帛书本和河上公本,当作"能无知",可与"明白四达"相照应。　⑨物化:即下文的"万物自化",万物自然化育生成。语出《庄子·齐物论》。　⑩以上数句的意思是:不阻塞源头、不禁绝其本性,万物自然生成,便谈不上自己的功劳了。万物不依靠主宰而自足,说的就是"玄"。济:成。恃:依靠。玄德:最深远的德。出乎幽冥:参见《老子指略例》:"'玄'也者,取乎幽冥之所出也。"

第十一章

三十辐共一毂,当其无,有车之用。毂所以能统三十辐者①，无也。以其无能受物之故，故能以寡统众也②。埏埴以为器，当其无，有器之用。凿户牖以为室，当其无，有室之用。故有之以为利，无之以为用。木、埴、壁所以成三者③，而皆以无为用也④。言“无”者，有之所以为利，皆赖无以为用也。

[注释]①毂(gǔ)：车轮中心的圆孔。辐：车轮中连接毂与轮圈的辐条。②以寡统众：以少统多。毂只有一个，所以称“寡”；而辐有三十条，所以称“众”。王弼在《周易略例·明象》中也强调“以寡统众”的思想，如“治众者，至寡也”、“‘寡’者，众之所宗也”。　③埴(zhí)：黏土。木头、黏土和墙壁，分别是车轮、陶器和房屋的材料。　④以无为用：车轮、陶器和房屋的“用”，均依赖于“无”。如果没有辐条间、陶器内部和房屋内部的空间，它们便不能产生各自的用途。在《老子》第一章的注文中，王弼也指出“凡有之为利，必以无为用”。

第十二章

五色令人目盲，五音令人耳聋，五味令人口爽，驰骋田猎令人心发狂，“爽”①，差失也。失口之用，故谓之“爽”。夫耳、目、口、心，皆顺其性也。不以顺性命，反以伤自然，故曰“盲”、“聋”、“爽”、“狂”也。难得之货令人行妨。难得之货塞人正路②，故令人行妨也③。是以圣人为腹不为目，故去彼取此。为腹者以物养己，为目者以物役己④，故圣人不为目也。

[注释]①爽：差错。王弼指出之所以说“五味令人口爽”，是因为“失口之用”，即失去了嘴巴感知味觉的作用。　②难得之货：参见《老子》第三章：“不贵难得之货，使民不为盗。”　③行妨：行路遭到阻碍。　④役：奴役。

第十三章

宠辱若惊，贵大患若身。何谓“宠辱若惊”？宠，为下得之若惊，失之若惊，是谓“宠辱若惊”。宠必有辱，荣必有患，宠、辱等，荣、患同也。为下得宠、辱、荣、患若惊①，则不足以乱天下也②。何谓“贵大患若身”？“大患”，荣宠之属也③。生之厚必入死之地④，故谓之“大患”也。人迷之于荣宠，返之于身，故曰“大患若身”也⑤。吾所以有大患者，为吾有身，由有其身也⑥。及吾无身，归之自然也。吾有何患？故贵以身为天下，若可寄天下；无物可以易其身⑦，故曰“贵”也。如此乃可以托天下也。爱以身为天下，若可托天下⑧。无物可以损其身，故曰“爱”也。如此乃可以寄天下也⑨。不以宠、辱、荣、患损易其身，然后乃可以天下付之也。

[注释]①为下：根据王弼的意思，指居下位的人。但楚简本、汉简本、帛书本均证明，经文“宠，为下得之若惊”当断作“宠为下，得之若惊”，王弼的理解与此不同。宠辱荣患：王弼将“宠/荣”、“辱/患”看作一组相伴生的概念。裘锡圭近来据古文字材料指出，所谓的“惊”，是对“荣”的误读；“宠辱若惊”即“宠辱若荣”，“宠”为动词，义近于“贵”；“为下”指“辱”。包括王弼在内的历代注家均难以就本章给出很好的训释，裘氏的新说厘清了不少疑牾。　②乱：楼宇烈认为这里的“乱”是“治”的意思，但从王弼注文的理路看，仍应该是混乱之义。意思是处下位的人如果“宠辱若惊”，就不足以为乱。　③荣宠之属：“宠/荣”的伴随之物。　④生之厚必入死之地：越有利于生存就越走向死亡。“生之厚”可参见《老子》第五十章及王弼注文，对应“荣宠”。“死之地”，《老子》第五十章王弼注又称作“无生之地”。　⑤大患若身：根据王弼的解释，意为人如果迷失于荣耀，便会对自身产生影响。或以为“大患”之前脱一“贵”字，但从王弼的意思看，似乎其依据的经文便没有“贵”字。　⑥由：由于。　⑦易：改易。　⑧托天下：托付天下，参见《庄子·让王》。对应的经文是“寄天下”，根据简帛本以及想尔本、傅奕本、范应元本、索紞本，经文中的“寄天下”与“托天下”当互换，王弼注文则无误。　⑨寄：义同“托”、“付”。

第十四章

视之不见名曰“夷”，听之不闻名曰“希”，搏之不得名曰“微”。此三者不可致诘，故混而为一。无状无象①，无声无响，故能无所不通，无所不往。不得而知，更以我耳、目、体不知为名②，故“不可致诘③，混而为一”也。**其上不皦，其下不昧，绳绳不可名，复归于无物，是谓无状之状，无物之象。**欲言无邪？而物由以成。欲言有邪？而不见其形④。故曰“无状之状，无物之象”也。**是谓“惚恍”。**不可得而定也⑤。**迎之不见其首，随之不见其后。执古之道，以御今之有，**“有”，有其事。**能知古始，是谓“道纪”。**无形无名者⑥，万物之宗也⑦。虽今古不同，时移俗易，故莫不由乎此以成其治者也⑧。故可“执古之道⑨，以御今之有”。上古虽远，其道存焉，故虽在今可以知古始也⑩。

[注释]①无状无象：没有具体的形状和形象，照应下文“无状之状，无物之象”，是对“视之不见名曰夷”和“搏之不得名曰微”的解释。汉简本近于王弼本，帛书本则“夷”与“微”互调。 ②耳、目、体：分别是“视之不见”、“听之不闻”、“搏之不得”的动作施加主体。不知为名：不知道如何命名。 ③致诘：追问，深究。 ④以上两句参见《老子》第六章王弼注：“欲言存邪？则不见其形。欲言亡邪？万物以之生。” ⑤定：确定，指没有确定的形象。参见《老子》第二十一章王弼注：“‘恍惚’，无形不系之叹。” ⑥无形无名者：指道。参见《老子》第一章王弼注：“凡有皆始于无，故未形无名之时，则为‘万物之始’……言道以无形无名始成万物。” ⑦万物之宗：万物的根本。参见《老子》第四章：“道冲而用之，或不盈，渊兮似万物之宗。” ⑧故：本来。由：依从。 ⑨执古之道：帛书本为“执今之道”，汉简本则同于王弼本。 ⑩古始：远古的初始状态。以上数句的意思又见于《老子》第四十七章王弼注。

第十五章

古之善为士者，微妙玄通，深不可识。夫唯不可识，故强为之容：豫兮若冬涉川，冬之涉川①，豫然者欲度若不欲度②，其情不可得见之貌也③。犹兮若畏四邻，四邻合攻中央之主，犹然不知所趣向者也③。上德之人④，其端兆不可睹⑤，意趣不可见⑥，亦犹此也。俨兮其若容，涣兮若冰之将释，敦兮其若朴，旷兮其若谷，混兮其若浊。凡此诸“若”，皆言其容象不可得而形名也⑦。孰能浊以静之徐清？孰能安以久动之徐生？夫晦以理，物则得明；浊以静，物则得清；安以动，物则得生⑧。此自然之道也。“孰能”者，言其难也。“徐”者⑨，详慎也。保此道者不欲盈，盈必溢也。夫唯不盈，故能蔽不新成。“蔽”⑩，覆盖也。

[注释]①涉川：渡河。　②豫然：犹豫的样子，同于下文的“犹然”。度：通“渡”。　③其情不可得见：其实情无法看到。　③趣向：即“趋向”。④上德之人：拥有“上德”者，参见《老子》第三十八章关于“上德”的论述。⑤端兆：外在迹象。　⑥意趣：内心的趋向。　⑦容象：容貌、形象，“古之善为士（别本作“道”）者”容貌形象不能被具体形容。经文“俨兮其若容”之“容”，简帛本和其他传世本作“客”，王弼本误作“容”。　⑧以上数句的意思是：如果梳理晦暗，事物便会变得明晰；如果使浊物静止，它便会变得澄清；如果使安静的事物运动起来，则会焕发生机。　⑨徐：慢，王弼解释为周详审慎。　⑩蔽：王弼理解为覆盖，但“蔽不新成”一句，汉简本、帛书本、傅奕本作“敝（而）不成”，与王弼本不同。

第十六章

致虚，极；守静，笃。言致虚，物之极笃；守静，物之真正也①。**万物并作**，动作生长②。**吾以观复**。以虚静观其反复③。凡有起于虚，动起于静，故万物虽并动作，卒复归于虚静，是物之极笃也④。**夫物芸芸，各复归其根**。各返其所始也。**归根曰“静”，是谓“复命”。复命曰常**。归根则静，故曰“静”。静则复命⑤，故曰“复命”也。复命则得性命之常，故曰“常”也。**知常曰明。不知常，妄作凶**。“常”之为物，不偏不彰，无皦昧之状，温凉之象，故曰“知常曰明”也⑥。唯此复，乃能包通万物，无所不容。失此以往，则邪入乎分，则物离分，故曰“不知常，则妄作凶”也⑦。**知常容**，无所不包通也。**容乃公**，无所不包通，则乃至于荡然公平也。**公乃王**，荡然公平，则乃至于无所不周普也⑧。**王乃天**，无所不周普，则乃至于同乎天也。**天乃道**，与天合德，体道大通，则乃至于穷极虚无也⑨。**道乃久**。穷极虚无，得道之常，则乃至于不穷极也。**没身不殆**。无之为物，水火不能害，金石不能残。用之于心，则虎兕无所投其爪角，兵戈无所容其锋刃，何危殆之有乎⑩？

[注释]①以上两句存在异文，诸家理解不同。致：达到。虚：虚静的状态，相当于“静”。笃：甚，相当于“极”，经文之“笃”汉简本作“正”，楚简本作“中”。正：主宰。参见《老子》第四十五章：“清静为天下正。”经文过去多断作“致虚极，守静笃”，但据楚简本和帛书本的语气词“也”，当作“致虚，极；守静，笃”。不少论者认为此处王弼注文有误，实际上注文与简帛文本相合，并无问题。　②动：运动。作：开始。　③反复：复归。　④这句话的意思是：“有”和“动”都来自虚静，所以万物共同兴起，最终归于虚静，臻于事物的极致。⑤复命：回归本原，回到生命最初被赋予的状态。　⑥这句话的意思是：“常”贯通万物而没有任何偏私和极端，所以说“知常曰明”。偏：偏爱。彰：彰显。皦(jiǎo)：明亮。昧：昏暗。　⑦这句话的意思是：如果失去了“常”，那么邪恶便会侵袭其“分”，事物则会偏离其“分”，因此说“不知常则妄作凶”。分：天然的资质。经文中的“不知常，妄作凶”，在简帛文本中有异文，诸家标点也不

同。⑧周普：普遍。⑨这句话的意思是：合乎天之道，体现出道包通万物的特点，则臻于极度虚无的境地。“与天合德”语出《周易·文言》。⑩这句话化用《老子》第五十章：“兕无所投其角，虎无所措其爪，兵无所容其刃。”用之于心：以“无”用于心。兕(sì)：犀牛一类的动物。

第十七章

太上，下知有之。“太上”①，谓大人也。大人在上，故曰“太上”。大人在上，居无为之事，行不言之教，万物作焉而不为始，故“下知有之”而已②。**其次，亲而誉之。**不能以无为居事，不言为教，立善行施③，使下得“亲而誉之”也。**其次，畏之。**不能复以恩仁令物④，而赖威权也。**其次，侮之。**不能法以正齐民⑤，而以智治国，下知避之，其令不从，故曰“侮之”也⑥。**信不足，焉有不信焉。言从上也**⑦。夫御体失性，则疾病生；辅物失真，则疵衅作⑧。信不足焉，则有不信，此自然之道也。已处不足，非智之所济也⑨。**悠兮其贵言。功成事遂，百姓皆谓我“自然”。**“自然”⑩，其端兆不可得而见也，其意趣不可得而睹也。无物可以易其言，言必有应，故曰“悠兮其贵言”也。居无为之事，行不言之教，不以形立物，故功成事遂，而百姓不知其所以然也。

[注释]①太上：王弼解释作《周易》中的“大人”，认为“大人在上，故曰‘太上’”，相当于“圣人”。但从《老子》经文看，“太上”应相当于《左传》襄公二十四年“太上有立德”的“太上”。②本句的“居无为之事，行不言之教，万物作焉而不为始”化用自《老子》第二章。楼宇烈认为“始”当作“施”，实际上王弼本《老子》第二章“万物作焉而不辞”之“辞”，在帛书本、傅奕本以及范应元本中均作“始”。下知有之而已：在下位者只知道他存在而已。③立善行施：建立善政，施行教化。④恩仁：恩惠、仁慈。令物：号令事物。⑤法以正齐民：通过“法”来治理百姓。⑥侮：轻慢。⑦从上：追随在上位者。⑧这句话的意思是：调理身体如果不合自然本性，就会滋生疾病；如果辅佐某

事物而失其本真，便会产生瑕疵。 ⑨济：弥补。 ⑩自然：桃井白鹿据《老子》第十五章王弼注认为当作“犹然”，犹豫貌。经文中的“悠兮”，出土本和其他传世本基本作“犹兮”，道藏集注本王弼注亦作“犹兮”，以“犹”为是。

第十八章

大道废，有仁义；失无为之事，更以施慧立善①，道进物也②。**智慧出，有大伪；**行术用明，以察奸伪，趣睹形见，物知避之③。故智慧出则大伪生也。**六亲不和，有孝慈；国家昏乱，有忠臣。**甚美之名，生于大恶，所谓“美恶同门”④。“六亲”，父、子、兄、弟、夫、妇也。若六亲自和，国家自治，则孝慈、忠臣不知其所在矣。鱼相忘于江湖之道，则相濡之德生也⑤。

[注释]①更：改。慧：通“惠”。善：善行。 ②道进物：即“导进物”，参见《老子指略例》：“誉以进物，争尚必起。” ③这句话的意思是：通过行使“术”和“明”来观察百姓的“奸”和“伪”，那么他的行动趋向就会暴露，万物就知道如何躲避了。 ④美恶同门：参见第二章《老子》王弼注：“‘美’、‘恶’犹‘喜’、‘怒’也，‘善’、‘不善’犹‘是’、‘非’也。‘喜’、‘怒’同根，‘是’、‘非’同门，故不可得而偏举也。” ⑤语出《庄子·大宗师》：“相濡以沫，不如相忘于江湖。”

第十九章

绝圣弃智，民利百倍；绝仁弃义，民复孝慈；绝巧弃利，盗贼无有。此三者，以为文不足，故令有所属：见素抱朴，少私寡欲。“圣”、“智”，才之善也；“仁”、“义”，人之善也；“巧”、“利”，用之善也。而直云“绝”①，文甚不足②，不令之有所属③，无以见其指④，故曰“此三者，以为文而未足”。故令人有所属，属之于素朴寡欲。

[注释]①直：只是。 ②文：文饰。 ③属：集中，这里相当于说“归

纳”。④指：宗旨。

第二十章

绝学无忧。唯之与阿，相去几何？善之与恶，相去若何？人之所畏，不可不畏。下篇云：“为学者日益，为道者日损。”①然则学求益所能，而进其智者也。若将无欲而足，何求于益？不知而中②，何求于进？夫燕雀有匹，鸠鸽有仇③；寒乡之民，必知旃裘④。自然已足，益之则忧。故续凫之足，何异截鹤之胫⑤？畏誉而进，何异畏刑？唯阿美恶⑥，相去何若？故人之所畏，吾亦畏焉。未敢恃之以为用也。**荒兮其未央哉！**叹与俗相返之远也⑦。**众人熙熙，如享太牢，如春登台。**众人迷于美进，惑于荣利，欲进心竞，故“熙熙若享太牢，如春登台”也⑧。**我独怕兮其未兆，如婴儿之未孩。**言我廓然无形之可名⑨，无兆之可举，如婴儿之未能孩也⑩。**儽儽兮若无所归。**若无所宅⑪。**众人皆有余，而我独若遗。**众人无不有怀有志，盈溢胸心，故曰“皆有余”也。我独廓然无为无欲，若遗失之也。**我愚人之心也哉！**绝愚之人，心无所别析，意无所好欲，犹然其情不可睹，我颓然若此也⑫。**沌沌兮！**无所别析，不可为名。**俗人昭昭，**耀其光也。**我独若昏；俗人察察，**分别别析也。**我独闷闷。淡兮其若海，**情不可睹。**飂兮若无止。**无所系縶⑬。**众人皆有以，**“以”，用也。皆欲有所施用也。**而我独顽似鄙。**无所欲为，闷闷昏昏，若无所识，故曰“顽且鄙”也⑭。**我独异于人，而贵食母。**“食母”⑮，生之本也。“人”者，皆弃生民之本，贵末饰之华⑯，故曰“我独欲异于人”⑰。

[注释]①语出《老子》第四十八章：“为学日益，为道日损。”　②中：得

当。 ③仇(qiú):配偶,义同“匹”。 ④旃(zhān):同“毡”,毛织物。裘:皮衣。 ⑤语出《庄子·骈拇》:“长者不为有余,短者不为不足。是故凫胫虽短,续之则忧;鹤胫虽长,断之则悲。”凫(fú):水鸭。参见《周易·损·象》王弼注:“自然之质,各定其分,短者不为不足,长者不为有余,损益将何加焉?” ⑥唯阿美恶:“唯”与“阿”是对立的概念,“美”与“恶”是对立的概念。唯:唯唯诺诺。阿:帛书本作“诃”与“呵”,指呵斥。美:经文作“善”,河上公本、范应元本、严遵本同。想尔注本、傅奕本、楚简本、汉简本、帛书本均作“美”,与王弼注同。参见《老子》第十八章王弼注:“美恶同门。” ⑦这句话的意思是:感叹与俗众之间相距甚远。 ⑧这句话的意思是:众人为功名利禄所迷惑,欲望膨胀,就像《老子》说的众人熙熙攘攘,就像享用美食,就像春天登台游赏。 ⑨廓然:空旷寂静状。 ⑩孩:据帛书本和傅奕本,“孩”当作“咳”,指婴儿笑,冯胜君则据楚文字的分析读作“娩”。 ⑪宅:居住。 ⑫这句话的意思是:至愚的人,内心不去判断分析,也没有好恶,似乎无所决断,无法捉摸。颓然:空寂状。 ⑬所:可照应简帛本及其他传世本的“无所止”。系絷:束缚。絷(zhí):捆。 ⑭顽:愚钝。鄙:鄙俗。 ⑮食母:一般认为指道。 ⑯末饰:不重要的外饰。“末”与“本”相对。 ⑰我独欲异于人:不同于经文,但见诸傅奕本。汉简本、帛书本、想尔本亦有“欲”,但表述稍有不同。

第二十一章

孔德之容,惟道是从。“孔”①,空也。惟以空为德,然后乃能动作从道②。**道之为物,惟恍惟惚。**“恍惚”,无形不系之叹③。**惚兮恍兮,其中有象;恍兮惚兮,其中有物。**以无形始物,不系成物,万物以始以成而不知其所以然,故曰“恍兮惚兮,其中有物;惚兮恍兮,其中有象”也。**窈兮冥兮,其中有精;**“窈冥”,深远之叹。深远不可得而见,然而万物由之。不可得见,以定其真④,故曰“窈兮冥兮,其中有精”也。**其精甚真,其中有信。**“信”,信验也⑤。物反窈冥⑥,则真精之极得⑦,万物之性定,故曰“其精甚真,其中有信”也。**自今及古,其名不去,**至真之极⑧,

不可得名。无名，则是其名也。自古及今，无不由此而成，故曰“自古及今，其名不去”也。**以阅众甫。**“众甫”⑨，物之始也。以无名阅万物始也⑩。**吾何以知众甫之状哉？以此。**“此”，上之所云也。言吾何以知万物之始于无哉？以此知之也。

[注释]①孔：王弼训作“空”，河上公注则训作“大”。从《老子》原文看，训“大”更优，“孔德”犹言“玄德”、“恒德”、“广德”等。　②动作从道：凡是运动的兴起均依从道。参见《老子》第十六章王弼注：“凡有起于虚，动起于静，故万物虽并动作，卒复归于虚静，是物之极笃也。”　③无形不系：强调道没有具体形象、不受拘束的特点。参见《老子》第三十二章王弼注：“道，无形不系，常不可名。”　④真：信实。　⑤信验：凭证。　⑥反：同“返”。　⑦真精：自《老子》“其精甚真”概括而出。但从简帛本看，经文的“精”当作“请”，简帛文献中“请”一般读作“情”，“情”表示实情。极：终极。　⑧至真之极：指道。⑨众甫：简帛本作“众父”。“父”指开端，下文“以无名阅万物始也”参见《老子》第一章：“无名，天地之始。”　⑩阅：看。

第二十二章

曲则全，不自见其明①，则全也。**枉则直，**不自是②，则其是彰也。**洼则盈，**不自伐③，则其功有也。**弊则新，**不自矜，则其德长也。**少则得，多则惑。**自然之道，亦犹树也。转多转远其根，转少转得其本④。多则远其真⑤，故曰“惑”也。少则得其本，故曰“得”也。**是以圣人抱一，为天下式。**“一”，少之极也。“式”⑥，犹“则之”也。**不自见故明，不自是故彰，不自伐故有功，不自矜故长。夫唯不争，故天下莫能与之争。古之所谓“曲则全”者，岂虚言哉！诚全而归之。**

[注释]①见：通“现”，表现。明：智慧。　②自是：自以为是。　③伐：夸耀。与下文的“矜”义近。　④这句话的意思是：就像树木一样，越多就离

根本越远,越少就越得其根本。参见《老子》第四十二章王弼注:"愈多愈远,损则近之。"转:更加。 ⑤真:犹言"本"。 ⑥式:王弼以"则"解释,即效法的意思。

第二十三章

希言自然。听之不闻名曰"希"①。下章言:"道之出言,淡兮其无味也,视之不足见,听之不足闻。"②然则无味不足听之言,乃是自然之至言也。故飘风不终朝,骤雨不终日。孰为此者?天地。天地尚不能久,而况于人乎?言暴疾美兴不长也③。故从事于道者,道者同于道,"从事"④,谓举动从事于道者也。道以无形无为成济万物⑤,故从事于道者以无为为居,不言为教⑥。绵绵若存⑦,而物得其真。与道同体,故曰"同于道"。德者同于德,"得",少也。少则得,故曰"得"也。行得则与得同体⑧,故曰"同于得"也。失者同于失。"失",累多也⑨。累多则失,故曰"失"也。行失则与失同体,故曰"同于失"也。同于道者,道亦乐得之;同于德者,德亦乐得之;同于失者,失亦乐得之。言随行其所⑩,故同而应之。信不足,焉有不信焉。忠信不足于下,焉有不信焉⑪。

[注释]①参见《老子》第十四章:"听之不闻名曰'希'。" ②参见《老子》第三十五章:"道之出口,淡乎其无味,视之不足见,听之不足闻,用之不可既。"注文"无味不足听之言"即化用于此。 ③暴疾:"暴"和"疾"都表示急速,形容"美兴"。美兴:喜悦之情高涨,《老子》第二章王弼注:"'美'者,人心之所进乐也。"另楼宇烈认为"疾美"是衍文,参见第三十章王弼注:"飘风不终朝,骤雨不终日。故暴兴必不道,早已也。"不长:不长久。 ④从事:办事。⑤成济:成就。 ⑥以无为为居,不言为教:参见《老子》第十七章王弼注:"大人在上,居无为之事,行不言之教。"《老子》第六十三章王弼注:"以无为为居,以不言为教。" ⑦绵绵若存:参见《老子》第六章:"绵绵若存,用之不勤。"⑧行得:实践"得"。"得"、"德"相通,傅奕本作"得者同于得",与注文所引相

同，汉简本作“得者同于德”。 ⑨累多：累积增多。 ⑩随行其所：道始终相伴随。经文经过增益，汉简本作“同于道者，道亦得之；同于失者，道亦失之”，帛书本作“同于德者，道亦德之；同于失者，道亦失之”。 ⑪参见《老子》第十七章：“信不足，焉有不信焉。”王弼注：“信不足焉，则有不信，此自然之道也。已处不足，非智之所济也。”

第二十四章

企者不立，物尚进则失安①，故曰“企者不立”②。跨者不行，自见者不明，自是者不彰，自伐者无功，自矜者不长。其在道也，曰“余食赘行”。其唯于道而论之③，若郤至之行④，盛馔之余也⑤。本虽美，更可秽也⑥。虽有功而自伐之⑦，故更为肬赘者也⑧。物或恶之，故有道者不处。

[注释]①尚进：崇尚进取。失安：丧失稳定的状态。 ②企：踮起脚跟。 ③其唯于道而论之：从道的角度来评判。 ④郤至：春秋时晋大夫，据《左传》成公十六年，晋侯派郤至出使周王室，郤至一再炫耀自己的功绩。王弼以此说明“有功而自伐之”。 ⑤盛馔：丰盛的饮食。 ⑥这句话的意思是：盛宴原本可口，但其残余则已经腐烂。 ⑦伐：夸耀。 ⑧肬赘：肉瘤，指多余之物。

第二十五章

有物混成，先天地生，混然不可得而知，而万物由之以成，故曰“混成”也。不知其谁之子，故“先天地生”。寂兮寥兮，独立不改，“寂寥”，无形体也。无物匹之①，故曰“独立”也。返化终始②，不失其常，故曰“不改”也。周行而不殆，可以为天下母。周行无所不至而免殆③，能生全大形也④，故“可以为天下母”也。吾不知其名，名以定形。混成无形，不可得而定，故曰“不知其名”也。**字之曰“道”**，夫名以定形，字以称可⑤。言道取于无物而不由也，是混成之中，可言之称最大也⑥。**强为之名曰“大”。**吾所以字之曰“道”者，取其可言之称最大也。责其字定之所由⑦，则系于“大”。“大”有系则必有分⑧，有分则失其极矣⑨，故曰“强为之名曰‘大’”。**大曰逝，**“逝”，行也。不守一“大”体而已⑩，周行无所不至，故曰“逝”也。**逝曰远，远曰反。**“远”，极也。周无所不穷极，不偏于一“逝”，故曰“远”也。不随于所适⑪，其体独立，故曰“反”也。**故道大，天大，地大，王亦大。**“天地之性人为贵”⑫，而王是人之主也，虽不职“大”⑬，亦复为“大”。与三匹⑭，故曰“王亦大”也。**域中有四大，**“四大”，道、天、地、王也。凡物有称有名，则非其极也⑮。言道则有所由，有所由，然后谓之为“道”。然则是道称中之大也，不若无称之大也。无称不可得而名，曰“域”也。道、天、地、王皆在乎无称之内，故曰“域中有四大”者也。**而王居其一焉。**处人主之大也。**人法地，地法天，天法道，道法自然。**“法”，谓法则也⑯。人不违地，乃得全安，“法地”也；地不违天，乃得全载，“法天”也；天不违道，乃得全覆，“法道”也；道不违自然，乃得其性，“法自然”也。“法自然”者，在方而法方，在圆而法圆，于自然无所违也。“自然”者，无称之言，穷极之辞也。用智不及无知，而形魄不及精象，精象不及无形，有仪不及无仪，故转相法也⑰。道法自然，天故资焉⑱；天法于道，地故则焉；地法于天，人故象焉。所以为主，其一之者主也⑲。

［注释］①匹：相当。　②返：回归。化：变化。终始：周而复始。③周：周遍，汉简本“周”即作“遍”。殆：危险。　④生：或以为衍文。全：保全。大形：无形。　⑤可：肯定。　⑥这句话的意思的：因为道没有事物不依从它，可称为“最大”。参见《老子》第三十八章王弼注：“夫大之极也，其唯道乎？自此已往，岂足尊哉！”　⑦责：求。定：确定，或以为衍文。　⑧系：约

束。分:区分,指特殊性。　⑨极:终极的状态,指绝对性。　⑩不守一大体:不固守于“大”之体。　⑪适:往。　⑫语出《孝经·圣治章》。　⑬职:主宰。　⑭三:指天、地、道。匹:匹配。　⑮参见王弼《老子指略例》:“然则言之者失其常,名之者离其真。……名号生乎形状,称谓出乎涉求。名不虚生,称谓不虚出。故名号则大失其旨,称谓则未尽其极。”“无称”为“大”、“极”。⑯法则:效法。　⑰这句话的意思是:有智不如无智,有实体的地不如作为精微之象的天,天不如无形的道,天地两仪不如无仪的自然,所以依次相效法。形魄、精象:参见第四章王弼注。　⑱资:取,与下文的“则”、“象”均有效法的意思。　⑲参见《老子》第四十二章王弼注:“百姓有心,异国殊风,而得一者,王侯主焉。以一为主,一何可舍?”

第二十六章

重为轻根,静为躁君,凡物轻不能载重,小不能镇大。不行者使行,不动者制动①。是以重必为轻根,静必为躁君也②。是以圣人终日行不离辎重。以重为本,故“不离”。虽有荣观,燕处超然,不以经心也③。奈何万乘之主,而以身轻天下?轻则失本,躁则失君。轻不镇重也。“失本”,为丧身也。“失君”,为失君位也。

[注释]①这句话的意思是:自己不动的事物,命令、控制其他事物行动。②这句话的意思是:“重”是“轻”的根本,“静”是“躁”的主宰。参见《周易·恒·上六》王弼注:“夫静为躁君,安为动主。故‘安’者,上之所处也;‘静’者,可久之道也。”　③经心:萦心,烦心。

第二十七章

善行无辙迹,顺自然而行,不造不始①,故物得至而无辙迹也②。善言无瑕谪,顺物之性,不别不析③,故无瑕谪可得其门也③。善数不用筹策,因物之数,不假形也④。善闭无关楗,

而不可开；善结无绳约，而不可解。因物自然，不设不施⑤，故不用关楗绳约而不可开解也⑥。此五者皆言不造不施⑦，因物之性，不以形制物也。**是以圣人常善救人，故无弃人；**圣人不立形名以检于物，不造进向以殊弃不肖，辅万物之自然而不为始，故曰"无弃人"也⑧。不尚贤能，则民不争；不贵难得之货，则民不为盗；不见可欲，则民心不乱⑨。常使民心无欲无惑，则无弃人矣。**常善救物，故无弃物，是谓"袭明"。故善人者，不善人之师；**举善以师不善⑩，故谓之"师"矣。**不善人者，善人之资。**"资"，取也。善人以善齐不善⑪，以善弃不善也。故不善人，善人之所取也。**不贵其师，不爱其资，虽智大迷。**虽有其智，自任其智，不因物，于其道必失，故曰"虽智大迷"⑫。**是谓"要妙"。**

[注释]①造、始：创造。 ②物得至而无辙迹：(如果顺从自然)事物可以到达终点却不留下踪迹。 ③别、析：分。 ③瑕谪(zhé)：缺失，过错。④假形：借助筹策这样有形体的计数工具。 ⑤设：设立。施：施加。 ⑥关楗(jiàn)：关门的木闩。横的叫"关"，竖的叫"楗"。绳约：绳索。 ⑦此五者：指"善行无辙迹"、"善言无瑕谪"、"善数不用筹策"、"善闭无关楗"、"善结无绳约"。 ⑧这句话的意思是：圣人不通过创立"形"、"名"来约束万物，也不通过创造崇尚的目标来抛弃无能的人，所以叫"无弃人"。"辅万物之自然"见于《老子》第六十四章，"不为始"参见《老子》第二章。检：约束。向：崇尚。⑨本句化用自《老子》第三章。 ⑩这句话的意思是：选举善者做不善者的老师。 ⑪齐：等同。 ⑫这句话的意思是：虽然有智慧，但如果任意运用智慧，而不因循事物的本性，那么必将失败，所以说虽然看似有智慧，实际上很糊涂。

第二十八章

知其雄，守其雌，为天下溪。为天下溪，常德不离，复归于婴儿。"雄"，先之属①；"雌"，后之属也。知为天下之先者必后也，是以“圣人后其身而身先”也②。溪不求物，而物自归之③。婴儿不用智，而合自然之智。知其白，守其黑，为天下式。“式”，模则也④。为天下式，常德不忒，“忒”⑤，差也。复归于无极。不可穷也。知其荣，守其辱，为天下谷。为天下谷，常德乃足，复归于朴。此三者，言常反终，后乃德全其所处也⑥。下章云：“反者，道之动也。”⑦功不可取，常处其母也⑧。朴散则为器，圣人用之则为官长。“朴”，真也。真散则百行出，殊类生，若器也⑨。圣人因其分散，故为之立官长。以善为师，不善为资⑩，移风易俗，复使归于一也。故大制不割。“大制”者，以天下之心为心，故“无割”也⑪。

[注释]①属：类。　②这句话的意思是：知道如何成为天下之先的人，必然要先居其后。参见《老子》第七章：“是以圣人后其身而身先。”　③这句话的意思是：因为溪谷居下位，相当于“雌”、“后”，虽然不渴求外物，但外物自然归顺它。　④模则：准则，范式。　⑤忒：差错。　⑥这句话的意思是：“复归于婴儿”、“复归于无极”、“复归于朴”三者说的是复归终极的状态，然后能保全其地位。　⑦语出《老子》第四十章。　⑧常处其母：义近前文的“常反终”。母：本。　⑨这句话的意思是：“真”如果分散，那么就会衍生出众多的品性和各类事物，就像器物一样。　⑩参见《老子》第二十七章：“故善人者，不善人之师；不善人者，善人之资。”　⑪这句话的意思是：追求“大制”的人以天下的心为自己的心，所以不会强行干涉。无割：经文作“不割”，简帛本及河上公本之外的传世本均作“无”，与王弼注同。制：裁。“制”必有“割”，而“大制”却“无割”。参见《老子》第四十一章王弼注：“大夷之道，因物之性，不执平以割物。”《老子》第五十四章王弼注：“以天下百姓心，观天下之道也。”

第二十九章

将欲取天下而为之，“为”，造为也①。吾见其不得已。天下神器，“神”，无形无方也②。“器”，合成也。无形以合，故谓之“神器”也。**不可为也。为者败之，执者失之。**万物以自然为性，故可因而不可为也，可通而不可执也③。物有常性，而造为之，故必败也；物有往来，而执之，故必失矣④。**故物或行或随，或歔或吹，或强或羸，或挫或隳。是以圣人去甚，去奢，去泰。**凡此诸“或”，言物事逆顺反覆、不施为执割也⑤。圣人达自然之至，畅万物之情，故因而不为，顺而不施。除其所以迷，去其所以惑，故心不乱而物性自得之也⑥。

[注释]①造为：创造。 ②无方：无所不至。 ③执：堵塞，与“通”相对。 ④这句话的意思是：要因循自然的本性，不可干预或限制，否则会导致失败。 ⑤这句话的意思是：事物时逆时顺，时常反复，而不干预、限制。诸或：指“或行或随，或歔或吹，或强或羸，或挫或隳”，均为相对立的概念。 ⑥以上两句话的意思是：圣人理解自然万物的本性，所以能做到因循而不干预；去除能带来迷失诱惑的因素，那么心就不会被扰乱，也便能把握自然万物的本性。

第三十章

以道佐人主者，不以兵强天下，以道佐人主，尚不可以兵强于天下，况人主躬于道者乎①？**其事好还。**为治者务欲立功生事②，而有道者务欲还反无为③，故云“其事好还”也。**师之所处，荆棘生焉。大军之后，必有凶年。**言师，凶害之物也，无有所济，必有所伤，贼害人民，残荒田亩，故曰“荆棘生”也④。**善者果而已，不敢以取强。**“果”，犹“济”也。言善用师者，趣以济难而已矣⑤，不以兵力取强于天下矣。**果而勿矜，果而勿伐，果而勿骄，**吾不以师道为尚，不得已而用，何矜骄之有也⑥？**果而不得已，果而勿强。**言用兵虽趣功果济难，然时故不得已当复用者，但当以除暴乱，不遂用果以为强也⑦。**物壮则老，是谓**

“不道”，“不道”早已。“壮”，武力暴兴也⑧，喻以兵强于天下者也。“飘风不终朝，骤雨不终日”⑨，故暴兴必“不道早已”也⑩。

[注释]①这句话的意思是：对于通过道来辅佐君主的人，尚且不凭借武力称霸天下，何况亲自践行道的君主呢？　②为治者：治理国家的人，与“有道者”相对。立功生事：建立功业，成就事物。　③还反：即“还返”，复归。④这句话的意思是：军事武力是能带来危害的事物，它不能成就其他事物，而是一定有所伤害；它危害人民，使田亩荒芜，所以会“荆棘生”。　⑤趣：趋向。济难：拯救危难。　⑥这句话的意思是：我不崇尚武力，只是不得已而使用武力，那么有什么可夸耀的呢？　⑦这句话的意思是：武力虽然是趋向成就功业、拯救危难，但因情势之故不得已仍然采用武力，是为了去除暴乱，而不是凭借武力称霸。　⑧暴兴：急速强盛。　⑨语出《老子》第二十三章。⑩已：停止。

第三十一章

夫佳兵者，不祥之器，物或恶之，故有道者不处。君子居则贵左，用兵则贵右。兵者，不祥之器，非君子之器，不得已而用之，恬淡为上。胜而不美，而美之者，是乐杀人。夫乐杀人者，则不可以得志于天下矣。吉事尚左，凶事尚右。偏将军居左，上将军居右，言以丧礼处之。杀人之众，以哀悲泣之，战胜，以丧礼处之。

本章无注。

第三十二章

道常无名，朴虽小，天下莫能臣也。侯王若能守之，万物将自宾。道，无形不系①。常不可名，以无名为常，故曰“道常无名”也。朴之为物，以无为心也，亦无名。故将得道，莫若守朴。夫智者，可以能臣也；勇者，可以武使也；巧者，可以事役也；力者，可以重任也②。朴之为物，愦然不偏③，近于无有，故曰“莫能臣”也。抱朴无为，不以物累其真，不以欲害其神，则物自宾而道自得也④。**天地相合以降甘露，民莫之令而自均。**言天地相合，则甘露不求而自降⑤。我守其真性无为，则民不令而自均也⑥。**始制有名，名亦既有，夫亦将知止。知止所以不殆。**“始制”，谓朴散始为官长之时也⑦。始制官长，不可不立名分以定尊卑，故“始制有名”也。过此以往⑧，将争锥刀之末⑨，故曰“名亦既有，夫亦将知止”也。遂任名以号物，则失治之母也，故“知止所以不殆”也⑩。**譬道之在天下，犹川谷之与江海。**川谷之不求江与海，非江海召之，不召不求而自归者也⑪。行道于天下者，不令而自均，不求而自得，故曰“犹川谷之与江海”也。

[注释]①无形不系：参见《老子》第二十一章王弼注：“以无形始物，不系成物，万物以始以成，而不知其所以然。” ②这句话的意思是：智者因其才能而为臣，勇者因其武力而供差遣，巧者因事务被役使，力者因为能负重而被任用，均因为能力有所偏重而臣服他人。 ③愦然：义近《老子》第二十章王弼注的“颓然”，空寂状。 ④这句话的意思是：如果坚持“朴”且“无为”，不因为外物、欲望而使本性被束缚，那么万物自动归服并能直接得到道。 ⑤甘露：甘美的露水，古人认为是天地阴阳调和的结果。 ⑥均：均平。 ⑦参见《老子》第二十八章王弼注：“真散则百行出，殊类生，若器也。圣人因其分散，故为之立官长。” ⑧过此以往：之后。 ⑨锥刀之末：小事，微利。语出《左传》昭公六年：“锥刀之末，将尽争之。” ⑩这句话的意思是：如果到处命名，号令万物，那么就会失去治道的根本。遂：遍。 ⑪ 以上两句话的意思是：溪流不追求注入江海，江海也不召唤溪流，一个不追求，一个不召唤，但溪流自动流入江海。

第三十三章

知人者智，自知者明。知人者，智而已矣，未若自知者，超智之上也。**胜人者有力，自胜者强。**胜人者，有力而已矣，未若自胜者，无物以损其力。用其智于人，未若用其智于己也；用其力于人，未若用其力于己也。明用于己，则物无避焉；力用于己，则物无改焉①。**知足者富，**知足者，自不失，故富也。**强行者有志，**勤能行之②，其志必获，故曰“强行者有志”矣。**不失其所者久，**以明自察③，量力而行，不失其所④，必获久长矣。**死而不亡者寿。**虽死而以为生之，道不亡乃得全其寿⑤。身没而道犹存，况身存而道不卒乎⑥？

[注释]①这句话的意思是：智慧用于自己，那么其他事物就不会避开；力量用于自己，那么其他事物就不会改易。 ②勤能行之：勤勉行动。参见《老子》第四十一章：“上士闻道，勤而行之。”王弼注：“有志也。” ③以明自察：以智慧自我省察。 ④不失其所：不离开其根基。 ⑤这句话的意思是：如果肉体消亡但道仍然存在，那么可以说是长寿。 ⑥卒：止。

第三十四章

大道泛兮，其可左右。言道泛滥无所不适①，可左右上下周旋而用②，则无所不至也。**万物恃之而生而不辞，功成不名有，衣养万物而不为主。常无欲，可名于“小”；**万物皆由道而生，既生而不知所由。故天下常无欲之时，万物各得其所，若道无施于物，故名于“小”矣③。**万物归焉而不为主，可名为“大”。**万物皆归之以生，而力使不知其所由，此不为“小”，故复可名于“大”矣④。**以其终不自为大，故能成其大。**为大于其细，图难于其易⑤。

[注释]①适：至。 ②周旋：运转。 ③这句话的意思是：如果处于“常无欲”的状态，万物各得其所，好像道没有作为一样，所以称作“小”。参见《老子》第一章：“故常无欲，以观其妙。”王弼注：“‘妙’者，微之极也。万物始于微

而后成，始于无而后生。”《老子指略例》：“‘微’也者，取乎幽微而不可睹。” ④这句话的意思是：万物虽然由道而生，但创生万物的力不让大家知道其来源，这就不算是“小”，所以说可以称作“大”。汉简本、帛书本、傅奕本、想尔本、索紞本均可支持王弼本经文原当作“可名于大”，而非“可名为大”。 ⑤参见《老子》第六十三章：“图难于其易，为大于其细。”

第三十五章

执大象，天下往；“大象”①，天象之母也②。不炎不寒，不温不凉，故能包统万物，无所犯伤③。主若执之，则天下往也④。**往而不害，安平太。**无形无识，不偏不彰，故万物得往而不害妨也⑤。**乐与饵，过客止。道之出口，淡乎其无味，视之不足见，听之不足闻，用之不可既。**言道之深大。人闻道之言，乃更不如乐与饵应时感悦人心也⑥。乐与饵则能令过客止，而道之出言淡然无味。视之不足见⑦，则不足以悦其目；听之不足闻，则不足以娱其耳。若无所中然，乃用之不可穷极也⑧。

[注释]①大象：无形之象，指道。《老子》第四十一章：“大象无形。”王弼注：“有形则有分，有分者，不温则凉，不炎则寒。故象而形者，非大象。” ②天象：日月星辰等天体。 ③犯伤：触犯伤害。 ④这句话的意思是：统治者如果能够拥有大象（道），那么全天下都会归顺他。 ⑤参见《老子》第十六章王弼注：“常之为物，不偏不彰，无皦昧之状，温凉之象。” ⑥乃、更：都是表示转折关系的连词。饵：美食。应时：即时。感悦：感动喜悦。 ⑦不足：不能。 ⑧这句话的意思是：好像永不满足的样子，才会用之不竭。中：满。

第三十六章

将欲歙之，必固张之；将欲弱之，必固强之；将欲废之，必固兴之；将欲夺之，必固与之。是谓“微明”。将欲除强梁①，去暴乱，当以此四者②。因物之性，令其自戮，不假刑为大，以除将物也，故曰“微明”也③。足其张，令之足，而又求其张，则众所歙也。与其张之不足，而改其求张者，愈益而已反危④。**柔弱胜刚强。鱼不可脱于渊，国之利器不可以示人。**“利器”，利国之器也。唯因物之性，不假形以理物⑤。器不可睹，而物各得其所，则国之利器也。“示人”者，任刑也⑥。刑以利国，则失矣。鱼脱于渊，则必见失矣；利国器而立刑以示人，亦必失也⑦。

[注释]①强梁：强横凶暴。参见《老子》第四十二章：“强梁者不得其死。”②四者：指“将欲歙之，必固张之；将欲弱之，必固强之；将欲废之，必固兴之；将欲夺之，必固与之”。其中“将欲废之，必固兴之”一句，帛书本作“将欲去之，必固与之”，汉简本作“将欲废之，必固举之”，汉简本与今本更合。　③这句话的意思是：因循事物的本性，让它们自我毁灭，而不是借助刑罚的力量，因而去除强劲有力的事物，这就是所谓的“微明”。将物：当即“强物”。　④以上两句的意思是：满足其扩张的愿望，使其得到满足，又再要求其扩张，由于扩张达到极限，反而会收敛。因为扩张如果不充分，却改变其要求扩张的倾向，违反了自然本性，反而会陷入危险。歙（xī）：收敛。与：相当于“以”，因为。　⑤假形：即“假刑”，借助刑罚。理：惩治。　⑥任刑：任用刑罚。　⑦这句话的意思是：如果通过刑罚来治理国家，那么正如离开水的鱼，会导致失败。

第三十七章

道常无为，顺自然也。**而无不为。**万物无不由为以治以成之也①。**侯王若能守之，万物将自化。化而欲作，吾将镇之以无名之朴。**“化而欲作”，作欲成也②。“吾将镇之无名之朴”，不为主也③。**无名之朴，夫亦将无欲。**无欲竞也④。**不欲以静，天下将自定。**

[注释]①这句话的意思是：道“无为”，但是又“无不为”，即无所不为，万物都无不是通过“为”来成就的。　②作欲成：欲望形成。　③不为主：参见《老子》第三十四章：“万物归焉而不为主。”　④无欲竞：没有竞争的欲望。

下 篇

第三十八章

上德不德，是以有德；下德不失德，是以无德。上德无为而无以为，下德为之而有以为。“德”者，得也。常得而无丧，利而无害，故以德为名焉。何以得德？由乎道也。何以尽德？以无为用。以无为用，则莫不载也。故物，无焉，则无物不经；有焉，则不足以免其生[①]。是以天地虽广，以无为心；圣王虽大，以虚为主。故曰以复而视，则天地之心见；至日而思之，则先王之至睹也[②]。故灭其私而无其身，则四海莫不瞻，远近莫不至；殊其己而有其心，则一体不能自全，肌骨不能相容。是以上德之人，唯道是用，不德其德，无执无用，故能有德而无不为。不求而得，不为而成，故虽有德而无德名也[③]。下德求而得之，为而成之，则立善以治物，故德名有焉。求而得之，必有失焉；为而成之，必有败焉。善名生，则有不善应焉。故“下德为之而有以为”也[④]。无以为者，无所偏为也。凡不能无为而为之者，皆下德也，仁、义、礼、节是也。将明德之上下，辄举下德以对上德[⑤]。上仁为之而无以为，上义为之而有以为，上礼为之而莫之应，则攘臂而扔之。至于无以为，极下德之量，上仁是也，是及于无以为而犹为之焉。为之而无以为，故有为为之患矣。本在无为，母在无名。弃本舍母，而适其子，功虽大焉，必有不济；名虽美焉，伪亦必生。不能不为而成、不兴而治，则乃为之，故有弘普博施仁爱之者，而爱之无所偏私，故“上仁为之而无以为”也[⑥]。爱不能兼，则有抑抗正直而义理之者，忿枉祐直，助彼攻此，物事而有以心为矣，故“上义为之而有以为”也[⑦]。直不能笃，则有游饰修文礼敬之者，尚好修敬，校责往来，则不对之间忿怒生焉，故“上礼为之而莫之应，则攘臂而扔之”⑧。故失道而后德，失德而后仁，失仁而后义，失义而后礼。夫大之极也，其唯道乎！自此已往，岂足尊哉！故虽德盛业大，富有万物，犹各得其德，而未能自周也。故天不能为载，地不能为覆，人不能为赡⑨。万物虽贵，以无为用，不能舍无以为体也。不能舍无以为体，则失其为大矣，所谓“失道而后德”也。以无为用，则得其母，故能己不劳焉而物无不理⑩。下此已往，则失用之母。不能无为，而贵博施；不能博施，而贵正直；不能正直，而贵饰敬⑪。所谓“失德而后仁，失仁而后义，失义而后礼”也。夫礼者，忠信之薄而乱之首。夫礼也，所始首于忠信不笃，通简不畅，责备于表，机微争制。夫仁义发于内，为之犹伪，况务外饰而可久乎⑫！故“夫礼者，忠信之薄而乱之首”也。前识者，道之华而愚之始。“前识”者，前人而识也，即下德之伦也。竭其聪明以为前识，役其智力以营庶事，虽得其情，奸巧弥密；虽丰其誉，愈丧笃实。劳而事昏，务而治秽，虽竭圣智，而民愈害。舍己任物，则无为而泰；守夫素朴，则不顺典制。耽彼所获，弃此所守，故“前识者，道之华而愚之首”⑬。是以大丈夫处其厚，不居其薄；处其实，不居其华。故去彼取此。故苟得其为功之母，则万物作焉而不辞也，万事存焉而不劳也⑭。用不以形，御不以名，故仁义可显，礼敬可彰也。夫载之以大道，镇之以无名，则物无所尚，志无所营。各任其贞，事用其诚，则仁德厚焉，行义正焉，礼敬清焉。弃其所载，舍其所生，用其成形，役其聪明，仁则失诚焉，义其竞焉，礼其争焉。故仁德之厚，非用仁之所能也；行义之正，非用义之所成也；礼敬之清，非用礼之所济也。载之以道，统之以母，故显之而无所尚，彰之而无所竞⑮。用夫无名，故名以笃焉；用夫无形，故形以成焉。守母以存其子，崇本以举其末，则形、名俱有而邪不生，大、美配天而华不作。故母不可远，本不可失。仁义，母之所生，非可以为母；形器，匠之所成，非可以为匠也⑯。舍其母而用其子，弃其本而适其末，名则有所分，形则有所止。虽极其大，必有不周；虽盛其美，必有患忧。功在为之，岂足处也⑰？

[注释]①以上数句的意思是："德"是"得"的意思(双关语)，恒久得到某事物而不失去，则有利而无害，所以称之为"德"。想要获得德，需要遵循道。实践"德"需要以无为用，这样万物均得以成就。一个事物若是"无"的状态，万物均莫不通过它实现，即下文的"灭其私而无其身，则四海莫不瞻(瞻仰)，远近莫不至"；若是"有"的状态，那么就无法保全其自身，即下文的"殊其己而有其心，则一体不能自全，肌骨不能相容"。由乎道：参见《老子》第五十一章王弼注："道者，物之所由也；德者，物之所得也。"以无为用：参见《老子》第十一章王弼注："木、埴、壁所以成三者，而皆以无为用也。言'无'者，有之所以为利，皆赖无以为用也。"载：成。经：由。 ②参见《周易·复·彖》："复，其见天地之心乎?"补充说明"天地虽广，以无为心"。王弼注："'复'者，反本之谓也。天地以本为心者也。"另参见《复·象》："雷在地中，复。先王以至日闭关，商旅不行，后不省方。"补充说明"圣王虽大，以虚为主"。王弼注："方，事也。"至日：夏至与冬至。 ③以上两句话的意思是：有"上德"的人只以道(无)为用(即上文的"以无为用")，不以德为德(参见《老子》第四十一章王弼注"不德其德，无所怀也")，无所执、无所用，所以能有其德而"无不为"。虽然不寻求、不作为，但仍能够有所获得和成就，所以有其德但没有"德"之名，即经文所说"上德不德，是以有德"。经文"上德无为而无以为"，简帛本与之相同，但王弼注"有德而无不为"却与《韩非子·解老》、严遵本、傅奕本、范应元本的"上德无为而无不为"相合，下文"凡不能无为而为之者，皆下德也"也可以支持"无不为"的说法。"无为而无不为"的表述又见于《老子》第四十八章(楚简本亦同)。 ④以上数句的意思是：下德追求、干预事物而有所成就，树立善行以治理万物，故有"德"之名，即经文所说"下德不失德，是以无德"。但有所作为则会有所失败，确立善之名，不善自然就会相应出现(参见《老子》第二章)。所以说"下德为之而有(无)以为"。通行本王弼本经文及注文作"下德为之而有以为"，范应元本及所引王弼注作"下德为之而无以为"，汉简本与傅奕本亦同，帛书本则无此句。下文"无以为者，无所偏为也"、"凡不能无为而为之者，

皆下德也”、“至于无以为，极下德之量，上仁是也，是及于无以为而犹为之焉”，亦说明王弼注原当作“下德为之而无以为”。立善：参见《老子》第十八章王弼注：“失无为之事，更以施慧立善，道进物也。”无以为：王弼注认为是无所偏私之义，参见下文“爱之无所偏私，故上仁为之而无以为也”。　⑤以上两句的意思是：不能做到无为而为之的，都是下德，下德包括仁、义、礼、节。欲辨明德的上下之分，故取下德对应上德。　⑥以上数句的意思是，“上仁”之所以跟“下德”一样是“无以为”，是因为“上仁”达到了“下德”的极限；“上仁”达到了“无以为”但仍为之的境界。为之而无以为，“有为”会成为祸患。“无为”、“无名”为“本”和“母”，“有为”、“有名”则为“末”和“子”。若“有为”，尽管会创造功业，但仍会有所失败。不能做到“无为”而是“有为”，广施仁爱，而爱无偏私，这便是“上仁为之而无以为”。参见《老子》第五十二章：“既得其母，以知其子；既知其子，复守其母，没身不殆。”王弼注：“‘母’，本也。‘子’，末也。得本以知末，不舍本以逐末也。”《老子》第十八章王弼注：“故智慧出则大伪生也。甚美之名，生于大恶，所谓美恶同门。”兴：发动。宏、普、博：广。　⑦这句话的意思是：如果不能做到兼爱，那么就会有以正直之义进退且以之为义理的人，他们憎恶不正直的人，帮助正直的人，并帮助正直的人攻击不正直的人，凡事通过心进行干预，这便是“上义为之而有以为”。抑：退。抗：进。义理：合乎一定伦理道德的行事准则。枉：邪曲。　⑧这句话的意思是：如果正直之义不够坚定，则会出现追求繁文缛节的人，他们崇尚礼敬，苛求往来之间的礼数，如果得不到相应的礼节就会滋生愤怒，所以说“上礼为之而莫之应，则攘臂而扔之”。笃：坚实。游饰：虚浮的外饰。修文：修治典章制度。校：考究。责：要求。不对：指礼数不合。攘臂：捋起衣袖，伸出胳膊，形容激奋的样子。扔：拉。　⑨这句话的意思是：道为最大、最尊贵者（参见《老子》第二十五章），其他事物虽然“德盛业大”、“富有万物”（语出《周易·系辞上》），也只是各得其德，而不能像道那般周遍。天、地、人若不取法更高的存在，则不能实现其功能。参见《老子》第四章王弼注：“故人虽知万物治也，治而不以二仪之道，则不能赡也；地虽形魄，不法于天，则不能全其宁；天虽精象，不法于道，则不能保其精。”《老子》第二十五章王弼注：“人不违地，乃得全安，法地也。地不违天，乃得全载，法天也。天不违道，乃得全覆，法道也。”　⑩以上数句的意思是：万物虽然尊贵，以无为“用”，而不能使无完全内化为“体”。“不能全无以为体”尚不能达到“大”或道的境界，而只能是“德”，故称“失道而后德”。若“以无为用”，则能得其根本（无、道、母、本），所以能够自身不劳累而万物得到很好的治理。舍：或释作舍弃，或释作居守。瓦格纳认为是“全”之误，其依据是韩康伯《周易注》“未能全无以为体”，此说能贯通前后文，可从。　⑪这句话的意思是：如果不能做到无为，就会以广施仁爱为贵（即“失德而后仁”）；不能做到广施仁爱，就会以正直为贵（即“失仁而后义”）；不能做到正直，就是以外饰礼敬为贵（即“失义而后礼”）。　⑫这两句话的意思是：礼的创立，是由于忠信缺乏、通达简易不能畅行于世、过分追求表面形式、因琐细事物的制度而起纷争。仁义发自内心，尚且会产生虚伪，何况追求外在文饰，怎么会长久呢？参见《老子》第十八章：“六亲不和，有孝慈；国家昏乱，有忠臣。”责备：苛求。机微：细微。制：制度。　⑬以上数句的意思是：“前识”指先他人而有的认识，属于“下德”之类。如果竭尽智力获得“前识”，并以此处理繁杂的事务，那么虽然获得真相，巧伪也会更加隐秘；虽然收获名誉，真诚也会进一步丧失。越是勤劳，事务就越是昏乱；越是努力，治理就越是荒废。虽然竭尽智慧，民众只会受到更多伤害。若放弃自身的智识，因循事物的发展，就能做到“无为”且诸事安泰。保持素朴，则不必依循典章制度。沉溺于靠智识所获的真相，就会弃绝所需要保持的素朴，所以说“前识”是“道之华而愚之首”。参见《老子》第十九章以及第六十五章所云“故以智治国，国之贼；不以智治国，国之福。”伦：类。庶：众。耽：沉溺。首：经文作“始”，注文与汉简本、帛书本、《韩非子·解老》相合。　⑭参见《老子》第二章：“是以圣人处无为之事，行不言之教，万物作焉而不辞，生而不有，为而不恃，功成而弗居。”苟：如果。为功之母：指有生成万物之功的“母”，即“无”，参见《老子》第三十九章王弼注：“故为功之母不可舍也。”王弼《老子指略例》：“功不可取，美不可用，故必取其为功之母而已矣。”　⑮以上数句的意思是：不通过形、名来干涉事物，则仁义、礼敬可得到彰显。以大道（无）来承载，“镇之以无名”（参见《老子》第三十七章），那么事物就没有可推崇的东西，志欲也便无所追求。如果因循事物真诚的本性，那么必将仁德笃厚、行义端正、礼敬纯粹。而如果舍弃承载、孕育万物的大道（无），而使用生成后的形体，运用智力，那么仁就会失去真诚，义、礼都会产生纷争。仁德之笃厚、行义之端正、礼敬之纯粹都不是通过仁、义、礼所能实现的，而是需要归结于“道”、“母”，这样才能彰显却不会引发纷争。御：治理。营：求。贞：诚。 ⑯以上数句的意思是：名和形分别来自于无名和无形，无名、无形为“母”、“本”。唯有崇尚“母”和“本”并兼有其“子”和“末”，才能形、名具备而邪恶不生，才能大、美比拟于天而不出现浮华。不可偏离“母”和“本”。仁义由“母”所生，但它本身并非“母”；器物由工匠制造，但它本身不是工匠。参见《老子》第五十二章：“既知其子，复守其母，没身不殆。” ⑰以上数句的意思是：如果舍弃“母”、“本”而从其“子”、“末”，名就会有区分，形就会有限制，因而虽然极大、极美却仍有局限。功业若是靠“为”，哪里值得居处呢？不周：不至。

第三十九章

昔之得一者，“昔”，始也。“一”，数之始而物之极也。各是一物之生，所以为主也①。物皆各得此一以成，既成而舍一以居成，居成则失其母，故皆裂、发、歇、竭、灭、蹶也②。天得一以清，地得一以宁，神得一以灵，谷得一以盈，万物得一以生，侯王得一以为天下贞。其致之。各以其一，致此清、宁、灵、盈、生、贞③。天无以清将恐裂，用一以致清耳，非用清以清也。守一则清不失，用清则恐裂也。故为功之母不可舍也。是以皆无用其功，恐丧其本也④。地无以宁将恐发，神无以灵将恐歇，谷无以盈将恐竭，万物无以生将恐灭，侯王无以贵高将恐蹶。故贵以贱为本，高以下为基。是以侯王自称“孤”、“寡”、“不谷”。此非以贱为本邪？非乎？故致数誉无誉。不欲琭琭如玉，珞珞如石。清不能为清，盈不能为盈，皆有其母，以存其形⑤。故清不足贵，盈不足多，贵在其母，而母无贵形⑥。贵乃以贱为本，高乃以下为基。故致数誉乃无誉也⑦。玉石琭琭、珞珞，体尽于形，故“不欲”也⑧。

[注释]①这句话的意思是:以下的天、地、神、谷、万物、侯王均由“一”衍生,所以“一”是万物之主。本句诸家均以为有误,提出了不同的校改方案。参见《老子》第二十五章王弼注:“所以为主,其一之者主也。”《老子》第四十二章注:“以一为主,一何可舍?”王弼《周易略例》:“众之所以得咸存者,主必致一也……自统而寻之,物虽众则知可以执一御也。”各是:各自。一:指道,王弼注强调,是数字的开端、事物的终极。　②这句话的意思是:万物均各自通过“一”而成就,然后又舍弃“一”而居处于所成就的具体形体,这样就丧失了“母”,所以会导致失败。参见《老子》第三十八章王弼注:“弃本舍母,而适其子,功虽大焉,必有不济。”裂:拆。发:通“废”。歇:停止。蹶:失败。　③贞:简帛本均作“正”。　④以上数句的意思是:天用“一”可以获得“清”的状态,而不是用“清”本身来成就“清”。若保持“一”,则“清”不会失去。若是为了“清”而用“清”,会导致天的崩裂。所以说“为功之母”不能舍弃。如果不用“母”之功,则会丧失其根本。　⑤这句话的意思是:“清”、“盈”本身不能成就“清”、“盈”,最根本的是“母”,通过“母”可以保全其形体。　⑥贵形:尊贵的形体。　⑦致数誉乃无誉:追求过多的荣誉就等于没有荣誉。参见《庄子·至乐》:“至誉无誉。”　⑧这句话的意思是:玉和石分别保持其“琭琭(lù)”、“珞珞(luò)”的形态,其质地均显露于形,这也是失却“母”、“本”的表现,故不足取。

第四十章

反者,道之动;高以下为基,贵以贱为本,有以无为用,此其反也①。动皆知其所无②,则物通矣③。故曰“反者,道之动”也。弱者,道之用。柔弱同通,不可穷极④。天下万物生于有,有生于无。天下之物,皆以有为生。有之所始,以无为本。将欲全有,必反于无也⑤。

[注释]①参见《老子》第三十九章:“故贵以贱为本,高以下为基。”《老子》第十一章:“故有之以为利,无之以为用。”王弼注:“言无者,有之所以为利,皆赖无以为用也。”　②动皆知其所无:参见《老子》第二十八章王弼注:

“下章云：‘反者，道之动也。’功不可取，常处其母也。”《老子》第三十章王弼注：“有道者务欲还反无为。”知：道藏集注本作“之”。　③通：参见《老子》第十六章王弼注：“唯此复，乃能包通万物，无所不容。”《老子》第十四章王弼注：“无状无象，无声无响，故能无所不通，无所不往。”　④参见《老子》第四十三章王弼注：“虚无柔弱，无所不通。无有不可穷，至柔不可折。”谓道以虚无、柔弱为用，故可包通万物，无远弗届。　⑤以上数句的意思是：万物以“有”为生，而“有”又来自于“无”。所以要保全其“有”，就要返归于“无”。经文的“天下万物”，简帛本、傅奕本、范应元本、严遵本作“天下之物”，与王弼注相合。

第四十一章

上士闻道，勤而行之；有志也①。中士闻道，若存若亡；下士闻道，大笑之，不笑不足以为道。故建言有之：“建”，犹“立”也。明道若昧，光而不耀②。进道若退，后其身而身先，外其身而身存③。夷道若纇。“纇”④，纳也。大夷之道，因物之性，不执平以割物。其平不见，乃更反若纇纳也⑤。上德若谷，不德其德，无所怀也⑥。太白若辱，知其白，守其黑，大白然后乃得⑦。广德若不足，广德不盈，廓然无形⑧，不可满也。建德若偷，“偷”，匹也⑨。“建德”者，因物自然，不立不施，故若偷匹⑩。质真若渝。“质真”者，不矜其真，故“渝”⑪。大方无隅，方而不割，故“无隅”也⑫。大器晚成，“大器”，成天下不持全别，故必“晚成”也⑬。大音希声，听之不闻名曰“希”，不可得闻之音也。有声则有分，有分则不宫而商矣，分则不能统众，故有声者非大音也⑭。大象无形，有形则有分，有分者，不温则凉，不炎则寒。故象而形者，非大象。道隐无名，夫唯道善贷且成。凡此诸善⑮，皆是道之所成也。在象则为大象，而大象无形；在音则为大音，而大音希声。物以之成而不见其形⑯，故隐而无名也。贷之非唯供其乏而已，一贷之则足以永终其德，故曰“善贷”也。成之不加机匠之裁，无物而不济其形，故曰“善成”⑰。

[注释]①有志：参见《老子》第三十三章王弼注：“勤能行之，其志必获，故曰‘强行者有志’矣。”经文的“勤而”，简帛本“而”均作“能”，《老子》第三十三章王弼注与此相合。　②光而不耀：参见《老子》第五十八章：“光而不燿。”王弼注：“以光鉴其所以迷，不以光照求其隐慝也，所谓‘明道若昧’也。”③参见《老子》第七章：“是以圣人后其身而身先，外其身而身存。”④纇(lèi)：汉简本与帛书本作“类”，楚简本作“缋”。此处与“夷”相对，意思是不平。王弼以纳(niè)来解释，意为深、空，此处指低洼之地。　⑤以上两句的意思是：追求极度公平之道，因循事物的本性，不会为了均平为强求统一，即《老子》第二十八章所谓“大制不割”。“大夷之道”的“平”不可见，反而看起来像是不平的样子。　⑥参见《老子》第三十八章：“上德不德，是以有德。”无所怀：解释“谷”，即空虚的状态，《老子》第一章王弼注：“空虚其怀。”　⑦参见《老子》第二十八章：“知其白，守其黑，为天下式。”　⑧廓然无形：形容“广德”无形而永不被填满的状态。参见第二十章王弼注：“我廓然无形之可名……我独廓然无为无欲。”　⑨匹：王弼以“匹”来解释“偷”。“匹”有单独的意思。经文中的“偷”一般解释作怠惰，汉简本作“榆”。　⑩参见《老子》第二十七章王弼注：“因物自然，不设不施。”　⑪这句话的意思是：质性纯真者不夸耀其真，所以看起来像是“渝”。矜：夸耀。渝：变。　⑫参见《老子》第五十八章：“是以圣人方而不割。”王弼注：“以方导物，令去其邪，不以方割物。所谓‘大方无隅’。”隅：棱角。　⑬这句话的意思是：大器在成就天下的过程中不占有一切的特殊性，故“晚成”。该句诸家多有校改，提出不同的认识。经文的“晚”，汉简本作“勉”，楚简本作“曼”，帛书本作“免”。　⑭这句话的意思是：如果有声音，则会有宫、商等五音的区分。有区分便不能统御所有的声音，所以说有声音的不是“大音”。参见《老子》第十四章：“听之不闻名曰‘希’。”王弼《周易略例》：“物虽众则知可以执一御也。”王弼强调有“分”(即特殊性)，便会有具体的音或形，则不能算是“大音”或“大象”。　⑮诸善：指“大方”、“大器”、“大音”、“大象”等，其根本在于道。　⑯参见《老子》第六章王弼注：“欲

言存邪？则不见其形。欲言亡邪？万物以之生。"第十四章注有类似说法。⑰以上两句的意思是：道的施予并非提供一时所缺乏的东西，而是成就其德，所以说"善贷"。成就万物而不施加工匠的裁制，而没有事物不成就其形体，所以说"善成"。贷：施予，汉简本作"貣"，帛书本作"始"。善成：与经文不合，而与帛书乙本、范应元本相合。

第四十二章

道生一，一生二，二生三，三生万物。万物负阴而抱阳，冲气以为和。人之所恶，唯"孤"、"寡"、"不谷"，而王公以为称。故物或损之而益，或益之而损。万物万形，其归一也。何由致一？由于无也。由无乃一，一可谓无？已谓之一，岂得无言乎？有言有一，非二如何？有一有二，遂生乎三。从无之有，数尽乎斯，过此以往，非道之流①。故万物之生，吾知其主，虽有万形，冲气一焉②。百姓有心，异国殊风，而得一者王侯主焉③。以一为主，一何可舍？愈多愈远，损则近之④。损之至尽，乃得其极⑤。既谓之一，犹乃至三，况本不一，而道可近乎⑥？"损之而益"，岂虚言也？**人之所教，我亦教之。**我之非强使人从之也，而用夫自然⑦。举其至理⑧，顺之必吉，违之必凶。故人相教，违之必自取其凶也。亦如我之教人，勿违之也。**强梁者不得其死，吾将以为教父。**强梁则必不得其死⑨。人相教为强梁，则必如我之教人不当为强梁也。举其"强梁不得其死"以教邪？若云顺吾教之必吉也。故得其违教之徒，适可以为教父也⑩。

[注释]①以上数句参见《庄子·齐物论》："天地与我并生，而万物与我为一。既已为一矣，且得有言乎？既已谓之一矣，且得无言乎？一与言为二，二与一为三。自此以往，巧历不能得，而况其凡乎！故自无适有以至于三，而况自有适有乎！"谓有形的万物均归于"一"，而"一"来自于"无"。"无"是"一"的基础，"一"还能说是"无"么？已经称之为"一"了，还能说无言么？有了言，

有了“一”，然后就有“二”、有“三”。从“无”到“有”，所派生的数字就只到“三”为止，除此之外的，都不能算是道的范围了。　②冲气：阴阳两气互相激荡。一：即万物之“主”。　③这句话的意思是：百姓各有其志欲，各国自有其风俗，而得“一”的王侯得以主宰。参见《老子》第三十九章：“侯王得一以为天下贞。”　④参见《老子》第二十二章王弼注：“自然之道，亦犹树也。转多转远其根，转少转得其本。”　⑤极：指“一”。参见《老子》第三十九章王弼注：“‘一’，数之始而物之极也。”《老子》第四十八章：“损之又损，以至于无为，无为而无不为。”　⑥这句话的意思是：尽管称之为“一”，却增加到了“三”，如果根本不是“一”，怎么能接近道呢？　⑦这句话的意思是：我教导别人并不强迫别人依从，而是顺应自然。　⑧至理：最高准则。人与人之间相互教导，不能违背道的最高准则，否则会招致祸患。　⑨强梁则必不得其死：参见《说苑·敬慎》所引《金人铭》，意思是强横凶暴的人不得好死。　⑩以上数句的意思是：有人教唆别人强暴横蛮，正如我教导别人不应如此。举出“强梁不得其死”来教导，就好像是在说顺应我的教导便会顺利。针对那些违背这一教导的人，正好可以作为“教父”。教父：简帛本作“学父”，指提供教诲的人。

第四十三章

天下之至柔，驰骋天下之至坚，气无所不入，水无所不出①。无有入无间，吾是以知无为之有益。虚无柔弱，无所不通。无有不可穷，至柔不可折②。以此推之，故“知无为之有益”也。不言之教，无为之益，天下希及之。

［注释］①这句话的意思是：气和水都属于“至柔”，但它们能够穿透最坚实、没有间隙的物体。　②至柔不可折：参见《老子》第七十八章：“天下莫柔弱于水，而攻坚强者莫之能胜。”

第四十四章

名与身孰亲？尚名好高，其身必疏①。身与货孰多？贪货无厌，其身必少②。**得与亡孰病？**得多利而亡其身，何者为病也③？**是故甚爱必大费，多藏必厚亡。**“甚爱”，不与物通；“多藏”，不与物散。求之者多，攻之者众，为物所病，故“大费”、“厚亡”也④。**知足不辱，知止不殆，可以长久。**

[注释]①这句话的意思是：如果崇尚名誉和高位，必然会忽略自身。疏：远，与经文的“亲”相对。　②这句话的意思是：如果贪恋财物而不知满足，必然会贬损自身。　③这句话的意思是：获得很多利益与失去自身，哪一个会带来祸害呢？　④以上数句的意思是：如果过分迷恋，就会与外物断绝沟通；如果过多私藏，就会不与外物分享。来追求、攻击的人便会很多，所贪恋的事物会带来祸害，因此将过多耗费和失去。

第四十五章

大成若缺，其用不弊；随物而成，不为一象①，故“若缺”也。**大盈若冲，其用不穷。**“大盈”充足，随物而与②，无所爱矜③，故“若冲”也④。**大直若屈，**随物而直，直不在一，故“若屈”也⑤。**大巧若拙，**“大巧”因自然以成器，不造为异端⑥，故“若拙”也。**大辩若讷。**“大辩”因物而言，己无所造，故“若讷”也⑦。**躁胜寒，静胜热，清静为天下正。**躁罢然后胜寒，静无为以胜热。以此推之，则清静为天下正也。静则全物之真，躁则犯物之性，故惟清静乃得如上诸“大”也⑧。

[注释]①不为一象：不造就单一的象。　②与：给予。　③爱、矜：惜。④冲：虚。　⑤参见《老子》第五十八章王弼注：“以直导物，令去其僻，而不以直激拂于物也。所谓‘大直若屈’也。”直不在一：“直”并无统一的标准。⑥异端：这里指不因循自然的事物。　⑦讷：言语迟钝。　⑧以上数句的意思是：躁动结束之后才能战胜寒冷，清静无为才能战胜燥热。因此清静是天下的主宰。静能够保全事物的真质，躁则侵害事物的本性，所以只有达到清

静的人能够获得上述“大成”“大盈”“大直”“大巧”“大辩”。

第四十六章

天下有道，却走马以粪；天下有道，知足知止①，无求于外，各修其内而已②。故却走马以治田粪也③。天下无道，戎马生于郊。贪欲无厌，不修其内，各求于外，故“戎马生于郊”也④。祸莫大于不知足，咎莫大于欲得，故知足之足，常足矣。

[注释]①知足知止：参见《老子》第四十四章：“知足不辱，知止不殆，可以长久。”王弼注中有不少有关“知足”、“知止”的论述。 ②修其内：指处理内部事务。 ③却：退。走马：善走的马。治田粪：指马放南山，参与田间稼穑之事。 ④戎马：战马。生于郊：马在郊野生产，指战事频繁。

第四十七章

不出户，知天下；不窥牖，见天道。事有宗而物有主①。途虽殊而同归也，虑虽百而其致一也②。道有大常③，理有大致④。执古之道，可以御今；虽处于今，可以知古始⑤。故“不出户”、“窥牖”⑥，而可知也。其出弥远，其知弥少。无在于一，而求之于众也⑦。道视之不可见，听之不可闻，搏之不可得⑧。如其知之，不须出户；若其不知，出愈远愈迷也。是以圣人不行而知，不见而名，得物之致，故虽不行，而虑可知也⑨；识物之宗，故虽不见，而是非之理可得而名也。不为而成。明物之性，因之而已⑩。故虽不为，而使之成矣。

[注释]①事有宗而物有主：参见《老子》第十四章王弼注：“无形无名者，万物之宗也。”《老子》第四十二章王弼注：“故万物之生，吾知其主，虽有万形，冲气一焉。”第四十九章王弼注：“物有其宗，事有其主。” ②语出《周易·系辞下》：“天下同归而殊途，一致而百虑。” ③大常：永恒不变的道。 ④大

致：到达终极的理，即下文“得物之致”之“致”。　⑤参见《老子》第十四章：“执古之道，以御今之有。”王弼注：“故可执古之道，以御今之有。上古虽远，其道存焉，故虽在今可以知古始也。”《老子指略例》：“故古今通，终始同，执古可以御今，证今可以知古始，此所谓‘常’者也。”　⑥牖(yǒu)：窗户。　⑦这句话的意思是：“一”为根本，但有的人却从纷繁的世界中探求，只会走出去越多，知道得越少。参见《老子》第四十二章王弼注：“以一为主，一何可舍？愈多愈远，损则近之。”　⑧参见《老子》第十四章：“视之不见名曰‘夷’，听之不闻名曰‘希’，搏之不得名曰‘微’。”　⑨虑：思。　⑩参见《老子》第二十九章王弼注：“万物以自然为性，故可因而不可为也。”

第四十八章

为学日益，务欲进其所能，益其所习①。为道日损。务欲反虚无也②。损之又损，以至于无为，无为而无不为。有为则有所失，故无为乃无所不为也③。取天下常以无事，动常因也④。及其有事，自己造也⑤。不足以取天下。失统本也⑥。

[注释]①这句话的意思是：为学之人致力于增进自己的能力和学识，追求的是多。经文“为学”，简帛本及傅奕本、范应元本作“学者”或“为学者”。二十章王弼注引作“为学者日益，为道者日损”，与简帛本相合。　②务欲反虚无：悟道之人致力于返归虚无，追求的是少。经文“为道”，简帛本作“为道者”或“闻道者”。　③参见《老子》第三十八章的经文及注文。　④动：行动，这里指“取天下”。因：指因循事物本性，即经文说的“无事”。　⑤自己造：由自己所发起。　⑥统本：治理的根本，“失统本”是“不足以取天下”的原因。

第四十九章

圣人无常心，以百姓心为心。动常因也。善者，吾善之；不善者，吾亦善之，各因其用，则善不失也。德善。无弃人也①。信者，吾信之；不信者，吾亦信之，德信。圣人在天

下歙歙，为天下浑其心。百姓皆注其耳目，各用聪明②。**圣人皆孩之。**皆使和而无欲，如婴儿也③。夫“天地设位，圣人成能，人谋鬼谋，百姓与能”者④，能者与之⑤，资者取之⑥；能大则大，资贵则贵。物有其宗，事有其主。如此，则可冕旒充目而不惧于欺，黈纩塞耳而无戚于慢，又何为劳一身之聪明，以察百姓之情哉⑦！夫以明察物，物亦竞以其明应之；以不信察物，物亦竞以其不信应之。夫天下之心不必同，其所应不敢异，则莫肯用其情矣。甚矣！害之大也，莫大于用其明矣⑧！夫“在智则人与之讼，在力则人与之争”，智不出于人而立乎讼地，则穷矣；力不出于人而立乎争地，则危矣⑨。未有能使人无用其智力于己者也，如此则己以一敌人，而人以千万敌己也⑩。若乃多其法网，烦其刑罚，塞其径路，攻其幽宅，则万物失其自然，百姓丧其手足，鸟乱于上，鱼乱于下⑪。是以圣人之于天下歙歙焉，心无所主也；为天下浑心焉，意无所适莫也⑫。无所察焉，百姓何避？无所求焉，百姓何应？无避无应，则莫不用其情矣。人无为舍其所能，而为其所不能；舍其所长，而为其所短。如此，则言者言其所知，行者行其所能，百姓各皆注其耳目焉，吾皆孩之而已。

[注释] ①无弃人：参见《老子》第二十七章：“是以圣人常善救人，故无弃人。”王弼注：“圣人不立形名以检于物，不造进向以殊弃不肖，辅万物之自然而不为始，故曰‘无弃人’也。”　②各用聪明：解释“百姓皆注其耳目”，张之象本经文无此句。　③婴儿：解释“孩”。参见《老子》第十章：“专气致柔，能婴儿乎？”王弼注：“言任自然之气，致至柔之和，能若婴儿之无所欲乎？则物全而性得矣。”《老子》第五十五章：“含德之厚，比于赤子。”王弼注：“‘赤子’，无求无欲。”　④语出《周易·系辞下》。　⑤能：贤。　⑥资：财物。　⑦这句话的意思是：如果这样，就可以做到即便耳目被遮蔽仍耳聪目明，不担忧被欺骗轻侮，又何必动用自己的智慧来观察百姓的实情呢？《通典》卷五七载：“黄帝作冕，垂旒，目不邪视也；充纩，示不听谗言也。”谓事见《世本》。此类表

述，见于《大戴礼记·子张问入宫》、《淮南子·主术训》、《晏子春秋·外篇上》等文献。冕：古代帝王及地位在大夫以上的官员所戴礼帽，又专指帝王的皇冠。旒(liú)：古代帝王礼帽前后悬垂的玉串。黈纩(tǒu kuàng)：黄色的绵质小球，悬于冠冕之上，垂两耳旁。慢：轻视。⑧以上数句的意思是：若以智虑和不信任来观察他物，他物也会竞相以其智虑和不信任来回应。万物之心本来各不相同，但因为用智虑和不信任来揣测，失去了本性，它们的回应就变得一致，如此一来就没有肯表达真情实意的了。因此，没有比使用智虑危害更大的了。与下文的"无所察焉，百姓何避？无所求焉，百姓何应？无避无应，则莫不用其情矣"相对。⑨这句话的意思是：《淮南子·诠言训》说到"在智则人与之讼，在力则人与之争"，如果智慧并非出自他人（而是出自自身）而与人争辩，就会理屈；如果力量不是出自他人（而是出自自身）而与人争斗，就会陷入危险。⑩这句话的意思是：如若不能做到阻止他人对自己使用智慧和力量，那么就是我独自一人与他人相敌对，而他人则是千万人与我相敌对。参见《淮南子·诠言训》："未有使人无智者，有使人不能用其智于己者也；未有使人无力者，有使人不能施其力于己者也。"⑪这句话的意思是：至于使法网繁密，使刑罚增加，阻塞他们的捷径，攻击他们的隐蔽之处，那么万物就会失去自然本性，百姓就会失去手脚。幽宅：此处指不可示人的地方。鸟乱于上，鱼乱于下：参见《庄子·胠箧》："夫弓弩毕弋机变之知多，则鸟乱于上矣；钩饵罔罟罾笱之知多，则鱼乱于水矣。"⑫这句话的意思是：圣人对于天下无所偏执，心无主宰，没有偏袒。歙歙(xī)：诸家解释不同，此处指无所偏执貌。浑：浑然一体。适莫：语出《论语·里仁》："君子之于天下也，无适也，无莫也，义之与比。"适：厚。莫：薄。

第五十章

出生入死。出生地，入死地。生之徒十有三，死之徒十有三。人之生动之死地，十有三。夫何故？以其生生之厚。盖闻善摄生者，陆行不遇兕虎，入军不被甲兵，兕无所投其角，虎无所措其爪，兵无所容其刃。夫何故？以其

无死地。“十有三”，犹云十分有三分。取其生道，全生之极，十分有三耳；取死之道，全死之极，十分亦有三耳①。而民生生之厚，更之无生之地焉②。善摄生者③，无以生为生，故无死地也。器之害者，莫甚乎戈兵；兽之害者，莫甚乎兕虎④。而令兵戈无所容其锋刃，虎兕无所措其爪角，斯诚不以欲累其身者也，何死地之有乎⑤！夫蚖蟺以渊为浅，而凿穴其中；鹰鹯以山为卑，而增巢其上。矰缴不能及，网罟不能到，可谓处于无死地矣。然而卒以甘饵，乃入于无生之地，岂非生生之厚乎？⑥故物苟不以求离其本，不以欲渝其真，虽入军而不害，陆行而不可犯也⑦。赤子之可则而贵⑧，信矣。

[注释]①这句话的意思是：把握生存之道并完整保全性命的人，占到十分之三；把握死亡之道并完全成就死亡的，也占到十分之三。　②这句话的意思是：对“生”过度看重，反而会走向“无生”。参见《老子》第七十五章：“夫唯无以生为者，是贤于贵生。”更：改。　③摄生：养生。　④兕(sì)：犀牛一类的动物。　⑤这句话的意思是：像兵器、猛兽都无法加害的人，确实不会被欲望所束缚，自然也就没有所谓“死地”了。　⑥以上数句参见《大戴礼记·曾子疾病》：“鹰鶽以山为卑，而曾巢其上；鱼鳖鼋鼍以渊为浅，而蹶穴其中。卒其所以得之者，饵也。是故君子苟无以利害义，则辱何由至哉？”蚖(yuán)：蝾螈一类的动物。蟺(shàn)：蚯蚓。鹯(zhān)：鹞类猛禽。矰缴(zēng jiǎo)：指系有丝绳的短箭。罟(gǔ)：渔网。　⑦这句话的意思是：如果事物不因为欲求而改变本真，那么就不会受到兵器、猛兽之类的上海。渝：改变。　⑧赤子：婴儿。则：效法。

第五十一章

道生之，德畜之，物形之，势成之。物生而后畜①，畜而后形，形而后成。何由而生②？道也。何得而畜？德也。何由而形？物也。何使而成？势也。唯因也③，故能无物而不形；唯势也，故能无物而不成。凡物之所以生，功之所以成，皆有所由。有所由焉，则莫不由乎道也。故推而极之，亦至道也。随其所因，故各有称焉[4]。**是以万物莫不尊道而贵德。**道者，物之所由也；德者，物之所得也。由之乃得，故不得不尊；失之则害，不得不贵也[5]。**道之尊，德之贵，夫莫之命而常自然。故道生之，德畜之，长之，育之，亭之，毒之，养之，覆之。**"亭"谓品其形[6]，"毒"谓成其质[7]。各得其庇荫[8]，不伤其体矣。**生而不有，为而不恃，**为而不有[9]。**长而不宰，是谓"玄德"。**有德而不知其主也，出乎幽冥，故谓之"玄德"也[10]。

[注释]①畜：养育。　②由：从。参见《庄子·渔父》："且道者，万物之所由也。"　③因：因循。　④称：名号。　⑤本句据陶鸿庆说校改。这句话的意思是：要依从道才能有所获得，所以不得不尊崇道；如果失去德就会有害，所以不得不以德为贵。　⑥亭：诸家理解不同，王弼注认为是"品其形"。品：众多。　⑦毒：经文的"毒"，汉简本作"孰"，河上公本同。严遵本作"熟"，可从。　⑧庇荫：庇护。　⑨为而不有：有所作为而不占有。　⑩参见《老子》第十章王弼注："凡言'玄德'，皆有德而不知其主，出乎幽冥。"

第五十二章

天下有始，以为天下母。善始之，则善养畜之矣，故"天下有始，则可以为天下母"矣[1]。**既知其母，以知其子；既知其子，复守其母，没其不殆。**"母"，本也。"子"，末也。得本以知末，不舍本以逐末也。**塞其兑，闭其门，**"兑"[2]，事欲之所由生[3]。"门"，事欲之所由从也。**终身不勤。**无事永逸，故"终身不勤"也[4]。**开其兑，济其事，终身不救。**不闭其原[5]，而济其事，故虽"终身不救"[6]。**见小曰明，守柔曰强。**为治之功不在大，见大不明[7]，见小乃明。守强不强，守柔乃强也。**用其光，**显道以去民迷[8]。**复归其明，**不明察也[9]。**无遗身殃，是谓"习**

常”。道之常也⑩。

[注释]①可以为：与经文不合，但可以得到汉简本、傅奕本的验证。 ②兑：孔穴。 ③事欲：行动的欲望。 ④勤：劳。 ⑤原：本原。 ⑥救：经文的“救”，楚简本作“逨”，汉简本作“来”，帛书本作“棘”。“逨”同“劮”，也是“劳”的意思，义同“勤”。 ⑦明：明朗。 ⑧迷：迷惑。 ⑨明察：以智虑观察。 ⑩道之常：参见《老子》第三十二章王弼注：“道，无形不系。常不可名。”《老子》第四十七章王弼注：“道有大常。”

第五十三章

使我介然有知，行于大道，唯施是畏。言若使我可介然有知，行大道于天下，唯施为之是畏也①。**大道甚夷，而民好径。**言大道荡然正平，而民犹尚舍之而不由，好从邪径，况复施为以塞大道之中乎②？故曰“大道甚夷，而民好径”。**朝甚除，**“朝”，宫室也。“除”，絜好也③。**田甚芜，仓甚虚。**朝甚除，则田甚芜，仓甚虚，设一而众害生也④。**服文彩，带利剑，厌饮食，财货有余，是谓“盗夸”，非道也哉！**凡物不以其道得之，则皆邪也，邪则盗也。夸而不以其道得之⑤，窃位也。故举“非道”以明，“非道”则皆“盗夸”也。

[注释]①这句话的意思是：如果我“介然有知”，使大道行于天下，唯有害怕施为。介然：经文的“介然”，简帛本均无“然”，据帛书甲本，“介”当读作“挈”，今本添“然”而失其本义。施：经文的“施”，汉简本作“蛇”，帛书乙本作“他”，经文原当读作“迆(yǐ)”，指斜行。今本作“施”，王弼注训“施为”失其本义。 ②这句话的意思是：大道平直，人们尚且不遵从，而是喜欢走小路，何况我还有所干预，阻塞大道中央呢？径：经文的“径”，汉简本作“街”，帛书本作“解”。 ③絜好：即“洁好”，清洁。 ④设一：指清洁宫室。众害：田园荒芜，仓廪空虚。 ⑤夸：经文的“盗夸”，《韩非子·解老》引作“盗竽”，汉简本正作“盗竽”，今本“竽”误作“夸”。据《解老》，“盗竽”指盗贼首领。

第五十四章

善建不拔，固其根，而后营其末①，故"不拔"也。善抱者不脱，不贪于多，齐其所能②，故"不脱"也。子孙以祭祀不辍。子孙传此道以祭祀，则"不辍"也。修之于身，其德乃真；修之于家，其德乃余；以身及人也，修之身则真，修之家则有余，修之不废，所施转大③。修之于乡，其德乃长；修之于国，其德乃丰；修之于天下，其德乃普。故以身观身，以家观家，以乡观乡，以国观国，彼皆然也。以天下观天下。以天下百姓心，观天下之道也。天下之道，逆、顺、吉、凶亦皆如人之道也。吾何以知天下然哉？以此。"此"，上之所云也。言吾何以得知天下乎？察己以知之④，不求于外也。所谓"不出户以知天下"者也⑤。

[注释]①营：经营。末：与"根"、"本"相对。 ②齐其所能：尽其所能。③这句话的意思是：以自身推及他人，为自身修习此道便能使自身实现真朴的状态，为家族修习此道便能使家族实现盈余，只要坚持修习而不止息，所施加的影响将越来越大。 ④察己：观察自身。 ⑤语出《老子》第四十七章："不出户，知天下；不窥牖，见天道。"注文有连词"以"，与第四十七章经文不同，但可以得到简帛本、傅奕本、范应元本、《淮南子·道应训》、《文子》的验证。

第五十五章

含德之厚，比于赤子。蜂虿虺蛇不螫，猛兽不据，攫鸟不搏。"赤子"①，无求无欲，不犯众物，故毒虫之物无犯之人也②。含德之厚者③，不犯于物，故无物以损其全也。骨弱筋柔而握固，以柔弱之故，故握能周固④。未知牝牡之合而全作，"作"，长也。无物以损其身，故能全长也⑤。言含德之厚者，无物可以损其德、渝其真。柔弱不争而不摧折，皆若此也。**精之至也。终日号而不嗄**，无争欲之心，故终日出声而不嗄也⑥。**和之至也。知和曰常**，物以“和”为“常”⑦，故知“和”则得“常”也。**知常曰明**。不皦不昧⑧，不温不凉，此“常”也。无形不可得而见，曰“明”也⑨。**益生曰祥**，生不可益，益之则夭也⑩。**心使气曰强**。心宜无有，使气则强⑪。**物壮则老，谓之不道，不道早已**。

[注释]①赤子：婴儿，因婴儿初生偏红色。 ②毒虫：即经文中的蜂、虿(chài)、虺(huǐ)、蛇等毒物。无犯：即经文的“不螫”。螫(shì)：指毒物刺咬。③含德之厚：怀有很深厚的德。 ④握：手握物。周固：坚固。 ⑤全长：经文的“全作”，据简帛本及其他传世本，当作“朘怒”，指婴儿的阴茎勃起。⑥嗄(shà)：声音嘶哑。据简帛本，经文的“嗄”当系“嚘”之误。嚘(yōu)：气逆。《太玄·夷》：“婴儿于号，三日不嚘。” ⑦和：和谐。 ⑧皦(jiǎo)：明亮。昧：昏暗。 ⑨无形不可得而见：指的是“常”的状态。参见《老子》第十六章王弼注：“‘常’之为物，不偏不彰，无皦昧之状，温凉之象。” ⑩益：增益，指过度看重生命。夭：灾祸，即经文中的“祥”。 ⑪使气：指不因循自然而以意使气。强：暴。

第五十六章

知者不言，因自然也。**言者不知**。造事端也①。**塞其兑，闭其门，挫其锐**，含守质也②。**解其分**，除争原也③。**和其光**，无所特显，则物无所偏争也④。**同其尘**，无所特贱，则物无所偏耻也⑤。**是谓“玄同”。故不可得而亲，不可得而疏**；可得而亲，则可得而疏也。**不可得而利，不可得而害**；可得而利，则可得而害也。**不可得而贵，不可得而贱**，可得而贵，则可得而贱也。**故为天下贵**。无物可以加之也⑥。

[注释]①造事端:即有所施为,不因循自然。　②含守质:指保持其真质。　③争原:纷争的根源。　④这句话的意思是:没有什么特别要显摆的,那么也就没有什么特别要争执的。　⑤这句话的意思是:没有什么是特别轻贱的,那么也就没有什么特别要引以为耻的。　⑥加:超过。

第五十七章

以正治国,以奇用兵,以无事取天下。以道治国则国平,以正治国则奇兵起也①。以无事,则能取天下也。上章云:"其取天下者,常以无事,及其有事,又不足以取天下也。"②故以正治国,则不足以取天下,而以奇用兵也。夫以道治国,崇本以息末;以正治国,立辟以攻末③。本不立而末浅,民无所及④,故必至于奇用兵也。**吾何以知其然哉?以此。天下多忌讳,而民弥贫;民多利器,国家滋昏;**"利器",凡所以利己之器也。民强则国家弱。**人多伎巧,奇物滋起;**民多智慧,则巧伪生⑤;巧伪生,则邪事起。**法令滋彰,盗贼多有。**立正欲以息邪,而奇兵用;多忌讳欲以耻贫,而民弥贫;利器欲以强国者也,而国愈昏。多皆舍本以治末,故以致此也⑥。**故圣人云:我无为而民自化,我好静而民自正,我无事而民自富,我无欲而民自朴。**上之所欲,民从之速也⑥。我之所欲唯无欲,而民亦无欲而自朴也⑦。此四者⑧,崇本以息末也。

[注释]①以正治国:按王弼注的说法,属于"有事",以正治国则"立辟以攻末"。奇兵:出人意料的用兵,"奇"与"正"相对。　②语出《老子》第四十八章,但注文所引与第四十八章经文不合。注文"天下者"的表述,与严遵本、傅奕本、范应元本相合。注文"又不足",与傅奕本相合。汉简本则首次明确在简帛本中出现"又不足",可以进一步佐证王弼注。　③这句话的意思是:以道来治国,则崇尚根本,使由道衍生出的众物止息;以"正"来治国,则建立法度来攻击众物。辟:法度。　④及:关联。　⑤巧伪:虚伪不实。　⑥以上数

句的意思是：树立“正”是为了止息“邪”，但却反而导致“奇兵”；增多禁忌是为了百姓以贫穷为耻，但百姓却更加贫困；“利器”是为了强国，但国家却更加迷乱。这些基本上都是因为离开根本却经营枝末所导致的。　⑥这句话的意思是：统治者所追求的，百姓也很快跟风追随。　⑦民亦无欲而自朴：经文“我无欲而民自朴”，其他传世本同。简帛本则均作“我欲不欲而民自朴”，王弼注可相呼应。另参见《老子》第六十四章：“是以圣人欲不欲，不贵难得之货。”　⑧四者：指“无为”、“好静”、“无事”、“无欲”，均为“崇本息末”的表现。

第五十八章

其政闷闷，其民淳淳；言善治政者，无形、无名、无事、无正可举。闷闷然①，卒至于大治②，故曰“其政闷闷”也。其民无所争竞，宽大淳淳③，故曰“其民淳淳”也。**其政察察，其民缺缺。**立刑名，明赏罚，以检奸伪④，故曰“其政察察”也⑤。殊类分析⑥，民怀争竞，故曰“其民缺缺”⑦。**祸兮福之所倚，福兮祸之所伏。孰知其极？其无正？**言谁知善治之极乎？唯无可正举，无可形名，闷闷然而天下大化，是其极也⑧。**正复为奇，**以正治国，则便复以奇用兵矣，故曰“正复为奇”⑨。**善复为妖，**立善以和万物，则便复有妖之患也⑩。**人之迷，其日固久。**言人之迷惑失道固久矣，不可便正善治以责⑪。**是以圣人方而不割，**以方导物，令去其邪，不以方割物，所谓“大方无隅”⑫。**廉而不刿，**“廉”⑬，清廉也。“刿”⑭，伤也。以清廉清民，令去其污，不以清廉刿伤于物也。**直而不肆，**以直导物，令去其僻，而不以直激拂于物也，所谓“大直若屈”也⑮。**光而不燿。**以光鉴其所以迷，不以光照求其隐慝也，所谓“明道若昧”也⑯。此皆崇本以息末，不攻而使复之也⑰。

[注释]①闷闷：又见于《老子》第二十章“我独闷闷”。第二十章及本章

经文所见“闷闷”，汉简本均作“昏昏”。第二十章王弼注：“无所欲为，闷闷昏昏，若无所识。” ②卒：最终。 ③淳淳：敦厚貌。 ④检：查验。 ⑤察察：形容政令严苛。 ⑥殊类分析：进行分类区别。 ⑦缺缺：狡黠貌。 ⑧这句话的意思是：只有没有标准可以确立、没有形体可以命名，无为而天下治，才能达到治道的最高境界。 ⑨参见《老子》第五十七章经文及注文。⑩妖：邪恶。 ⑪这句话的意思是：人们受到迷惑、背离道已经很久了，不能以善于治道的要求来苛责。便：擅长。正：通“政”。 ⑫这句话的意思是：用“方”来引导，去除邪恶，而不用“方”来规范事物，这就是《老子》第四十一章所说的“大方无隅”。 ⑬廉：在经文中的意思是棱角。 ⑭刿（guì）：刺伤。经文的“刿”，帛书本作“刺”，汉简本作“刖”，睡虎地秦简《为吏之道》亦云“廉而毋刖”。 ⑮这句话的意思是：用“直”来引导，去除邪僻，而不用“直”鼓动事物，这就是《老子》第四十五章所说的“大直若屈”。拂：振动，义近“激”。⑯这句话的意思是：用光去照亮使人迷惑的东西，而不去探求他人的隐秘之处，这就是《老子》第四十一章所说的“明道若昧”。鉴：照。隐慝（tè）：义近《老子》第四十九章王弼注的“幽宅”，指不可示人的地方。 ⑰这句话的意思是：以上都是“崇本息末”的表现，并非攻击事物而使之复归本根。

第五十九章

治人事天莫若啬。“莫若”，犹“莫过”也。“啬”①，农夫。农人之治田，务去其殊类②，归于齐一也③。全其自然，不急其荒病，除其所以荒病④。上承天命，下绥百姓⑤，莫过于此。夫唯啬，是谓“早服”。“早服”⑥，常也。早服谓之重积德，唯重积德，不欲锐速⑦，然后乃能使早服其常，故曰“早服谓之重积德”者也。重积德则无不克，无不克则莫知其极，道无穷也。莫知其极，可以有国。以有穷而莅国⑧，非能有国也。有国之母，可以长久。国之所以安，谓之“母”。重积德，是唯图其根，然后营末，乃得其终也⑨。是谓深根固柢、长生久视之道。

[注释]①啬：王弼解释作农夫，但经文中的意思当是爱惜。　②殊类：不同的类别。　③齐一：统一。　④这句话的意思是：成全田地的自然本性，根除导致田地荒芜的原因，不会因荒芜而窘迫。　⑤绥：安抚。　⑥早服：王弼以"常"来解释，但在经文中当是早从道的意思。道藏集注本"早服"作"早复"。　⑦锐速：快速增加。　⑧有穷：与道（无穷）相对。莅（lì）：临，治。⑨这句话的意思是：重视积累德，关注根本，然后经营枝末，才能有始有终。

第六十章

治大国若烹小鲜。不扰也①。躁则多害，静则全真②。故其国弥大，而其主弥静，然后乃能广得众心矣。**以道莅天下，其鬼不神。**治大国则若烹小鲜③，以道莅天下，则其鬼不神也④。**非其鬼不神，其神不伤人；**神不害自然也。物守自然，则神无所加⑤。神无所加，则不知神之为神也。**非其神不伤人，圣人亦不伤人。**道洽⑥，则神不伤人。神不伤人，则不知神之为神。道洽，则圣人亦不伤人，圣人不伤人，则亦不知圣人之为圣也。犹云"非独不知神之为神，亦不知圣之为圣"也。夫恃威网以使物者⑦，治之衰也。使不知神、圣之为神、圣，道之极也⑧。**夫两不相伤，故德交归焉。**神不伤人，圣人亦不伤人；圣人不伤人，神亦不伤人，故曰"两不相伤"也。神、圣合道，交归之也⑨。

[注释]①扰：扰乱。　②参见《老子》第四十五章王弼注："静则全物之真，躁则犯物之性。"　③鲜：鱼。　④不神：不灵。　⑤加：施加。　⑥洽：周遍。　⑦恃：依仗。威网：威权之网。使：驱使。　⑧以上数句的意思是：道的极致就是因循自然，不凭借威权，使人们根本不知道神、圣的存在。⑨交：一齐。归：归附。之：指神、圣。

第六十一章

大国者下流，江海居大而处下，则百川流之①；大国居大而处下，则天下流之，故曰“大国下流”也。**天下之交，**天下所归会也②。**天下之牝，**静而不求，物自归之也。**牝常以静胜牡，以静为下。**以其静，故能为下也。“牝”③，雌也。雄躁动贪欲，雌常以静，故能胜雄也。以其静复能为下，故物归之也。**故大国以下小国，**“大国以下”，犹云“以大国下小国”④。**则取小国；**小国则附之。**小国以下大国，则取大国。**大国纳之也⑤。**故或下以取，或下而取。**言唯修卑下，然后乃各得其所⑥。**大国不过欲兼畜人，小国不过欲入事人，夫两者各得其所欲，大者宜为下。**小国修下，自全而已⑦，不能令天下归之。大国修下，则天下归之。故曰“各得其所欲，则大者宜为下”也⑧。

［注释］①流：流入。经文的“下流”即下游，汉简本即作“下游”。江海处于下游，故能汇聚百川。参见《老子》第六十六章：“江海所以能为百谷王者，以其善下之，故能为百谷王。”《老子》第三十二章王弼注：“川谷之不求江与海，非江海召之，不召不求而自归者也。” ②归会：归附、会聚。③牝（pìn）：雌性，与“牡”相对。根据简帛本，“天下之牝”在“天下之交”之前，以大国处下比喻女性身处下位，继而说到经文中“天下之交”通常是雌性胜过雄性，原因是在于“静”和“为下”，实际上是以两性交媾比喻国家关系。今本调整了语序，导致文义的变化。参见《老子》第六章王弼注：“处卑而不可得名，故谓之‘玄牝’。”《老子》第二十八章王弼注：“‘雄’，先之属；‘雌’，后之属也。知为天下之先者必后也，是以‘圣人后其身而身先’也。” ④以大国下小国：以大国的身份居小国之下。 ⑤纳：接收。根据简帛本与傅奕本，经文中“则取大国”作“则取于大国”，今本则不易理解。⑥这句话的意思是：以上说的是唯有保持谦卑低下的姿态，才能得到各自想要的。 ⑦自全：自我保全。⑧则：注文的引文以“则”为连词，与经文不合，但可得帛书本验证。

第六十二章

道者，万物之奥。“奥”①，犹“暧”也②，可得庇荫之辞。**善**

人之宝，宝以为用也③。**不善人之所保。**保以全也。**美言可以市，尊行可以加人。**言道无所不先④，物无有贵于此也。虽有珍宝璧马⑤，无以匹之。美言之，则可以夺众货之贾，故曰“美言可以市”也⑥。尊行之，则千里之外应之，故曰“可以加于人”也⑦。**人之不善，何弃之有？**不善当保道以免放⑧。**故立天子，置三公，**言以尊行道也。**虽有拱璧以先驷马，不如坐进此道。**“此道”，上之所云也。言“故立天子，置三公”，尊其位，重其人，所以为道也。物无有贵于此者，故虽有拱抱宝璧以先驷马而进之⑨，不如坐而进此道也。**古之所以贵此道者何？不曰以求得，有罪以免耶？故为天下贵。**以求则得求，以免则得免，无所而不施，故为天下贵也⑩。

[注释]①奥：室内的西南角，泛指房屋及其他深处隐蔽的地方。经文的“奥”，帛书本作“注”，汉简本作“梋”，“奥”也有“主”的意思。 ②暧(ài)：隐蔽。 ③宝：以……为宝。 ④无所不先：指优越于任何事物。 ⑤璧马：指下文的“有拱璧”和“驷马”。 ⑥这句话的意思是：如果称美道，那么就能超过众多财物的价格，所以说“美言可以市”。贾：通“价”。市：买卖。 ⑦可以加于人：不同于经文，但与傅奕本、范应元本相合。 ⑧这句话的意思是：不善者应当保持道而免于被舍弃。参见《老子》第二十七章：“是以圣人常善救人，故无弃人。” ⑨拱抱宝璧：大的玉璧。《左传》襄公二十八年：“与我其拱璧，吾献其柩。”孔颖达疏：“拱，谓合两手也，此璧两手拱抱之，故为‘大璧’。”根据简帛本，经文中“虽有拱璧”当作“虽有拱之璧”。先：先于。驷马：驾一车的四马。 ⑩这句话的意思是：道有求必应，无远弗届，所以是天下最尊贵的。

第六十三章

为无为，事无事，味无味。以无为为居，以不言为教，以恬淡为味，治之极也①。**大小多少，报怨以德。**小怨则不足以报，大怨则天下之所欲诛，顺天下之所同者，德也。图难于其易，为大于其细。天下难事必作于易，天下大事必作于细，是以圣人终不为大，故能成其大。夫轻诺必寡信，多易必多难，是以圣人犹难之。以圣人之才，犹尚难于细、易②，况非圣人之才，而欲忽于此乎③？故曰“犹难之”也。故终无难矣。

［注释］①参见《老子》第二章：“是以圣人处无为之事，行不言之教，万物作焉而不辞，生而不有，为而不恃，功成而弗居。”第三十五章：“‘道’之出口，淡乎其无味。”恬淡：清静淡泊。　②难于细、易：以细、易为难。　③忽：轻视。

第六十四章

其安易持，其未兆易谋，以其安不忘危，持之不忘亡，谋之无功之势，故曰“易”也①。其脆易泮，其微易散。虽失无入有，以其微脆之故，未足以兴大功，故“易”也②。此四者③，皆说“慎终”也。不可以无之故而不持，不可以微之故而弗散也。无而弗持，则生有焉；微而不散，则生大焉。故虑终之患如始之祸，则无败事④。为之于未有，谓其安，未兆也。治之于未乱。谓微、脆也。合抱之木，生于毫末；九层之台，起于累土；千里之行，始于足下。为者败之，执者失之。当以慎终除微，慎微除乱。而以施为治之，形名执之，反生事原，巧辟滋作，故“败”、“失”也⑤。是以圣人无为，故无败；无执，故无失。民之从事，常于几成而败之。不慎终也。慎终如始，则无败事。是以圣人欲不欲，不贵难得之货。好欲虽微⑥，争尚为之兴⑦；难得之货虽细，贪盗为之起也。学不学，复众人之所过。不学而能者，自然也，喻于学者过也⑧。故学不学，以复众人之过。以辅万物之自然而不敢为。

[注释]①参见《周易·系辞下》:"危者安其位者也,亡者保其存者也,乱者有其治者也。是故君子安而不忘危,存而不忘亡,治而不忘乱。是以身安而国家可保也。"亡:失去。无功之势:尚未有作为,即"未兆"。 ②这句话的意思是:虽然事物都是从无到有的,但由于它尚处于微小脆弱的阶段,还不足以有大的影响,所以容易遏止。 ③四者:即"其安易持,其未兆易谋,其脆易泮,其微易散"。经文的"泮",据汉简本当作"判",即剖分。 ④以上数句的意思是:不能因为尚处于虚无的阶段而不去持有它,不能因为尚处于细微的阶段而不分解它,否则就会滋生、壮大。如果考虑到最终的祸患来自开始的祸患,就不会导致失败。 ⑤这两句话的意思是:以对结果保持警惕的心态去除微小的威胁,以对微小的威胁保持警惕的心态去除祸乱。如果有所作为、树立形名,反而会创造"事"的根源,巧立名目的刑法也便滋生,所以会导致失败。 ⑥好欲:欲求。 ⑦争尚:竞争。 ⑧这句话的意思是:不学就会的,是顺应自然的,这明白地说明学习是有过错的。

第六十五章

古之善为道者,非以明民,将以愚之。"明",谓多见巧诈①,蔽其朴也。"愚",谓无知守真,顺自然也。民之难治,以其智多。多智巧诈,故难治也。故以智治国,国之贼;"智",犹"治"也。以智而治国,所以谓之"贼"者,故谓之"智"也②。民之难治,以其多智也。当务塞兑闭门③,令无知无欲。而以智术动民,邪心既动,复以巧术防民之伪。民知其术,防随而避之④。思惟密巧,奸伪益滋,故曰"以智治国,国之贼"也⑤。不以智治国,国之福。知此两者,亦稽式。常知稽式,是谓"玄德"。"玄德"深矣,远矣,"稽"⑥,同也。今古之所同则⑦,不可废。能知稽式,是谓"玄德"。"玄德"深矣,远矣。与物反矣,反其真也⑧。然后乃至大顺。

[注释]①巧诈:虚伪狡诈。　②本句难以理解,诸家均认为有讹误。③塞兑闭门:参见《老子》第五十二章王弼注:"兑,事欲之所由生。门,事欲之所由从也。"　④防随:防备相伴随。　⑤这句话的意思是:统治者愈多智虑虚伪,百姓的奸邪就愈加滋生,因此以"智"治国会导致失败。　⑥稽:道藏集注本作"楷"。经文的"稽式",河上公本与严遵本均作"楷式",汉简本同。"楷式"即法则。参见《老子》第二十八章:"为天下式。"王弼注:"'式',模则也。"⑦则:效法,谓"以智治国,国之贼;不以智治国,国之福"是值得效法的准则。⑧反:参见《老子》第二十五章:"大曰逝,逝曰远,远曰反。"

第六十六章

江海所以能为百谷王者,以其善下之,故能为百谷王。是以圣人欲上民,必以言下之;欲先民,必以身后之。是以圣人处上而民不重,处前而民不害,是以天下乐推而不厌。以其不争,故天下莫能与之争。

本章无注。

第六十七章

天下皆谓我道大,似不肖。夫唯大,故似不肖。若肖,久矣其细也夫!"久矣其细",犹曰"其细久矣"。肖则失其所以为大矣①,故曰"若肖,久矣其细也夫"。我有三宝,持而保之:一曰慈,二曰俭,三曰不敢为天下先。慈,故能勇;夫"慈",以陈则胜②,以守则固,故能勇也。俭,故能广;节俭爱费③,天下不匮④,故能广也。不敢为天下先,故能成器长。唯后外其身⑤,为物所归,然后乃能立成器为天下利⑥,为物之长也。今舍慈且勇,"且",犹"取"也。舍俭且广,舍后且先,死矣!夫慈以战则胜,相慜而不避于难⑦,故胜也。以守则固。

天将救之，以慈卫之。

[注释]①肖：像。王弼指出，如果像某一具体事物，则有其形名，就不能称得上“大”了。大：经文的“天下皆谓我道大”，简帛本及其他传世本均无道字。 ②陈：通“阵”，布阵。经文下文的“夫慈以战则胜”，据汉简本、傅奕本、范应元本，“战”作“陈”，与王弼注相合。 ③爱费：舍不得花费。 ④匮：缺乏。 ⑤后外其身：参见《老子》第七章：“是以圣人后其身而身先，外其身而身存。” ⑥立成器为天下利：参见《周易·系辞上》：“备物致用，立成器以为天下利，莫大乎圣人。” ⑦相愍而不避于难：参见《老子》第六十九章王弼注：“哀者必相惜而不趣利避害，故必胜。”愍(mín)：同“悯”。

第六十八章

善为士者不武，“士”，卒之帅也[①]。“武”，尚先陵人也[②]。善战者不怒，后而不先，应而不唱[③]，故不在怒。善胜敌者不与，不与争也[④]。善用人者为之下。是谓不争之德，是谓用人之力，用人而不为之下，则力不为用也[⑤]。是谓配天古之极。

[注释]①卒之帅：兵卒的统帅。 ②先陵人：率先侵犯他人。 ③应而不唱：参见《老子》第十章王弼注：“雌应而不倡，因而不为。” ④与：参与，“与”也有“争”的意思。经文的“与”，傅奕本即作“争”。 ⑤这句话的意思是：如果任用他人而不放低姿态，那么他们的力量便不会为你所用。

第六十九章

用兵有言，吾不敢为主而为客，不敢进寸而退尺。是谓行无行，彼遂不止[①]。攘无臂，扔无敌，“行”，谓行陈也[②]。言以谦退哀慈，不敢为物先。用战犹“行无行，攘无臂，执无兵，扔无敌”也，言无有与之抗也[③]。执无兵。祸莫大于轻敌，轻敌几丧吾宝。言吾哀慈谦退，非欲以取强无敌于天下也④。不得已而卒至于无敌，斯乃吾之所以为大祸也。“宝”，“三宝”也⑤，故曰“几亡吾宝”⑥。故抗兵相加，哀者胜矣。“抗”⑦，举也。“若”⑧，当也。哀者必相惜而不趣利避害⑨，故必胜。

[注释]①彼遂不止：波多野太郎认为由河上公注混入，非王弼注。②行陈：即“行阵”，布阵。　③这句话的意思是：如果做到谦让而不争先，就好像想要布阵却无行列，想要捋胳膊争执却没有手臂，想要拿起兵器打斗却没有兵器，想要拉住别人争斗却没有敌人，没有与之对抗的对象。王弼本经文“扔无敌”在“执无兵”之前，但根据注文，王弼所见经文应该是“扔无敌”在“执无兵”之后。严遵本、傅奕本顺序同于王弼注，但作“仍无敌”，道藏集注本王弼注“扔”亦作“仍”。简帛本均作“乃无敌”，也均在“执无兵”之后。根据简帛本，当以“乃无敌”为是，说的是“行无行，攘无臂，执无兵”的结果。　④无敌：经文作“轻敌”。根据傅奕本与简帛本，经文本当作“无敌”。　⑤三宝：参见《老子》第六十七章：“我有三宝，持而保之：一曰慈，二曰俭，三曰不敢为天下先。”　⑥几：帛书本作“近”，义同。　⑦抗：帛书甲本作“称”，汉简本、帛书乙本均作“亢（抗）”。“称”、“抗”均有“举”的意思。　⑧若：经文的“若”，道藏本及张之象本作“加”，道藏集注本作“若”（经文仍作“加”），以“若”为是。傅奕本以及简帛本均作“若”，“若”有相当的意思。　⑨哀：怜悯，义同《老子》第六十七章王弼注的“慜”。

第七十章

吾言甚易知，甚易行。天下莫能知，莫能行。可不出户窥牖而知①，故曰“甚易知”也。无为而成②，故曰“甚易行”也。或于躁欲③，故曰“莫之能知”也。迷于荣利，故曰“莫之能行”也④。言有宗，事有君。“宗”，万物之宗也。“君”，万物之主也。夫唯无知，是以不我知。以其言有宗、事有君之故，故有知之人，不得不知之也⑤。知我者希，则我者贵。唯深⑥，故知之者希也⑦。知我益希，我亦无匹，故曰“知我者希，则我者贵”也⑧。**是以圣人被褐怀玉。**被褐者，同其尘；怀玉者，宝其真也。圣人之所以难知，以其同尘而不殊，怀玉而不渝，故难知而为贵也⑨。

[注释]①不出户窥牖：参见《老子》第四十七章：“不出户，知天下；不窥牖，见天道。” ②无为而成：参见《老子》第四十七章：“不为而成。” ③或：通“惑”。躁欲：贪欲。《商君书·垦令》：“愚心躁欲之民壹意，则农民必静。” ④莫之能行：注文的表述与经文不合，但可以得到简帛本、傅奕本、范应元本的支持，“莫之能知”亦同。 ⑤这句话的意思是：“言”和“事”若有根据的话，那么有智慧的人就不能不知道。 ⑥唯深：参见《周易·系辞上》：“唯深也，故能通天下之志。” ⑦希：通“稀”，少。 ⑧则我者贵：经文作“则我者贵”，道藏本、张之象本王弼注亦同。道藏集注本无“者”字，严遵本、傅奕本、范应元本以及简帛本亦均无“者”。 ⑨以上两句的意思是：穿朴素的衣服，以示不突出；怀藏宝玉，以示珍视其真质。圣人之所以难以被理解且非常尊贵，正在于其“同其尘”但不显特别，怀藏宝玉而不变初衷。被：披。褐(hè)：粗布衣服。同其尘：参见《老子》第四章：“挫其锐，解其纷，和其光，同其尘，湛兮似或存。”

第七十一章

知不知，上；不知知，病。不知知之不足任，则病也①。**夫唯病病，是以不病。圣人不病，以其病病，是以不病。**

[注释]①这句话的意思是：如果不知道智识不堪其用，就会造成损害。

第七十二章

民不畏威，则大威至。无狎其所居，无厌其所生。清静无为谓之“居”，谦后不盈谓之“生”①。离其清静，行其躁欲，弃其谦后，任其威权，则物扰而民僻②，威不能复制民③。民不能堪其威④，则上下大溃矣⑤，天诛将至⑥。故曰“民不畏威，则大威至。无狎其所居⑦，无厌其所生”，言威力不可任也⑧。夫唯不厌，不自厌也。是以不厌。不自厌，是以天下莫之厌。是以圣人自知不自见，不自见其所知，以耀光行威也⑨。自爱不自贵。自贵，则物狎厌居生⑩。故去彼取此。

［注释］①谦：谦卑。后：参见《老子》第七章：“是以圣人后其身而身先。”不盈：参见《老子》第四章：“道冲而用之，或不盈。”　②扰：乱。僻：邪僻。③威：威权。复：再。制：控制。　④堪：忍受。　⑤溃：乱。　⑥天诛：上天的诛罚。　⑦狎：在王弼注中的意思当指轻侮，义近“厌”。道藏集注本作“狭”，经文的“狎”应通“狭”，河上公本即作“狭”。　⑧威力：威权强力。任：用。　⑨这句话的意思是：不表现自己所知道的，通过窥视人们的隐私来行使威权。参见《老子》第五十八章：“光而不耀。”王弼注：“以光鉴其所以迷，不以光照求其隐慝也。”　⑩狎厌居生：轻侮、憎恶“居”和“生”。

第七十三章

勇于敢则杀，必不得其死也①。勇于不敢则活。必齐命也②。此两者，或利或害。俱勇而所施者异③，利害不同，故曰“或利或害”也。天之所恶，孰知其故？是以圣人犹难之。“孰”，谁也。言谁能知天意邪？其唯圣人也。夫圣人之明，犹难于“勇”、“敢”④，况无圣人之明而欲行之也，故曰“犹难之”也。天之道，不争而善胜，夫唯不争，故天下莫能与之争⑤。不言而善应，顺则吉，逆则凶，“不言而善应”也⑥。不召而自来，处下则物自归⑦。繟然而善谋。垂象而见吉凶⑧，先事而设诫⑨，安而不忘危⑩，未兆而谋之⑪，故曰“繟然而善谋”也⑫。天网恢恢，疏而不失。

［注释］①必不得其死：参见《老子》第四十二章：“强梁者不得其死，吾将

以为教父。”王弼注：“强梁则必不得其死。”　②齐：道藏集注本作“济”，成。　③所施者异：即“勇于敢”与“勇于不敢”的差异。　④敢：“敢”与“不敢”大致相当于坚强、柔弱的区别。　⑤语出参见《老子》第二十二章。　⑥善应：善于回应。　⑦参见《老子》第六十一章王弼注：“江海居大而处下，则百川流之；大国居大而处下，则天下流之。”　⑧垂象：显示征兆。参见《周易·系辞上》：“天垂象，见吉凶，圣人象之。”　⑨先事而设诫：在事情发生之前便保持警惕。　⑩安而不忘危：参见《周易·系辞下》：“君子安而不忘危。”　⑪未兆而谋之：参见《老子》第六十四章：“其未兆易谋。”　⑫繟然：即“坦然”。据傅奕本、汉简本，经文的“繟然”亦作“默然”，与“善谋”更能构成呼应。

第七十四章

民不畏死，奈何以死惧之？若使民常畏死而为奇者，吾得执而杀之，孰敢？诡异乱群①，谓之“奇”也。常有司杀者杀，夫司杀者，是大匠斲。夫代大匠斲者，希有不伤其手矣。为逆，顺者之所恶忿也②。不仁者，人之所疾也③。故曰“常有司杀”也④。

[注释]①乱群：惑乱百姓。诸葛亮《论来敏》：“来敏乱群，过于孔文举。”　②这句话的意思是：犯逆的行为，会遭到顺从者的憎恶。　③疾：恨。　④司杀：司职杀人。

第七十五章

民之饥，以其上食税之多，是以饥。民之难治，以其上之有为，是以难治。民之轻死，以其求生之厚，是以轻死。夫唯无以生为者，是贤于贵生。言民之所以僻①，治之所以乱，皆由上，不由其下也②。民从上也。

[注释]①僻：邪僻。　②其下：百姓，“下”与“上”相对。今本《老子》经文和旧注多在“其”之后加“上”，根据简帛本，“以其上食税之多”并无“上”，

"其"指的是百姓,作"其上"则文义相反。

第七十六章

人之生也柔弱,其死也坚强。万物草木之生也柔脆,其死也枯槁。故坚强者死之徒,柔弱者生之徒。是以兵强则不胜,强兵以暴于天下者①,物之所恶也,故必不得胜。木强则共。物所加也②。强大处下,木之本也③。柔弱处上。枝条是也。

[注释]①强:暴。　②物所加:外物所施加。　③本:根。

第七十七章

天之道,其犹张弓与?高者抑之,下者举之;有余者损之,不足者补之。天之道,损有余而补不足。人之道则不然,与天地合德①,乃能包之如天之道②。如人之量,则各有其身,不得相均。如唯无身无私乎?自然,然后乃能与天地合德③。损不足以奉有余。孰能有余以奉天下?唯有道者。是以圣人为而不恃,功成而不处,其不欲见贤。言谁能处盈而全虚,损有以补无,和光同尘④,荡而均者⑤?唯其道也。是以圣人不欲示其贤⑥,以均天下。

[注释]①合德:同德。参见《周易·文言》:"夫大人者与天地合其德。"《老子》第五章王弼注:"圣人与天地合其德。"　②包之如天之道:参见《庄子·天下》:"大道能包之而不能辩之。"　③以上数句的意思是:如果每个人都有各自的度量,那么就会有各自的私欲,必然无法做到均平。如何做到无私呢?惟有做到"自然",才能与天地同德。　④和光同尘:参见《老子》第四章:"和其光,同其尘。"　⑤荡:广。　⑥示:显露。贤:能。

第七十八章

天下莫柔弱于水，而攻坚强者莫之能胜，其无以易之。“以”①，用也。“其”，谓水也。言用水之柔弱，无物可以易之也②。弱之胜强，柔之胜刚，天下莫不知，莫能行。是以圣人云：受国之垢，是谓“社稷主”；受国不祥，是谓“天下王”。正言若反。

［注释］①以：这个“以”并非解释经文“其无以易之”之“以”，它在“其”之前，可以为证。王弼本经文遭到篡改，根据简帛本、傅奕本，经文“其无以易之”原当作“以其无以易之也”。　②易：替代。

第七十九章

和大怨，必有余怨，不明理其契①，以致大怨已至。而德以和之②，其伤不复③，故“必有余怨”也。安可以为善？是以圣人执左契，“左契”④，防怨之所由生也。而不责于人。有德司契，有德之人，念思其契⑤，不令怨生而后责于人也⑥。无德司彻。“彻”⑦，司人之过也。天道无亲，常与善人。

［注释］①不明：不明白。理：治。契：契约。　②德以和之：参见《老子》第六十三章：“报怨以德。”王弼注：“小怨则不足以报，大怨则天下之所欲诛，顺天下之所同者，德也。”　③复：复原。　④左契：古代刻木为契，债权人执左契，负债人执右契。圣人执左契，则不向人索求偿还，因此可以防止怨恨。⑤念思：考虑。　⑥不令怨生而后责于人：参见《周易·讼·象》王弼注：“契之不明，讼之所以生也。物有其分，职不相滥，争何由兴？讼之所以起，契之过也。故有德司契而不责于人。”　⑦彻：在经文中当是“取”的意思，王弼注以“司人之过”解释，即关注他人的过错。

第八十章

小国寡民，国既小，民又寡，尚可使反古①，况国大民众乎？故举小国而言也。使有什伯之器而不用，言使民虽有什伯之器而无所用之②，当何患不足也？使民重死而不远徙。使民不用，惟身是宝③，不贪货赂④。故各安其居，重死而不远徙也⑤。虽有舟舆，无所乘之；虽有甲兵，无所陈之；使人复结绳而用之。甘其食，美其服，安其居，乐其俗。邻国相望，鸡犬之声相闻，民至老死不相往来。无所欲求。

[注释]①反古：回到古时候的状态。 ②什伯之器：据简帛本与河上公本，经文应作“什伯人之器”，当指耗费很多人工所制作的器物。 ③惟身是宝：珍爱自己的身体。 ④货赂：财物。 ⑤重死：以死为重，即珍惜生命。

第八十一章

信言不美，实在质也①。美言不信；本在朴也。善者不辩，辩者不善；知者不博，极在一也②。博者不知。圣人不积，无私自有，唯善是与，任物而已③。既以为人，己愈有；物所尊也。既以与人，己愈多。物所归也。天之道，利而不害；动常生成之也④。圣人之道，为而不争。顺天之利，不相伤也。

[注释]①实在质：实质在于质朴，下文的“本在朴”义近。 ②极在一：参见《老子》第三十九章王弼注：“一，数之始而物之极也。” ③这句话的意思是：没有私欲自然就会拥有，只是给予善者，因循事物的本性。 ④动常生成之：参见《老子》第十六章：“万物并作。”王弼注：“动作生长。”动：天道的运动。

周易略例

明　　彖

夫"彖"者，何也[①]？统论一卦之体，明其所由之主者也。

夫众不能治众，治众者，至寡者也[②]。夫动不能制动，制天下之动者，贞夫一者也[③]。故众之所以得咸存者，主必致一也；动之所以得咸运者，原必无二也。

物无妄然，必由其理，统之有宗，会之有元，故繁而不乱，众而不惑[④]。故六爻相错，可举一以明也；刚柔相乘，可立主以定也。是故杂物撰德，辩是与非，则非其中爻莫之备矣[⑤]。故自统而寻之，物虽众，则知可以执一御也；由本以观之，义虽博，则知可以一名举也。故处璇玑以观大运，则天地之动未足怪也；据会要以观方来，则六合辐凑未足多也[⑥]。故举卦之名，义有主矣；观其彖辞，则思过半矣[⑦]。夫古今虽殊，军国异容[⑧]，中之为用[⑨]，故未可远也。品制万变[⑩]，宗主存焉；《彖》之所尚，斯为盛矣。

夫"少"者，多之所贵也；"寡"者，众之所宗也。一卦五阳而一阴，则一阴为之主矣；五阴而一阳，则一阳为之主矣⑪。夫阴之所求者阳也，阳之所求者阴也。阳苟一焉，五阴何得不同而归之？阴苟只焉⑫，五阳何得不同而从之？故阴爻虽贱，而为一卦之主者，处其至少之地也。或有遗爻而举二体者，卦体不由乎爻也⑬。繁而不忧乱，变而不忧惑，约以存博⑭，简以济众⑮，其唯《彖》乎！乱而不能惑，变而不能渝⑯，非天下之至赜⑰，其孰能与于此乎⑱！故观《彖》以斯，义可见矣。

[注释]①彖(tuàn)：即"彖辞"，又称"彖传"，分上下篇，是《易传》"十翼"中的两篇，主要阐发《周易》六十四卦每一卦上、下体(或称上、下卦)之间的关系，即卦体问题，亦即王弼所说"统论一卦之体"；每一卦六爻之间的关系，即爻位问题，亦即王弼所说"明其所由之主"，分析相错杂的阴阳爻中哪一爻起到主导作用。有时也简单解释卦名的由来、卦辞、爻辞。包括彖辞、象辞在内的《易传》本与《易经》不相混，今本《周易》将彖辞、象辞分附于相应的经文之下，一般认为始自郑玄。另参见《周易·履·彖》王弼注："凡《彖》者，言乎一卦之所以为主也。"此外，"彖"有时也表示卦辞。 ②参见《老子》第十一章王弼注："以其无，能受物之故，故能以寡统众也。"寡：少，指最根本、起主导作用的一爻。 ③参见《老子》第二十六章："重为轻根，静为躁君。"王弼注："凡物轻不能载重，小不能镇大。不行者使行，不动者制动。是以重必为轻根，静必为躁君也。"《恒卦·上六》王弼注："夫静为躁君，安为动主。故'安'者，上之所处也；'静'者，可久之道也。处卦之上，居动之极，以此为恒，无施而得也。""贞夫一"可参见《老子》第三十九章："昔之得一者，天得一以清，地得一以宁，神得一以灵，谷得一以盈，万物得一以生，侯王得一以为天下贞。"王弼注："'一'，数之始而物之极也。"《老子》第四十二章王弼注："万物万形，其归一也。何由致一？由于无也。"《老子》第八十一章王弼注："极在一也。"《周易·系辞下》："天下之动，贞夫一者也。"王弼强调"一"的根本意义，所以称众若皆得保全、动若皆得运作，其主导、本原均要以"一"为本；事物虽然复杂，可以

"执一御"。 ④这句话的意思是：事物的运行并非盲目，而是遵循一定的秩序，有根本的动力在主导，因而虽纷繁复杂而不至于惑乱。宗：主。会：聚。元：根本。 ⑤语出《系辞下》："若夫杂物撰德，辩是与非，则非其中爻不备。"撰：同"选"。辩：通"辨"，明。中爻：指上、下卦的中间一爻，即第二爻、第五爻。备：完备。 ⑥这句话的意思是：通过璇玑观测天体运行，那么天地的运动便不足为怪；通过枢纽观察将要发生之事，那么宇宙万物都向中心汇聚也便不觉得繁多。璇玑（xuán jī）：古代一种观测天象的仪器。会要：枢纽，纲领。方：将。六合：上下四方。辐辏（còu）：亦作"辐凑"，聚集。 ⑦语出《系辞下》："知者观其彖辞，则思过半矣。"思过半：已领悟大半。 ⑧军国异容：军事、政事的面貌不尽一致。 ⑨中：中正之道。 ⑩品制：等级制度。⑪这句话的意思是：一卦之中，有五个阳爻，只有一个阴爻，如同人、大有、履、小畜、夬、姤等卦，那么仅有的阴爻则为主；一卦之中，有五个阴爻，只有一个阳爻，如剥、复、师、比、谦、豫等卦，那么仅有的阳爻则为主。这一思想也贯彻于王弼注中，如《履·彖》王弼注："凡《彖》者，言乎一卦之所以为主也。成卦之体，在六三也。'履虎尾'者，言其危也。三为履主，以柔履刚，履危者也。"⑫只：唯一的。 ⑬这句话的意思是：若看不出主导的爻，则放弃对爻位的考察，而是从上、下体（卦）入手分析卦体，卦体并不取决于爻位。 ⑭约：少。博：多。 ⑮简：少。济：成。 ⑯渝：变。 ⑰至赜：极其深奥微妙。参见《系辞上》："言天下之至赜而不可恶也。"赜（zé）：深奥。 ⑱与：比得上。

明爻通变

夫"爻"者，何也？言乎变者也①。"变"者，何也？情伪之所为也②。夫情伪之动，非数之所求也。故合散屈伸，与体相乖。形躁好静，质柔爱刚，体与情反，质与愿违。巧历不能定其算数，圣明不能为之典要，法制所不能齐，度量所不能均也，为之乎岂在夫大哉③！陵三军者④，或惧于朝廷之仪；暴威武者⑤，或困于酒色之娱。

近不必比[⑥]，远不必乖。同声相应，高下不必均也；同气相求，体质不必齐也[⑦]。召云者龙，命吕者律。故二女相违，而刚柔合体[⑧]。隆墀永叹，远壑必盈[⑨]。投戈散地，则六亲不能相保；同舟而济，则吴越何患乎异心[⑩]？故苟识其情，不忧乖远；苟明其趣，不烦强武[⑪]。能说诸心，能研诸虑[⑫]。睽而知其类[⑬]，异而知其通，其唯明爻者乎？故有善迩而远至，命宫而商应；修下而高者降，与彼而取此者服矣[⑭]。

是故情伪相感，远近相追；爱恶相攻，屈伸相推；见情者获，直往则违[⑮]。故拟议以成其变化[⑯]，语成器而后有格[⑰]。不知其所以为主，鼓舞而天下从，见乎其情者也[⑱]。

是故范围天地之化而不过，曲成万物而不遗，通乎昼夜之道而无体，一阴一阳而无穷，非天下之至变，其孰能与于此哉[⑲]！是故卦以存时，爻以示变[⑳]。

[注释]①语出《系辞上》："'爻'者，言乎变者也。"爻：指六十四卦中的阴阳六爻，卦象中"—"表示阳爻，"- -"表示阴爻。六十四卦每卦由六爻组成，自下而上分别为"初(首)"、"二"、"三"、"四"、"五"、"上(尾、终)"，它们又与"九"、"六"搭配表示六爻。"九"指阳爻，为刚；"六"指阴爻，为柔。如"初九"指第一爻为阳爻，"上六"指第六爻为阴爻。 ②情伪：真情与巧伪，"情"与"伪"相对而言。参见《系辞上》："圣人立象以尽意，设卦以尽情伪。" ③以上数句的意思是：情欲巧伪的运作，并非通过数所能探求。事物的分合消长变化，往往与其本体相违背。本质上倾向安静、阳刚，却可能表现出躁动与阳刚，本性与表现出的意愿是相反的。对于上述矛盾，精于历算的人也不能加以衡量，圣人也不能就其制定典章制度，法令制度、度量标准也不能加以规范，因此制定规范并不在于越大越好。乖：背离。 ④陵：凌驾。三军：指军队。 ⑤暴威武：与勇武者搏斗。 ⑥比：亲近。 ⑦参见《乾·文言》："同

声相应，同气相求。”“同声相应”表现为“命吕者律”，吕是阴声，律是阳声，阳唱而阴和。“同气相求”表现为“召云者龙”，参见《乾·文言》：“云从龙，风从虎。”体质：“体”与“质”均可以表述事物的本体与形体，但仍有微妙差别。⑧这句话的意思是：二女都属阴，却相违背；刚柔属性相异，却可以相合。⑨这句话的意思是：高高在上却叹息不已，远居沟壑、处位卑下却可以充盈。参见《老子》第三十二章：“譬道之在天下，犹川谷之与江海。”王弼注：“川谷之不求江与海，非江海召之，不召不求而自归者也。”隆：高。墀(chí)：台阶上的空地。 ⑩参见《孙子·九地》：“诸侯自战其地，为散地。……夫吴人与越人相恶也，当其同舟济而遇风，其相救也如左右手。”投：置。散地：离散之地，兵家谓诸侯在自己领地内作战，因其士卒在危急时容易逃亡离散。吴越：春秋时期吴国与越国争战不已，势不两立。 ⑪这句话的意思是：如果了解对方的情感，就不担心双方的距离(吴越何患乎异心)；如果知道逃散的趋向，就不必劳烦武力。趣：同“趋”。 ⑫语出《系辞下》：“能说诸心，能研诸侯之虑。”由于爻变能够预告吉凶，故能使万物欣悦，使诸侯更加精研其思虑。⑬睽(kuí)：违背。 ⑭这句话的意思是：修身则远方之人归附，就像宫商之声互相应和，位处卑下但完善自身，同样可以得到在高位者屈尊下访，亲近在高位者、认可位处卑下者的人得以归服。参见《系辞上》：“君子居其室，出其言善，则千里之外应之，况其迩者乎？” ⑮参见《系辞下》：“八卦以象告，爻、彖以情言。刚柔杂居，而吉凶可见矣。变动以利言，吉凶以情迁。是故爱恶相攻而吉凶生，远近相取而悔吝生，情伪相感而利害生。” ⑯拟议：比拟，指爻变对自然万物的模拟与象征。参见《系辞上》：“拟之而后言，议之而后动，拟议以成其变化。” ⑰参见《系辞下》：“动而不括，是以出而有获，语成器而动者也。” ⑱这句话的意思是：易道生成，但万物不知道易道为世间主宰。易道变化而天下归从，可以看出易道的实际情形。参见《系辞上》：“鼓之舞之以尽神。”《系辞下》：“圣人之情见乎辞。” ⑲语出《系辞上》：“范围天地之化而不过，曲成万物而不遗，通乎昼夜之道而知，故神无方而易无体，一阴一阳之谓道。……非天下之至变，其孰能与于此。”范围：效法。曲成：曲折地成就。与：比得上。 ⑳参见《明卦适变通爻》：“夫‘卦’者，时也；‘爻’者，适时之变者也。”

明卦适变通爻

夫"卦"者，时也；"爻"者，适时之变者也。

夫时有否泰，故用有行藏；卦有小大，故辞有险易[1]。一时之制[2]，可反而用也；一时之吉，可反而凶也。故卦以反对[3]，而爻亦皆变。是故用无常道，事无轨度[4]，动静屈伸，唯变所适[5]。故名其卦，则吉凶从其类；存其时[6]，则动静应其用。寻名以观其吉凶，举时以观其动静，则一体之变，由斯见矣。夫应者，同志之象也；位者[7]，爻所处之象也。承、乘者，逆、顺之象也；远、近者，险、易之象也；内、外者，出、处之象也；初、上者，始、终之象也[8]。是故虽远而可以动者，得其应也；虽险而可以处者，得其时也。弱而不惧于敌者，得所据也[9]；忧而不惧于乱者，得所附也；柔而不忧于断者[10]，得所御也[11]。虽后而敢为之先者，应其始也；物竞而独安静者[12]，要其终也[13]。故观变动者，存乎应；察安危者，存乎位；辩逆、顺者，存乎承、乘；明出、处者，存乎外、内。

远近终始，各存其会；辟险尚远，趣时贵近[14]。比、复好先，乾、壮恶首；明夷务闇，丰尚光大[15]。吉凶有时，不可犯也；动静有适[16]，不可过也。犯时之忌，罪不在大；失其所适，过不在深[17]。动天下、灭君主而不可危也，侮妻子、用颜色而不可易也[18]。故当其列贵贱之时，其位不可犯也；遇其忧悔吝之时，其介不可慢也[19]。观爻思变，变斯尽矣[20]。

[注释]①这句话的意思是：时机有闭塞、亨通之分，闭塞时隐藏，亨通时行用；卦有大、小之分，其辞也有险难、平易之别。参见《系辞上》："齐小大者存乎卦，辩吉凶者存乎辞，忧悔吝者存乎介，震无咎者存乎悔。是故卦有小大。辞有险易。"否：闭塞，否闭，《周易》有否卦，其辞险。泰：通，《周易》有泰卦，其辞易。　②制：止。　③反对：谓卦象相反成对，如泰卦与否卦。④轨度：规范法度。　⑤适：往。　⑥应：六十四卦上下两个单卦各分内、中、外，内为第一爻，中为第二爻，外为第三爻，上、下卦之间的内、中、外各相对。相对的若阴阳相反称"应"，志趣相投，故称"同志之象"；若阴阳相同称"敌"；"相得"指相契合。上述术语在王弼注中多见，以下不一一说明。　⑦位：爻位，初爻、三爻、五爻所在为阳位，二爻、四爻、六爻所在为阴位。　⑧这句话的意思是："承（在下承上）"、"乘（在上乘下）"与顺、逆有关，阴承阳、阳乘阴为顺，阳承阴、阴乘阳为逆；远离险难为易，近于险难为险。"内"即内卦、下卦，下面的单卦，表示安静居处；"外"即外卦、上卦，上面的单卦，表示向外出动。初爻即由下而上第一爻，为始端；上爻即由下而上第六爻，为终点。　⑨据：凭依。　⑩断：决断。　⑪御：驾御。　⑫竞：争胜。　⑬要：探求。　⑭这句话的意思是：远近与终始，都有相聚的时机；避开险难，崇尚远离险难，趋向时机则贵在相近。辟：同"避"。趣：同"趋"。　⑮这句话的意思是：比卦、复卦的开端（初爻）有利，乾卦、壮卦的终点（上爻）不利，明夷卦倾向于暗昧，丰卦则倾向于正大明亮。闇：同"暗"。参见比、复、乾、壮、明夷、丰诸卦的卦爻辞与王弼注。　⑯适：节制。　⑰这句话的意思是：如若触犯适当的时机，不管过错的大小，均有凶险。　⑱这句话的意思是：撼动天下、弑杀君主这样的大错不要过分恐惧，轻慢妻子儿女、不给家人好脸色这样的小错也不能过分轻视。　⑲这句话的意思是：尊卑贵贱如果确定，就不能触犯；遇到忧愁悔恨，再细微的事情也不能怠慢。介：纤小。　⑳变斯尽：变化尽在其中。

明　象

夫"象"者①，出意者也②。"言"者③，明象者也。尽意莫若象，尽象莫若言。言生于象，故可寻言以观象；象生于意，故可寻象以观意。意以象尽，象以言著④。故言者所以明象，得象而忘言；象者所以存意，得意而忘象。犹蹄者所以在兔，得兔而忘蹄；筌者所以在鱼，得鱼而忘筌也⑤。然则言者，象之蹄也；象者，意之筌也。是故存言者，非得象者也；存象者，非得意者也。象生于意而存象焉，则所存者乃非其象也；言生于象而存言焉，则所存者乃非其言也⑥。然则忘象者，乃得意者也；忘言者，乃得象者也。得意在忘象，得象在忘言。故立象以尽意，而象可忘也；重画以尽情⑦，而画可忘也。

是故触类可为其象，合义可为其征⑧。义苟在健，何必马乎？类苟在顺，何必牛乎？爻苟合顺，何必坤乃为牛？义苟应健，何必乾乃为马⑨？而或者定马于乾⑩，案文责卦⑪，有马无乾，则伪说滋漫⑫，难可纪矣⑬。互体不足⑭，遂及卦变⑮；变又不足，推致五行⑯。一失其原，巧愈弥甚，纵复或值，而义无所取，盖存象忘意之由也⑰。忘象以求其意，义斯见矣⑱。

[注释]①象：具有象征意义的形象，指卦象、爻象等。参见《系辞上》："圣人有以见天下之赜，而拟诸其形容。象其物宜，是故谓之'象'。" ②意：意义。如艮卦之义为"止"，震卦之义为"动"，兑卦之义为"说(悦)"，诸如此类，在《周易》中得到普遍贯彻。 ③言：语言文字，指卦辞、爻辞等。 ④参见《系辞上》："子曰：书不尽言，言不尽意。然则圣人之意，其不可见乎？子曰：圣人立象以尽意，设卦以尽情伪。系辞焉，以尽其言。"著：显明。 ⑤语出《庄子·外物》："荃者，所以在鱼，得鱼而忘荃；蹄者，所以在兔，得兔而忘蹄；言者，所以在意，得意而忘言。吾安得夫忘言之人而与之言哉！"谓得到想要的事物之后，便可以忘掉获得此事物的工具或凭借。蹄：兔网，补兔的工

具。筌:同“荃”,捕鱼的竹器。　⑥以上两句的意思是:保存言、象分别是获得象、意的途径。如果保存了言、象,而不是最终忘却放下,那么就不算真正得到象、意。　⑦参见《系辞上》:“圣人立象以尽意,设卦以尽情伪。”重:叠。画:画卦,指画六十四卦。情:真实,与“伪”相对。　⑧这句话的意思是:综合各类事物可以呈现其象,综合各种意义可以作为其验证。征:验证。　⑨以上数句的意思是:如果意义在于刚健(如乾卦),何必一定要以马来比附?如果意义在于柔顺(如坤卦),何必一定要以牛来比附?王弼反对拘泥于以某事物作为某卦之象。　⑩或:通“惑”。　⑪案:依据。责:求。　⑫滋漫:滋生蔓延。　⑬难可纪:难以把握要领。　⑭互体:又称“互卦”,是汉代易学的一种解卦方法,指上、下两个单卦相互交错取象而成之新卦。如观卦为为坤下巽上,取其二至四爻则为艮,三至五爻则为坤。　⑮卦变:指因爻变而引起卦象的变化。　⑯推致五行:用金、木、水、火、土五行表示并解释卦象。　⑰这句话的意思是:如果失去本来的意旨,巧伪便会更加严重,即便偶有合宜,意义也没什么可取的,这都是“存象忘意”导致的。值:恰当。　⑱义斯见:意义由此可见。

辩　　位

案《象》无初、上得位失位之文①。又《系辞》但论三五、二四同功异位,亦不及初、上,何乎②?唯《乾·上九·文言》云③,贵而无位④;《需·上六》云,虽不当位⑤。若以上为阴位邪?则《需·上六》不得云不当位也。若以上为阳位邪?则《乾·上九》不得云贵而无位也。阴阳处之,皆云非位,而初亦不说当位、失位也。然则初、上者是事之终始,无阴阳定位也⑥。故《乾·初》谓之“潜”,《过·五》谓之“无位”。未有处其位而云“潜”,上有位而云“无”者也⑦。历观众卦,尽亦如之⑧。初、上无阴阳定位,亦以明矣。

夫“位”者，列贵贱之地⑨，待才用之宅也⑩。“爻”者，守位分之任⑪，应贵贱之序者也。位有尊卑，爻有阴阳。“尊”者，阳之所处；“卑”者，阴之所履也。故以尊为阳位，卑为阴位。去初、上而论位分，则三、五各在一卦之上，亦何得不谓之阳位？二、四各在一卦之下，亦何得不谓之阴位？初、上者，体之终始，事之先后也，故位无常分，事无常所，非可以阴阳定也。尊卑有常序，终始无常主。故《系辞》但论四爻功位之通例，而不及初、上之定位也。然事不可无终始，卦不可无六爻。初、上虽无阴阳本位，是终始之地也。统而论之，爻之所处则谓之“位”。卦以六爻为成，则不得不谓之“六位时成”也⑫。

[注释]①这句话的意思是：在象辞中并没有关于初爻（第一爻）、上爻（第六爻）得位或失位的记载。《象》：即“象辞”，又称“象传”，分上、下篇，《易传》“十翼”中的两篇，解释六十四卦各卦卦象及各爻爻象的文字。得位：又称“当位”，指阳爻居于阳位，阴爻居于阴位，反之则为“失位”或“不当位”。②参见《系辞下》：“二与四，同功而异位。其善不同，二多誉，四多惧，近也。柔之为道，不利远者；其要无咎，其用柔中也。三与五，同功而异位，三多凶，五多功，贵贱之等也。”《系辞》：分上下篇，《易传》“十翼”中的两篇，阐释《易经》的基本意义、原理、功用、起源及筮法等。此外，卦辞或爻辞亦可称“系辞”。③文言：为文饰乾、坤两卦之言，《易传》“十翼”之一，解说乾、坤两卦的象征意义。④贵而无位：乾卦上九为阳爻，虽然尊贵，但因居于阴位而失位。参见《乾·文言》：“子曰：‘贵而无位，高而无民。’”⑤虽不当位：谓需卦上六不属于君位。参见《需·上六·象》：“‘不速之客来，敬之，终吉’，虽不当位，未大失也。”《需·上六》王弼注：“处无位之地，以一阴而为三阳之主。”⑥以上数句的意思是：乾卦上九、需卦上六都说不当位，如果上爻为阴位，那么需卦上六应该是当位的；如果上爻为阳位，那么乾卦上九应该是当位的。

初爻、上爻是起点和终点，并没有固定的阴阳定位。⑦这句话的意思是：没有在该爻位上却说是“潜”、“无”的，借以说明初爻也没有固定的阴阳之分。⑧尽亦如之：也一概如此。⑨列贵贱之地：语出《系辞上》：“是故列贵贱者，存乎位。”⑩待才用之宅：等待有才能者的处所。⑪位分：职位权限。⑫六位时成：语出《乾·彖》：“大明终始，六位时成，时乘六龙以御天。”

略例下

凡体具四德者①，则转以胜者为先②，故曰“元亨，利贞”也。其有先“贞”而后“亨”者，“亨”由于“贞”也③。凡阴阳者，相求之物也。近而不相得者，志各有所存也④。故凡阴阳二爻，率相比而无应⑤，则近而不相得；有应，则虽远而相得。然时有险易，卦有小大。同救以相亲，同辟以相疏⑥。故或有违斯例者也，然存时以考之，义可得也⑦。

凡《彖》者，统论一卦之体者也。《象》者，各辩一爻之义者也。故《履卦·六三》，为兑之主，以应于乾，成卦之体，在斯一爻，故《彖》叙其应，虽危而亨也⑧。《象》则各言六爻之义，明其吉凶之行。去六三成卦之体，而指说一爻之德⑨，故危不获亨而见咥也⑩。讼之九二⑪，亦同斯义⑫。

凡《彖》者，通论一卦之体者也。一卦之体必由一爻为主，则指明一爻之美以统一卦之义，大有之类是也。卦体不由乎一爻，则全以二体之义明之，丰卦之类是也⑬。

凡言“无咎”者⑭，本皆有咎者也，防得其道⑮，故得“无咎”也。“吉，无咎”者，本亦有咎，由吉故得免也。“无咎，吉”者，先免于咎，而后吉从之也。或亦处得其时，吉不待功，不犯于咎，则获吉也。或有罪自己招⑯，无所怨咎，亦曰“无咎”。故《节·六三》曰：“不节若，则嗟若，无咎。”《象》曰：“不节之嗟，又谁咎也？”此之谓矣。

[注释]①体：卦体。六十四卦每卦由八卦重叠构成，即所谓“重卦”，如乾卦由上乾卦与下乾卦构成。下面的单卦，称为“下体”、“下卦”或“内卦”，上面的称为“上体”、“上卦”或“外卦”。四德：指“元”、“亨”、“利”、“贞”。参见乾卦卦辞：“乾：元亨，利贞。”　②转：更加。　③参见离卦卦辞王弼注：“离之为卦，以柔为正，故必贞而后乃亨，故曰‘利贞，亨’也。”由：从。　④参见《比·六三》王弼注：“四自外比，二为五贞，近不相得，远则无应。所与比者皆非己亲，故曰‘比之匪人’。”　⑤相比而无应：相邻近却不相“应”。在阴阳相反的情况下，分别处于初爻与四爻、二爻与五爻、三爻与上爻才算是相“应”。⑥这句话的意思是：相互救援则可以亲近，相互躲避则会疏远。　⑦这句话的意思是：因此，间或有违背“凡阴阳者，相求之物也”这一通例者。从“时”的角度看，仍可以把握其意义。　⑧履卦的六三为下体兑卦的最上爻，与上体乾卦的上九相“应”，虽然凶险但最终亨通。参见履卦彖辞：“说而应乎乾，是以‘履虎尾，不咥人，亨’。”　⑨指说：解说。参见《履·六三》：“眇能视，跛能履。履虎尾，咥人，凶。武人为于大君。”王弼注：“以此履危，见咥者也。”⑩见咥(dié)：被虎咬。　⑪参见《讼·彖》：“‘讼，有孚，窒惕，中吉’，刚来而得中也。”《讼·九二》：“不克讼，归而逋。其邑人三百户，无眚。”　⑫亦同斯义：谓讼卦九二的情形也同于履卦六三，即彖辞与象辞的说法未必全然吻合。⑬以上两句的意思是：通过一爻的爻位可知整个卦的意义，像大有卦之类；若不能通过爻位判断，则需要通过上下卦的关系来考察，像丰卦之类。　⑭咎：《周易》常见术语，即祸害。　⑮防得其道：防范得法。　⑯罪自己招：罪过由自己招致。

卦　略

䷂屯。此一卦，皆阴爻求阳也。屯难之世，弱者不能自济，必依于强，民思其主之时也。故阴爻皆先求阳，不召自往；马虽“班如”，而犹不废；不得其主，无所冯也。初体阳爻，处首居下，应民所求，合其所望，故“大得民”也[1]。

䷃蒙。此一卦，阴爻亦先求阳。夫阴昧而阳明，阴困童蒙，阳能发之[2]。凡不识者求问识者，识者不求所告；暗者求明，明者不咨于暗[3]。故“童蒙求我”，“匪我求童蒙”也[4]。故六三先唱，则犯于为女；四远于阳，则“困蒙，吝”；初比于阳，则“发蒙”也[5]。

䷉履。《杂卦》曰[6]：“履，不处也。”又曰：“‘履’者，礼也。”[7]谦以制礼，阳处阴位，谦也。故此一卦，皆以阳处阴为美也。

䷒临。此刚长之卦也[8]。刚胜则柔危矣，柔有其德，乃得免咎。故此一卦，阴爻虽美，莫过无咎也。

䷓“观”之为义，以所见为美者也。故以近尊为尚，远之为吝[9]。

䷛“大过”者，栋桡之世也[10]。本末皆弱，栋已桡矣，而守其常，则是危而弗扶，凶之道也。以阳居阴，拯弱之义也[11]，故阳爻皆以居阴位为美。济衰救危，唯在同好，则所赡褊矣[12]。故九四有应，则“有它，吝”；九二无应，则“无不利”也[13]。

䷠遯。小人浸长。难在于内，亨在于外，与临卦相对者也。临，刚长则柔危；遯，柔长故刚遯也[14]。

䷡大壮。未有违谦越礼能全其壮者也，故阳爻皆以处阴位为美。用壮处谦，壮乃全也；用壮处壮，则触藩矣[15]。

䷣明夷。为暗之主，在于上六。初最远之，故曰“君子于行”。五最近之而难不能溺，故谓之“箕子之贞，明不可息也”。三处明极而征至暗，故曰“南狩获其大首”也[16]。

䷥“睽”者，睽而通也。于两卦之极观之，义最见矣。极睽而合，极异而通，故先见怪焉，洽乃疑亡也[17]。

䷶丰。此一卦明以动之卦也。尚于光显，宣扬发畅者也。故爻皆以居阳位又不应阴为美，其统在于恶暗而已矣。小暗谓之“沛”，大暗谓之“蔀”。暗甚则明尽，未尽则明昧。明尽则斗星见，明微故见昧。无明则无与乎世，见昧则不可以大事。折其右肱，虽左肱在，岂足用乎？日中之盛，而见昧而已，岂足任乎[18]？

[注释]①以上数句论述屯卦。屯卦为阴阳相交之始，否闭不通，故表现出险难。阴爻向上追求阳爻，正如弱者要依附强者，百姓要归附君主。屯难：险难。济：救。班如：徘徊状，语出六二爻辞“乘马班如”。冯：通“凭”。初体阳爻：屯卦初爻为阳爻。大得民：语出初九象辞。　②发：明。　③本句又见于《蒙·象》王弼注。　④语出蒙卦卦辞。　⑤参见《蒙·六三》：“勿用取女，见金夫，不有躬，无攸利。”初六：“发蒙，利用刑人，用说桎梏，以往吝。”六三与阳爻九二相邻。六四：“困蒙，吝。”　⑥《杂卦》：《易传》“十翼”之一，将六十四卦重新分成三十二组，两两对举，阐释卦旨。　⑦“‘履’者，礼也”的表述见于韩康伯注等处。　⑧刚长：阳刚滋长。　⑨吝：义近于“悔”，《周易》常见术语。　⑩栋桡(náo)：栋梁弯曲。参见大过卦卦辞：“栋挠，利有攸往，亨。”　⑪拯：救。　⑫赡褊：周济弱者。褊(biǎn)：狭小。　⑬参见《大过·九四》：“栋隆，吉。有它，吝。”九二爻辞：“枯杨生稊，老夫得其女妻，无不利。”　⑭以上数句讨论遯卦。“小人浸长”参见遯卦彖辞：“浸而长也。”王弼注：“阴道欲浸而长，”“小人”即指初六、六二两阴爻。遯卦内卦阴盛，故凶险，外卦阳盛阴

衰，故亨通，恰与临卦相反。遯：同“遁”，隐，逃。　⑮触藩：以角抵撞藩篱。参见大壮卦九三爻辞：“羝羊触藩，羸其角。”　⑯以上数句讨论明夷卦，“明夷”表示暗晦。参见《明夷・初九》：“君子于行，三日不食。”六五象辞：“‘箕子’之‘贞’，明不可息也。”九三爻辞：“明夷于南狩，得其大首，不可疾贞。”⑰洽乃疑亡：参见《睽・上九》王弼注：“阴阳既和，群疑亡也。”洽：和。疑：指奇怪的幻象。　⑱以上数句讨论丰卦。丰卦震上离下，震卦之义为“动”，离卦之义为“明”，故称“明以动”。参见《丰・六二》：“丰其蔀，日中见斗。往得疑疾，有孚发若，吉。”九三爻辞：“丰其沛，日中见沫。折其右肱，无咎。”沛：王弼解释作“幡幔”，指帐幕。蔀(bù)：搭棚用的席。斗星：北斗。肱(gōng)：胳膊由肘到肩的部分。

周易注

上经

乾

☰乾下乾上。乾：元亨，利贞。

初九：潜龙，勿用。《文言》备矣①。

九二：见龙在田，利见大人。出潜离隐，故曰“见龙”。处于地上，故曰“在田”。德施周普，居中不偏，虽非君位，君之德也。初则不彰，三则“乾乾”，四则“或跃”，上则过亢。“利见大人”，唯二、五焉②。

九三：君子终日乾乾，夕惕若。厉，无咎。处下体之极，居上体之下，在不中之位，履重刚之险。上不在天，未可以安其尊也；下不在田，未可以宁其居也③。纯修下道，则居上之德废；纯修上道，则处下之礼旷④。故“终日乾乾”，至于夕惕犹若厉也⑤。居上不骄，在下不忧，因时而惕，不失其几⑥，虽危而劳，可以“无咎”。处下卦之极，愈于上九之亢，故竭知力而后免于咎也⑦。乾三以处下卦之上，故免“亢龙”之悔；坤三以处下卦之上，故免“龙战”之灾⑧。

九四：或跃在渊，无咎。去下体之极，居上体之下，乾道革之时也⑨。上不在天，下不在田，中不在人⑩。履重刚之险，而无定位所处，斯诚进退无常之时也。近乎尊位⑪，欲进其道，迫乎在下⑫，非跃所及。欲静其居，居非所安，持疑犹豫⑬，未敢决志。用心存公，进不在私，疑以为虑，不谬于果⑭，故“无咎”也。

九五：飞龙在天，利见大人。不行不跃，而在乎天，非飞而何？故曰“飞龙”也。龙德在天，则大人之路亨也⑮。夫位以德兴，德以位叙⑯，以至德而处盛位，万物之睹，不亦宜乎！

上九：亢龙，有悔。

用九：见群龙无首，吉。九，天之德也。能用天德，乃见群龙之义焉。夫以刚健而居人之首，则物之所不与也；以柔顺而为不正，则佞邪之道也。故乾吉在“无首”，坤利在“永贞”⑰。

[注释]①《文言》：指下文的《乾·文言》。备：齐备，指《乾·文言》中有详细说明。 ②以上两句概述乾卦六爻的情况。初九“潜龙，勿用”，为潜隐的状态，所以称“初则不彰”。“三则‘乾乾’，四则‘或跃’，上则过亢”，分别对应九三“君子终日乾乾”、九四“或跃在渊”、上九“亢龙”。九二“见龙在田”、九五“飞龙在天”均为“利见大人”，故称“唯二、五焉”。亢：高。大人：《周易》常见术语，相当于后世占卜书中的“贵人”，与“君子”也相近，指有地位且有道德的人。 ③以上两句在讲九三爻的位置。九三爻居下体最上一爻，所以说“处下体之极，居上体之下”。“上体”、“下体”各自的中间一爻，即二爻与五爻，称为“中”。九三并非“中”，故称“在不中之位”。九三爻以下二爻均为阳爻，“阳”即“刚”，所以称“履重刚之险”。初、二爻为地，三、四爻为人，五、六爻为天，所以说“上不在天”、“下不在田”，并不安定。 ④这句话的意思是：九三爻处于下体最上，又居下体之下，因而需要综合考虑上下的位置，按其位践行德与礼。旷：荒废。 ⑤这句话的意思是：因此整日自强不息，到日落仍然

戒惧，如有危险。厉：《周易》常见术语，指凶险。乾乾：自强不息。　⑥不失其几：哪怕极细微的事物也不懈怠。　⑦这句话的意思是：九三爻处于下体最上，但毕竟在下体之下，胜过上九爻过“亢”的危险。　⑧这句话的意思是：坤卦的六三爻跟乾卦的九三爻一样，处于下体之极、上体之下，所以可以避免坤卦上六爻“龙战于野”之祸。　⑨革：变，指由下体变至上体。　⑩这句话的意思是：九四爻不归属天、地、人任何一方，故下文称“无定位所处”。九四爻居于三、四爻，属于人。据孔颖达疏：“三与四为人道，人近在下不，近于上，故九四云‘中不在人’，异于九三也。”　⑪尊位：指九五爻的位置。　⑫迫：接近。　⑬持疑犹豫：爻辞的“或”，别本作“惑”，王弼的理解即从“惑”的版本。参见《乾卦·文言》：“‘或’之者，疑之也”。　⑭谬：误。果：果决。　⑮亨：《周易》常见术语，即“通”。　⑯德以位叙：德性需要靠九五之位发挥，德性与尊位互为凭借。　⑰以上两句的意思是：像乾卦那般刚健而居人之先，那么万物便不会归顺；像坤卦那样柔顺而不行正道，则会坠入邪道。无首：不为先，参见《比·上六》王弼注：“无首，后也。”另见《老子》第二十八章王弼注：“知为天下之先者必后也，是以‘圣人后其身而身先’也。溪不求物，而物自归之。”贞：正。“贞”作为《周易》的常见术语，常理解作卜问。

《彖》曰：大哉乾元！万物资始，乃统天。云行雨施，品物流形。大明终始，六位时成，时乘六龙以御天。乾道变化，各正性命。天也者，形之名也。“健”也者[①]，用形者也。夫形也者，物之累也[②]。有天之形而能永保无亏，为物之首，统之者岂非至健哉！大明乎终始之道[③]，故六位不失其时而成[④]，升降无常，随时而用[⑤]。处则乘潜龙，出则乘飞龙，故曰“时乘六龙”也[⑥]。乘变化而御大器[⑦]，静专动直[⑧]，不失大和[⑨]，岂非正性命之情者邪？保合大和，乃利贞。不和而刚暴。首出庶物，万国咸宁。万国所以宁，各以有君也[⑩]。

[注释]①健：马王堆帛书本《周易》“乾”作“键”，即“健”。　②参见《老

子》第三十八章王弼注："舍其母而用其子，弃其本而适其末，名则有所分，形则有所止。虽极其大，必有不周；虽盛其美，必有患忧。" ③大明：清楚，但彖辞的"大明"当指日月。终始之道：指从初九至上九由始而终的变化过程。④六位：指六爻之位。 ⑤随时而用：指六爻随其时而形成并随其时而发挥作用。 ⑥六龙：比喻乾卦的六阳爻。天子驾六，"六龙"又比喻天子的御辇。⑦乘：用。御：驾御。大器：指天。 ⑧静专动直：参见《系辞上》："夫乾，其静也专，其动也直，是以大生焉。"专：专一。直：刚直。 ⑨大和：即不刚暴，和顺。 ⑩君：即彖辞所谓"首"。

《象》曰：天行健，君子以自强不息。"潜龙勿用"，阳在下也。"见龙在田"，德施普也。"终日乾乾"，反复道也。以上言之则不骄，以下言之则不忧，反覆皆道也①。"或跃在渊"，进无咎也。"飞龙在天"，大人造也。"亢龙有悔"，盈不可久也。"用九"，天德不可为首也。

[注释]①反覆皆道：指九三"处下体之极，居上体之下，在不中之位"，反复皆合于道。

《文言》曰："元"者，善之长也。"亨"者，嘉之会也。"利"者，义之和也。"贞"者，事之干也。君子体仁足以长人，嘉会足以合礼，利物足以和义，贞固足以干事。君子行此四德者，故曰："乾，元、亨、利、贞。"

初九曰："潜龙勿用。"何谓也？子曰："龙德而隐者也。不易乎世，不为世俗所移易也。不成乎名，遯世无闷，不见是而无闷。乐则行之，忧则违之，确乎其不可拔，潜龙也。"

九二曰："见龙在田，利见大人。"何谓也？子曰："龙德而正中者也。庸言之信,庸行之谨,闲邪存其诚,善世而不伐,德博而化。《易》曰:'见龙在田,利见大人。'君德也。"

九三曰:"君子终日乾乾,夕惕若。厉,无咎。"何谓也?子曰:"君子进德修业。忠信,所以进德也。修辞立其诚,所以居业也。知至至之,可与几也;知终终之,可与存义也。处一体之极,是"至"也。居一卦之尽,是"终"也。处事之至而不犯咎,"知至"者也,故可与成务矣①。处终而能全其终,"知终"者也。夫进物之速者,义不若利;存物之终者,利不及义②。故"靡不有初,鲜克有终"③。夫可与存义者,其唯知终者乎!是故居上位而不骄,在下位而不忧。居下体之上,在上体之下,明夫终敝④,故不骄也;知夫至至,故不忧也。故乾乾因其时而惕,虽危无咎矣。""惕",怵惕之谓也⑤。处事之极,失时则废,懈怠则旷,故"因其时而惕,虽危无咎"。

九四曰:"或跃在渊,无咎。"何谓也?子曰:"上下无常,非为邪也;进退无恒,非离群也。君子进德修业,欲及时也,故'无咎'。"

九五曰:"飞龙在天,利见大人。"何谓也?子曰:"同声相应,同气相求。水流湿,火就燥,云从龙,风从虎,圣人作而万物睹。本乎天者亲上,本乎地者亲下,则各从其类也。"

上九曰:"亢龙有悔。"何谓也?子曰:"贵而无位,高而无民。下无阴也⑥。贤人在下位而无辅,贤人虽在下而当位,不为之助⑦。是以动而有悔也。"处上卦之极而不当位,故尽陈其阙也⑧。独立而动,物莫之与矣。《乾·文言》首不论"乾",

而先说“元”，下乃曰“乾”，何也？夫“乾”者，统行四事者也⑨。君子以自强不息行此四者，故首不论“乾”，而下曰：“乾，元亨利贞。”余爻皆说龙，至于九三独以君子为目，何也？夫“易”者，象也。象之所生，生于义也。有斯义，然后明之以其物，故以“龙”叙乾，以“马”明坤，随其事义而取象焉。是故初九、九二龙德皆应其义，故可论龙以明之也。至于九三“乾乾夕惕”，非龙德也，明以君子当其象矣。统而举之，乾体皆龙；别而叙之，各随其义⑩。

“潜龙勿用”，下也。“见龙在田”，时舍也。“终日乾乾”，行事也。“或跃在渊”，自试也。“飞龙在天”，上治也。“亢龙有悔”，穷之灾也。乾元“用九”，天下治也。此一章全以人事明之也。“九”，阳也。“阳”，刚直之物也。夫能全用刚直，放远善柔⑪，非天下治，未之能也。故乾元“用九”，则天下治也。夫识物之动，则其所以然之理皆可知也。龙之为德，不为妄者也。潜而勿用，何乎？必穷处于下也。见而在田，必以时之通舍也⑫。以爻为人，以位为时，人不妄动，则时皆可知也。文王明夷，则主可知矣；仲尼旅人，则国可知矣⑬。

“潜龙勿用”，阳气潜藏。“见龙在田”，天下文明。“终日乾乾”，与时偕行。与天时俱不息。“或跃在渊”，乾道乃革。“飞龙在天”，乃位乎天德。“亢龙有悔”，与时偕极。与时运俱终极。乾元“用九”，乃见天则。此一章全说天气以明之也⑭。“九”，刚直之物，唯乾体能用之。用纯刚以观天，天则可见矣⑮。

“乾元”者，始而亨者也。“利贞”者，性情也。不为乾元，何能通物之始？不性其情⑯，何能久行其正？是故始而亨者，必乾元也；利而正者，必性情也。乾始能以美利利天下，不言所利，大矣哉！大哉乾乎！刚健中正，纯粹精也。六爻发挥，旁通情也。“时乘六龙”，以“御天”也。“云行雨施”，天下平也。

君子以成德为行，日可见之行也。“潜”之为言也，隐而未见，行而未成，是以君子弗用也。君子学以聚之，问以辩之，以君德而处下体，资纳于物者也⑰。宽以居之，仁以行之。《易》曰：“见龙在田，利见大人。”君德也。

九三重刚而不中，上不在天，下不在田。故乾乾因其时而惕，虽危无咎矣。

九四重刚而不中，上不在天，下不在田，中不在人，故“或”之。“或”之者，疑之也，故“无咎”。

夫“大人”者，与天地合其德，与日月合其明，与四时合其序，与鬼神合其吉凶。先天而天弗违，后天而奉天时。天且弗违，而况于人乎？况于鬼神乎？

“亢”之为言也，知进而不知退，知存而不知亡，知得而不知丧。其唯圣人乎！知进退存亡，而不失其正者，其唯圣人乎！

[注释]①务：事。“可与成务”解释“可与几”，参见《系辞上》：“夫《易》，圣人之所以极深而研几也。……唯几也，故能成天下之务。”“几”指细微。②这句话的意思是：若要快速促进事物的发展，用义不如用利；要想事物善始善终，则用利不如用义。　③语出《诗经·大雅·荡》。　④敝：尽。　⑤怵惕：戒惧。　⑥下无阴：指上九之下没有阴爻，均为阳爻。　⑦不为之助：不予以辅助。以上九之下的五爻比喻贤人，不辅助上九。五爻属于阳位（初、三、五为阳位），乾卦的五爻为阳爻，故称“当位”。而上爻为阴位（二、四、上为阴位），乾卦的上爻为阳爻，故不“当位”。　⑧陈：显现。阙：空缺。　⑨四事：指“元”、“亨”、“利”、“贞”。　⑩各随其义：王弼强调象生于义，对爻辞的解释也要依据义，反对汉代易学象数家将卦象与固定事物相比附。参见王弼

《周易略例·明象》:“是故触类可为其象,合义可为其征。义苟在健,何必马乎?类苟在顺,何必牛乎?爻苟合顺,何必坤乃为牛?义苟应健,何必乾乃为马?” ⑪放远:放逐。善柔:阿谀奉承之人。 ⑫通舍:通行与舍止。 ⑬这句话的意思是:连周文王这样的人都蒙受大难,那么当时的君主(纣王)是什么样的人也就知道了;像孔子这样的人都要奔波不宁,那么鲁国是什么样也就知道了。以文王、孔子的例子说明龙的潜隐与显现均需要一定时机。明夷:六十四卦之一,后人以“明夷”比喻受难的贤人。参见《明夷·彖》:“内文明而外柔顺,以蒙大难,文王以之。” ⑭天气:气候。“阳气潜藏”、“天下文明”、“与时偕行”、“乾道乃革”等均为气候的变化。 ⑮天则:天道。 ⑯不性其情:不以性约束情。参见王弼《论语释疑》:“不性其情,焉能久行其正?此是情之正也。” ⑰资纳:接受。谓君子好于学问,有所凭借。

坤

☷坤下坤上。坤:元亨,利牝马之贞。坤贞之所利,利于牝马也①。马,在下而行者也,而又牝焉,顺之至也②。至顺而后乃亨,故唯利于牝马之贞。君子有攸往,先迷后得主,利。西南得朋,东北丧朋,安贞,吉。西南,致养之地③,与坤同道者也④,故曰“得朋”⑤。东北,反西南者也,故曰“丧朋”。阴之为物,必离其党,之于反类,而后获“安贞,吉”⑥。

《彖》曰:至哉坤元!万物资生,乃顺承天。坤厚载物,德合无疆。含弘光大,品物咸亨。牝马地类,行地无疆。地之所以得无疆者,以卑顺行之故也。乾以龙御天,坤以马行地。柔顺利贞,君子攸行。先迷失道,后顺得常。“西南得朋”,乃与类行。“东北丧朋”,乃终有庆。“安贞”之“吉”,应地无疆。地也者,形之名也。坤也者,用地者也。夫两雄必争,二主必危。有地之形,与刚健为耦⑦,而以永保无疆。用之者,不亦至顺乎?若夫行之不以牝马,利之不以永贞⑧,方而又刚,柔而又圆,求安难矣。

《象》曰:地势坤,地形不顺,其势顺⑨。君子以厚德载物。

[注释]①牝马:雌马。②顺:柔顺。纯阳的乾卦义为刚健,坤卦则为纯阴,义为柔顺。③致养:获得养育。参见《周易·说卦》:"坤也者,地也,万物皆致养焉"④与坤同道:西南为坤位、阴地,合乎坤卦属性。⑤朋:指没有血缘关系的同辈。⑥这句话的意思是:阴一类的事物需要离开其朋党,趋向其对立面(阳),才能获得"安贞,吉"。安贞:卜问安定。⑦耦:同"偶"。"与刚健为耦"强调柔顺与刚健需要相配合,刚柔相济,否则"方而又刚"、"柔而又圆",若过刚过柔则有失和谐。⑧永贞:长期贞卜。⑨这句话的意思是:地之形方直,不能说柔顺,但它处于下位,属性仍是柔顺的。帛书本《周易》"坤"作"川","川"为"顺"字所从。

初六:履霜,坚冰至。始于履霜,至于坚冰,所谓"至柔而动也刚"①。阴之为道,本于卑弱而后积著者也②,故取履霜以明其始。阳之为物,非基于始以至于著者也,故以出处明之③,则以初为"潜"。

《象》曰:"履霜,坚冰",阴始凝也。驯致其道,至坚冰也。

六二:直、方、大。不习,无不利。居中得正,极于地质④。任其自然,而物自生;不假修营,而功自成,故"不习"焉,而"无不利"⑤。

《象》曰:六二之动,直以方也。动而直方,任其质也。"不习,无不利",地道光也。

六三:含章,可贞。或从王事,无成有终。三,处下卦之极,而不疑于阳,应斯义者也⑥。不为事始,须唱乃应⑦,待命乃发,含美而可正者也,故曰"含章,可贞"也[8]。有事则从,不敢为首,故曰"或从王事"也。不为事主,顺命而终,故曰"无成有终"也。

《象》曰:"含章,可贞",以时发也。"或从王事",知光大也。知虑光大,故不擅其美。

六四:括囊,无咎无誉。处阴之卦,以阴居阴[9]。履非中位,无直方之质;不造阳事,无含章之美。括结否闭,贤人乃隐;施慎则可,非泰之道[10]。

《象》曰:"括囊,无咎",慎不害也。

六五:黄裳,元吉。"黄",中之色也。"裳",下之饰也[11]。"坤"为臣道,美尽于下。夫体无刚健,而能极物之情,通理者也。以柔顺之德,处于盛位,任夫文理者也[12]。垂黄裳以获"元吉"[13],非用武者也。极阴之盛,不至疑阳,以文在中[14],美之至也。

《象》曰:"黄裳,元吉",文在中也。用黄裳而获元吉,以文在中也。

上六:龙战于野,其血玄黄。阴之为道,卑顺不盈,乃全其美,盛而不已,固阳之地[15],阳所不堪,故"战于野"。

《象》曰:"龙战于野",其道穷也。

用六:利永贞。用六之利,"利永贞"也。

《象》曰:用六"永贞",以大终也。能以"永贞","大终"者也[16]。

[注释]①这句话的意思是:"卑弱"的微霜最终凝结为坚冰,可见至柔之物也可以变得刚强。"至柔而动也刚"见本卦《文言》。 ②积著:因积累而逐渐显明。 ③出处:显现与潜隐。 ④这句话的意思是:六二居于下卦之中,最能体现大地"直、方、大"的特质。 ⑤参见《老子》第五章王弼注:"天地任自然,无为无造。"假:借助。修营:整治经营。不习:占卜术语,意为不连续占卜。 ⑥这句话的意思是:六三居于下卦最上位置,而不为阳为怀疑,因为合

乎柔顺之义。 ⑦参见《老子》第六十八章王弼注:"后而不先,应而不唱。" ⑧章:即地文,与"天文"相对,王弼解释作"美"。 ⑨以阴居阴:指六四为阴爻,又居上卦的下位。 ⑩这句话的意思是:天地闭合,贤人不显现,谨慎行事,但终非通泰之道,故"无咎无誉",即没有灾祸,也不值得夸赞。括、结:均为扎的意思,照应爻辞的"括囊"。否、闭:闭塞。 ⑪参见《左传》昭公十二年:"故曰:'黄裳元吉。'黄,中之色也;裳,下之饰也。"黄色为地之色,在五行方色中为中色。"裳"指下衣。 ⑫文:文德。理:事物的法则。 ⑬垂黄裳:相当于说"垂拱而治",无为而治。元吉:占卜术语,即大吉。 ⑭ 以文在中:谓六五为极阴但不为阳所疑忌,正在于有文德在中。六五居于上卦之中,故称"在中"。 ⑭固:占据。 ⑮大终:以大来终结。

《文言》曰:坤,至柔而动也刚,至静而德方。动之方直,不为邪也。柔而又圆,消之道也[①]。其德至静[②],德必方也[③]。后得主而有常,含万物而化光。坤道其顺乎,承天而时行。积善之家,必有余庆;积不善之家,必有余殃。臣弑其君,子弑其父,非一朝一夕之故,其所由来者渐矣,由辩之不早辩也。

《易》曰:"履霜,坚冰至。"盖言顺也。

"直",其正也。"方",其义也。君子敬以直内,义以方外,敬义立而德不孤。"直、方、大,不习,无不利",则不疑其所行也。

阴虽有美,含之以从王事,弗敢成也。地道也,妻道也,臣道也,地道"无成"而代"有终"也。

天地变化,草木蕃。天地闭,贤人隐。《易》曰:"括囊,无咎无誉。"盖言谨也。

君子黄中通理,正位居体,美在其中而畅于四支,发于事业，美之至也。

阴疑于阳必战。辩之不早，疑盛乃动，故“必战”④。为其嫌于无阳也，为其嫌于非阳而战⑤。故称“龙”焉。犹未离其类也，犹未失其阴类⑥，为阳所灭。故称“血”焉。犹与阳战而相伤，故称“血”。夫“玄黄”者，天地之杂也，天玄而地黄。

[注释]①消：减损，“柔而又圆”指极阴，故称“消之道”。 ②静：古人谓大地静止不动。 ③方：方正。 ④这句话的意思是：阳辨别上六不够早，直到阴臻于极盛，才为阳所疑忌，故不免一战。 ⑤嫌：厌恶。 ⑥未失其阴类：上六处于坤卦最上位，但仍属于阴。

屯

䷂震下坎上。屯：元亨，利贞。刚柔始交①，是以“屯”也。不交则否②，故“屯”乃大亨也③。大亨则无险，故“利贞”。勿用有攸往，往，益屯也。利建侯。得主则定④。

《彖》曰：“屯”，刚柔始交而难生。动乎险中，大亨贞。始于险难，至于大亨而后全正，故曰“屯，元亨，利贞”。雷雨之动，满盈。雷雨之动⑤，乃得“满盈”，皆刚柔始交之所为。天造草昧，宜建侯而不宁。屯体不宁，故“利建侯”也。“屯”者，天地造始之时也。造物之始，始于冥昧⑥，故曰“草昧”也。处造始之时，所宜之善⑦，莫善“建侯”也。

《象》曰：云雷屯，君子以经纶。君子经纶之时⑧。

[注释]①刚柔始交：屯卦在乾卦与坤卦之后，天地、阴阳、刚柔开始得以交会，但天地始交难免遭遇不顺。参见《周易·序卦》：“有天地，然后万物生焉，盈天地之间者唯万物，故受之以《屯》。屯者，盈也。屯者，物之始生也。”“屯”有始生、困难、聚集等意思，在本卦中还与“浑沌”之“沌”相关。 ②否：闭塞。 ③大亨：即“元亨”，大通。阴阳相反(即相“应”)，则会亨通。 ④得

主则定：刚柔交合之初有险难，需要确立“主”才能使万物安定，即下文所说的“屯体不宁，故‘利建侯’也”。“建侯”指封侯，由天地万物的创生引申而出。⑤雷雨之动：屯卦由震卦與坎卦两个单卦构成，震卦为雷，义为动，坎卦为水，义为险，因此称“雷雨之动”，《象》称“云雷屯”。有雷雨之象，酝酿万物生长。⑥冥昧：幽暗蒙昧，指天地未形成时的浑沌状态。　⑦宜：义近于“利”。⑧经纶：治丝，比喻筹划治理国家。

初九：磐桓。利居贞，利建侯。处屯之初，动则难生，不可以进，故“磐桓”也①。处此时也，其利安在？不唯“居贞”、“建侯”乎！夫息乱以静，守静以侯；安民在正，弘正在谦②。屯难之世，阴求于阳，弱求于强，民思其主之时也。初处其首，而又下焉，爻备斯义，宜其“得民”也。

《象》曰：虽“磐桓”，志行正也。不可以进，故“磐桓”也，非为宴安弃成务也③，故“虽磐桓，志行正也”。以贵下贱，大得民也。阳贵而阴贱也。

六二：屯如邅如，乘马班如，匪寇，婚媾。女子贞不字，十年乃字。志在乎五，不从于初④。屯难之时，正道未行，与初相近而不相得，困于侵害，故“屯”、“邅”也⑤。时方屯难，正道未通，涉远而行，难可以进，故曰“乘马班如”也⑥。“寇”，谓初也。无初之难，则与五婚矣，故曰“匪寇，婚媾”也⑦。志在于五，不从于初，故曰“女子贞不字”也⑧。屯难之世，势不过十年者也，十年则反常，反常则本志斯获矣⑨，故曰“十年乃字”。

《象》曰：六二之难，乘刚也。“十年乃字”，反常也。

六三：即鹿无虞，惟入于林中。君子几，不如舍，往吝。三既近五而无寇难，四虽比五⑩，其志在初，不妨己路，可以进而无“屯”、“邅”也。见路之易，不揆其志⑪，五应在二，往必不纳,何异无虞以从禽乎⑫?虽见其禽,而无其虞,徒入于林中,其可获乎?“几”,辞也。夫君子之动,岂取恨辱哉?故不如舍,往吝穷也⑬。

《象》曰:“即鹿无虞”,以从禽也。君子舍之,“往吝”穷也。

六四:乘马班如,求婚媾。往吉,无不利。二虽比初,执贞不从,不害己志者也。求与合好⑭,往必见纳矣,故曰“往吉。无不利”。

《象》曰:“求”而“往”,明也。见彼之情状也。

九五:屯其膏,小贞吉,大贞凶。处屯难之时,居尊位之上,不能恢弘博施,无物不与,拯济微滞,亨于群小,而系应在二,屯难其膏,非能光其施者也⑮。固志同好⑯,不容他间⑰,“小贞”之“吉”,“大贞”之“凶”。

《象》曰:“屯其膏”,施未光也。

上六:乘马班如,泣血涟如。处险难之极,下无应援,进无所适,虽比于五,五屯其膏,不与相得。居不获安,行无所适,穷困闉厄⑱,无所委仰⑲,故“泣血涟如”⑳。

《象》曰:“泣血涟如”,何可长也?

[注释]①磐桓:徘徊。阴阳始交而“难生”,不能顺利进行。 ②弘正在谦:宏大正道在于谦卑。初九爻为阳爻,居于下位,又居阴爻之下,即《象》所说“以贵下贱”。 ③宴安:逸乐。弃成务:舍弃所从事的工作。 ④这句话的意思是:六二与九五相“应”,而不与初九契合。 ⑤屯:屯难,即艰难。邅(zhān):难行不进。 ⑥班如:徘徊状。 ⑦匪寇:并非劫掠。媾(gòu):结亲。 ⑧贞:贞洁。字:许嫁。 ⑨反常:返归于常。本志斯获:实现其“志”,复归正常。 ⑩比:邻近。 ⑪揆:揣度。 ⑫虞:负责山林川泽的虞官,但爻辞中的“虞”应为预料的意思。从禽:追逐禽鸟。 ⑬这句话的意思是:如

果六三去追求九五不被接纳，不如放弃，否则会后悔困穷。往：在卦爻中指由下而上运行，与“来”相对。　⑭求与合好：六四若去追求九五，则会被接纳，不同于六二“执贞不从，不害己志”。　⑮这句话的意思是：九五居于尊位，当广泛施与，但六二与九五相“应”，六二未能享受其恩惠。与：施与。拯济：救济。微：小。滞：阻滞。膏：膏泽，恩惠。光：使周遍。　⑯固志：使志向坚定。同好：指六二。　⑰间：阻隔。　⑱闉（yīn）：阻碍。厄：艰难。　⑲委仰：归附。　⑳涟如：哭泣貌。

蒙

䷃坎下艮上。蒙：亨。匪我求童蒙，童蒙求我。初筮告，再三渎，渎则不告。“筮”者[①]，决疑之物也。童蒙之来求我[②]，欲决所惑也。决之不一，不知所从，则复惑也。故初筮则告，再、三则渎，渎蒙也[③]。能为初筮，其唯二乎？以刚处中[④]，能断夫疑者也。利贞。蒙之所利，乃利正也。夫明莫若圣，昧莫若蒙，蒙以养正，乃圣功也。然则养正以明，失其道矣。[⑤]

《彖》曰：“蒙”，山下有险，险而止，蒙。退则困险，进则阂山，不知所适，“蒙”之义也[⑥]。“蒙，亨”，以亨行，时中也。时之所愿，惟愿亨也。以亨行之，得“时中”也[⑦]。“匪我求童蒙，童蒙求我”，志应也。“我”，谓非童蒙者也。非童蒙者，即“阳”也。凡不识者求问识者，识者不求所告；暗者求明，明者不咨于暗。故“蒙”之为义，“匪我求童蒙，童蒙求我”也。童蒙之来求我，“志应”故也[⑧]。“初筮告”，以刚中也。谓二也，二为众阴之主也[⑨]。无刚失中[⑩]，何由得初筮之告乎？“再三渎，渎则不告”，渎蒙也。蒙以养正，圣功也。

《象》曰：山下出泉，蒙。“山下出泉”，未知所适，蒙之象也。君子以果行育德。“果行”者[⑪]，初筮之义也。“育德”者，养正之功也。

[注释]①筮:即以蓍草占卦,即《周易》的占卜形式,与龟卜不同。占卜的功能是裁断疑惑,故称"决疑之物"。 ②童蒙:幼稚愚昧者。蒙:蒙昧。 ③这句话的意思是:如果初次筮占就告诉他,如果二次、三次反复筮占,则是亵渎,亵渎为蒙昧之举。 ④以刚处中:指九二("其唯二乎"中的"二")处于下卦的中位。阳爻居于二、五爻为"刚得中",阴爻居于二、五爻则为"柔得中"。 ⑤以上数句的意思是:"蒙"有利于"正",圣人最为智慧,而"蒙"又最为愚昧,以"蒙"来培植正道,则为"圣功",若以"明"养"正"则不然。参见《老子》第十五章王弼注:"上德之人,其端兆不可睹,意趣不可见。"《老子》第十八章王弼注:"行术用明,以察奸伪,趣睹形见,物知避之。故智慧出则大伪生也。"《明夷·象》王弼注:"莅众显明,蔽伪百姓者也。故以蒙养正,以明夷莅众。藏明于内,乃得明也;显明于外,巧所辟也。"但这未必合乎象辞"蒙以养正,圣功也"的本义。 ⑥这句话的意思是:蒙卦由坎卦和艮卦构成,坎为水,所以后退为水所困,艮为山,前进为山所限制。阂(hé):阻隔。象辞王弼注"山下出泉,未知所适"所叙近同。⑦时中:合乎时宜,指九二与六五相"应",因而得"亨"。 ⑧志应:意愿得到回应。 ⑨众阴之主:谓九二为下卦中唯一的阳爻,为"刚得中"。另参见六五王弼注:"以夫阴质,居于尊位,不自任察,而委于二。"谓六五居于尊位,为"柔得中",不亲自履行职能,而是委托九二行使权力。 ⑩无刚失中:谓若不存在九二。 ⑪果:果决。

初六:发蒙,利用刑人,用说桎梏,以往吝。处蒙之初,二照其上①,故蒙发也。蒙发疑明②,刑说当也③。"以往吝",刑不可长④。

《象》曰:"利用刑人",以正法也。刑人之道,道所恶也⑤。以正法制,故"刑人"也。

九二:包蒙,吉。纳妇,吉。子克家。以刚居中,童蒙所归,包而不距⑥,则远近咸至⑦,故"包蒙,吉"也。"妇"者,配己而成德者也。体阳而能包蒙，以刚而能居中，以此纳配，物莫不应，故“纳妇，吉”也。处于卦内，以刚接柔，亲而得中，能干其任⑧，施之于子，“克家”之义⑨。

《象》曰：“子克家”，刚柔接也。

六三：勿用取女，见金夫，不有躬，无攸利。童蒙之时，阴求于阳，晦求于明，各求发其昧者也。六三在下卦之上，上九在上卦之上，男女之义也。上不求三，而三求上，女先求男者也。女之为体，正行以待命者也⑩，见刚夫而求之⑪，故曰“不有躬”也⑫。施之于女，行在不顺，故“勿用取女”，而“无攸利”⑬。

《象》曰：“勿用取女”，行不顺也。

六四：困蒙，吝。独远于阳，处两阴之中，暗莫之发⑭，故曰“困蒙”也。困于蒙昧，不能比贤以发其志⑮，亦以鄙矣⑯，故曰“吝”也。

《象》曰：“困蒙”之“吝”，独远实也。阳称“实”也。

六五：童蒙，吉。以夫阴质，居于尊位，不自任察，而委于二。付物以能，不劳聪明，功斯克矣⑰，故曰“童蒙，吉”。

《象》曰：“童蒙”之“吉”，顺以巽也。委物以能，不先不为，“顺以巽”也⑱。

上九：击蒙，不利为寇，利御寇。处蒙之终，以刚居上，能击去童蒙⑲，以发其昧者也，故曰“击蒙”也。童蒙愿发，而己能击去之，合上下之愿，故莫不顺也。为之扞御⑳，则物咸附之；若欲取之，则物咸叛矣。故“不利为寇，利御寇”也。

《象》曰：“利”用“御寇”，上下顺也。

[注释]①二照其上：谓九二光照初六。　②蒙发疑明：蒙昧与疑问得到启发、冰释。　③说：通“脱”，解脱。当：适当。　④刑不可长：刑法不可长

用。 ⑤这句话的意思是：用刑罚惩罚犯罪的人不合乎道。参见《老子》第三十六章王弼注："唯因物之性，不假刑以理物。……刑以利国，则失矣。"第四十九章王弼注："若乃多其法网，烦其刑罚，塞其径路，攻其幽宅，则万物失其自然，百姓丧其手足，鸟乱于上，鱼乱于下。" ⑥包：包容。距：同"拒"。⑦咸：皆。 ⑧干：承担。 ⑨克家：能够成家。 ⑩正行以待命：行为正直，待命而嫁。 ⑪刚夫：阳刚之夫，以此解释"金夫"。 ⑫不有躬：丧失自我。⑬攸：所。 ⑭暗莫之发：谓六四居于两阴爻之间，远离阳爻，暗昧不能得到启发。 ⑮比贤：亲近贤人。 ⑯鄙：鄙陋。 ⑰克：成。 ⑱这句话的意思是：六五委托九二行使权力，正如《老子》不为人先的思想。巽（xùn）：顺。⑲击去：击败。 ⑳扞御：抵御。"利御寇"指利于抵御贼寇。

需

䷄乾下坎上。需：有孚，光亨，贞吉。利涉大川。

《彖》曰："需"，须也，险在前也。刚健而不陷，其义不困穷矣。"需，有孚，光亨，贞吉"，位乎天位，以正中也。谓五也。位乎天位①，用其中正，以此待物，需道毕矣②，故"光亨③，贞吉"。"利涉大川"，往有功也。乾德获进④，往辄亨也。

《象》曰：云上于天，需。君子以饮食宴乐。童蒙已发，盛德光亨，饮食宴乐，其在兹乎！

[注释]①天位：指九五居于上体之中，九五为君位，又叫"天位"。②需道："需"之道。毕：终。 ③光亨：大亨。 ④乾德：需卦的下卦为乾卦。

初九：需于郊，利用恒，无咎。居需之时，最远于难①，能抑其进。以远险待时，虽不应几②，可以保常也③。

《象》曰："需于郊"，不犯难行也。"利用恒，无咎"，未失常也。

九二：需于沙，小有言，终吉。转近于难，故曰“需于沙”也④。不至致寇⑤，故曰“小有言”也⑥。近不逼难，远不后时，履健居中⑦，以待其会⑧，虽“小有言”，以吉终也。

《象》曰：“需于沙”，衍在中也。虽“小有言”，以吉终也。

九三：需于泥，致寇至。以刚逼难，欲进其道，所以招寇而致敌也。犹有须焉，不陷其刚。寇之来也，自我所招，敬慎防备，可以不败。

《象》曰：“需于泥”，灾在外也。自我“致寇”，敬慎不败也。

六四：需于血，出自穴。凡称“血”者，阴阳相伤者也。阴阳相近，而不相得，阳欲进而阴塞之，则相害也。“穴”者，阴之路也。处坎之始，居穴者也。九三刚进，四不能距，见侵则辟⑨，顺以听命者也。故曰“需于血，出自穴”也⑩。

《象》曰：“需于血”，顺以听也。

九五：需于酒食，贞吉。需之所须，以待达也⑪。已得天位，畅其中正，无所复须。故酒食而已，获“贞吉”也。

《象》曰：“酒食，贞吉”，以中正也。

上六：入于穴，有不速之客三人来，敬之，终吉。六四所以出自穴者，以不与三相得而塞其路，不辟则害，故不得不出自穴而辟之也。至于上六，处卦之终，非塞路者也。与三为应，三来之已，乃为已援，故无畏害之辟，而乃有入穴之固也。三阳所以不敢进者，须难之终也。难终则至⑫，不待召也。已居难终，故自来也。处无位之地⑬，以一阴而为三阳之主⑭，故必“敬之”而后“终吉”⑮。

《象》曰：“不速之客来，敬之，终吉”，虽不当位，未大

失也。处无位之地，不当位者也。“敬之”则得“终吉”，故“虽不当位，未大失”也。

[注释]①最远于难：谓初九距离表示险难的上体坎卦尚远。 ②几：通“机”，时机。 ③保常：保持常态。 ④需于沙：沙在水滨，谓九二离坎卦（义为险）更进一步。需：通“须”，即下文“犹有须焉”之“须”，等待。前有险难，需要等待观望。 ⑤致寇：招致敌寇。 ⑥小有言：稍有谴责。 ⑦履健居中：谓九二居乾卦之中。 ⑧会：时机。 ⑨辟：同“避”，躲避。 ⑩出自穴：与“入于穴”相对，指遇到险难而离开所居之地。 ⑪待达：等待显达的时机。 ⑫难终：险难结束。 ⑬无位之地：谓上六所处非君位。 ⑭三阳之主：三阳指下体的三爻，这三爻待险难结束而不召自来，所以上六这一阴爻成为三阳之主。 ⑮终吉：指第六爻为吉。初爻吉，称“初吉”；中间四爻吉，称“中吉”。

讼

䷅坎下乾上。讼：有孚，窒惕，中吉，“窒”，谓窒塞也①。能惕，然后可以获“中吉”。终凶。利见大人，不利涉大川。

《彖》曰：“讼”，上刚下险，险而健，讼。“讼，有孚，窒惕，中吉”，刚来而得中也。“终凶”，讼不可成也。“利见大人”，尚中正也。“不利涉大川”，入于渊也。凡不和而讼，无施而可，涉难特甚焉②。唯有信而见塞惧者③，乃可以得吉也。犹复不可终，中乃吉也④。不闭其源⑤，使讼不至，虽每不枉⑥，而讼至终竟⑦，此亦凶矣。故虽复有信而见塞惧，犹不可以为终也。故曰“讼，有孚，窒惕，中吉，终凶”也。无善听者⑧，虽有其实，何由得明？而令有信塞惧者得其“中吉”，必有善听之主焉，其在二乎？以刚而来，正夫群小，断不失中，应斯任也⑨。

《象》曰：天与水违行，讼。君子以作事谋始。“听讼，吾犹人也，必也使无讼乎！”⑩无讼在于谋始⑪，谋始在于作制⑫。

契之不明⑬，讼之所以生也。物有其分，职不相滥⑭，争何由兴？讼之所以起，契之过也。故"有德司契""而不责于人"⑮。

[注释]①窒塞：闭塞。卦辞的"窒惕"意为恐惧。　②这句话的意思是：凡是不和睦引起的诉讼，行为得不到许可，那是因为所遇到的困难过大。③有信：有信用，即卦辞的"有孚"。见塞惧：见到艰难阻塞而畏惧，即卦辞的"窒惕"。　④中：中途而止。所谓"中吉"，据孔颖达疏为中止之吉。但卦辞中的"中吉"是与相对"初吉"、"终吉"而言的，指中间四爻吉。　⑤源：指诉讼之源。　⑥不枉：不曲，即公正。　⑦终竟：完毕。　⑧善听：善于听察。⑨这句话的意思是：九二为主，使众小人归于正，不失其中位，正合乎其地位。刚：九二为阳爻，为刚。来：自上而行运行，与"往"相对。　⑩语出《论语·颜渊》。谓自己的断狱能力虽然不输别人，但最好让诉讼绝迹。　⑪谋始：考察其始端。　⑫作制：创立制度。　⑬契：制度。　⑭滥：失职。　⑮语出《老子》第七十九章："是以圣人执左契，而不责于人。有德司契，无德司彻。"王弼注："有德之人，念思其契，不令怨生而后责于人也。"

初六：不永所事，小有言，终吉。处讼之始，讼不可终，故不永所事然后乃吉①。凡阳唱而阴和，阴非先唱者也②。四召而应③，见犯乃讼。处讼之始，不为讼先，虽不能不讼而了，讼必辩明矣④。

《象》曰："不永所事"，讼不可长也。虽"小有言"，其辩明也。

九二：不克讼，归而逋。其邑人三百户，无眚。以刚处讼，不能下物，自下讼上⑤，宜其不克⑥。若能以惧，归窜其邑⑦，乃可以免灾。邑过三百，非为窜也。窜而据强⑧，灾未免也。

《象》曰："不克讼"，归逋窜也。自下讼上，患至掇也。

六三：食旧德，贞厉，终吉。或从王事，无成。体夫柔弱⑨，以顺于上，不为九二自下讼上。不见侵夺，保全其有，故得食其旧德而不失也⑩。居争讼之时，处两刚之间，而皆近不相得，故曰“贞厉”。柔体不争，系应在上，众莫能倾⑪，故曰“终吉”。上壮争胜，难可忤也，故“或从王事”，不敢成也⑫。

《象》曰：“食旧德”，从上吉也。

九四：不克讼。初辩明也。复即命渝。安贞吉。处上讼下，可以改变者也⑬，故其咎不大。若能反从本理，变前之命，安贞不犯，不失其道，为仁由己⑭，故吉从之。

《象》曰：“复即命渝”，安贞不失也。

九五：讼，元吉。处得尊位，为讼之主。用其中正，以断枉直。中则不过，正则不邪，刚无所溺⑮，公无所偏，故“讼，元吉”。

《象》曰：“讼，元吉”，以中正也。

上九：或锡之鞶带，终朝三褫之。处讼之极，以刚居上，讼而得胜者也。以讼受锡⑯，荣何可保？故终朝之间⑰，褫带者三也⑱。

《象》曰：以讼受服，亦不足敬也。

[注释]①永：使长久。　②参见《老子》第十章王弼注：“雌应而不昌，因而不为。”　③四召而应：谓初六与九四相“应”，但初六作为阴爻不主动出击，九四召唤才呼应，而九四是先犯他人者。　④这句话的意思是：初六处于讼卦之始，但不在诉讼中争先；虽然不能不通过诉讼了解纷争，但务必争辩清楚。另参见九四王弼注：“初辩明也。”　⑤自下讼上：谓九二与九五是相“敌”的关系。　⑥克：胜利。　⑦窜：指因诉讼失败而窜逃，即爻辞的“逋”。⑧据强：指依托强大的城邑，三百户以上方可。　⑨体：以……为体。夫：代词，那。“体夫”的表述，在王弼《周易注》中多见，以下不一一说明。　⑩食其旧德：保持其原有的禄位。　⑪倾：凌驾，谓六三柔顺，与上九相“应”，故不被压制。　⑫这句话的意思是：上九壮大争强，难以违背，所以只是顺从其行事。　⑬改变：即爻辞的“渝”。谓九四可以改变其侵犯初六的行为，即下文

所说的"若能反从本理，变前之命，安贞不犯，不失其道"。　⑭为仁由己：语出《论语·颜渊》。　⑮溺：无节制。　⑯锡：通"赐"，赐予。　⑰终朝：一整日。　⑱褫(chǐ)：剥夺。"褫带者三"指一天之内得到赏赐的衣带多次被剥夺，因诉讼获胜而得到的荣耀不能长久。

师

䷆坎下坤上。师：贞丈人吉，无咎。"丈人"①，严庄之称也。为师之正②，丈人乃吉也。兴役动众③，无功，罪也。故"吉"乃"无咎"也。

《彖》曰："师"，众也。"贞"，正也。能以众正，可以王矣。刚中而应，行险而顺，以此毒天下，而民从之，吉又何咎矣。"毒"，犹"役"也。

《象》曰：地中有水，师。君子以容民畜众。

[注释]①丈人：卦辞的"丈人"，帛书本《周易》作"大人"。　②师：军队。正：首领。　③兴役动众：兴师动众，发动军队。

初六：师出以律，否臧，凶。为师之始，齐师者也①。齐众以律②，失律则散，故"师出以律"。律不可失，失律而臧③，何异于否④？失令有功，法所不赦，故师出不以律，否、臧皆凶。

《象》曰："师出以律"，失律，凶也。

九二：在师中吉，无咎，王三锡命。以刚居中，而应于五，在师而得其中者也。承上之宠⑤，为师之主，任大役重，无功则凶，故"吉"乃"无咎"也。行师得吉，莫善怀邦，邦怀众服⑥，锡莫重焉⑦，故乃得成命⑧。

《象》曰："在师中吉"，承天宠也。"王三锡命"，怀万邦也。

六三:师或舆尸,凶。以阴处阳⑨,以柔乘刚,进则无应,退无所守,以此用师,宜获“舆尸”之凶⑩。

《象》曰:“师或舆尸”,大无功也。

六四:师左次,无咎。得位而无应⑪。无应不可以行,得位则可以处,故“左次”之而“无咎”也⑫。行师之法,欲右背高⑬,故“左次”之。

《象》曰:“左次,无咎”,未失常也。虽不能有获,足以不失其常也。

六五:田有禽,利执言,无咎。长子帅师,弟子舆尸,贞凶。处《师》之时,柔得尊位,阴不先唱,柔不犯物,犯而后应,往必得直⑭,故“田有禽”也。物先犯己,故可以“执言”而“无咎”也⑮。柔非军帅,阴非刚武,故不躬行,必以授也⑯。授不得王,则众不从,故“长子帅师”可也。弟子之凶⑰,故其宜也⑱。

《象》曰:“长子帅师”,以中行也。“弟子舆尸”,使不当也。

上六:大君有命,开国承家,小人勿用。处师之极,师之终也。“大君”之“命”,不失功也。“开国承家”,以宁邦也。“小人勿用”,非其道也。

《象》曰:“大君有命”,以正功也。“小人勿用”,必乱邦也。

[注释]①齐:使整齐。 ②律:法,令。但爻辞中的“律”,当指“律历”之“律”。 ③臧:善,指有功,“失律而臧”即“失令有功”, ④否:不善。 ⑤上:君上。 ⑥邦怀众服:国家安定,民众服从。怀:安抚。 ⑦锡莫重焉:赏赐无以复加。锡:通“赐”。莫:没有谁。 ⑧成命:完成君上命令之事。 ⑨以阴处阳:谓六三作为阴爻居于三爻这一阳位,即“以柔乘刚”。 ⑩舆尸:战车运载尸体,指战败。 ⑪得位而无应:谓六四作为阴爻居于四爻这一阴

位，但相对的初爻为阴爻，则无“应”。　⑫左次：军队驻扎在阳面，左为阳面。次：驻扎。　⑬右背高：右边、后方以高山为依托，见于《孙子兵法·行军》、银雀山汉简《孙子兵法》佚篇等兵书。　⑭往必得直：遭到侵犯后上行，则有正当的理由。譬如“田有禽”指禽鸟来田中侵犯禾苗，如果因此捕捉则有正当理由。　⑮执言：执此言，谓以此正当理由兴师问罪。　⑯授：谓六五为阴、柔，非首领人选，需要将权力授予他人。　⑰弟子：指长子之外的群弟。　⑱故：固。

比

䷇坤下坎上。比：吉，原筮，元永贞，无咎。不宁方来，后夫凶。

《彖》曰：“比”，吉也。“比”，辅也，下顺从也。“原筮，元永贞，无咎”，以刚中也。处比之时，将原筮以求无咎①，其唯“元永贞”乎②！夫群党相比③，而不以“元永贞”，则凶邪之道也。若不遇其主，则虽“永贞”而犹未足免于咎也。使“永贞”而无咎者，其唯九五乎！“不宁方来”，上下应也。上下无阳以分其民④，五独处尊，莫不归之。上下应之，既亲且安。安则不安者托焉，故不宁方所以来⑤，“上下应”故也。夫无者求有，有者不求所与⑥；危者求安，安者不求所保。火有其炎⑦，寒者附之；故已苟安焉，则不宁之方皆来矣。“后夫凶”，其道穷也。将合和亲，而独在后，亲成则诛，是以“凶”也⑧。

《象》曰：地上有水，比。先王以建万国，亲诸侯。万国以比建，诸侯以比亲⑨。

[注释]①原：推究。　②元永贞：最恒久的卜问。　③群党：指众阴爻，与“刚中”的九五（即下文所说的“主”）“上下应”。比：亲近。　④上下无阳：九五前后都没有阳爻，九五则为至尊。分其民：分散其子民，即分散九五的权

力。　⑤不宁方：不肯臣服的方国。　⑥与：给予。　⑦炎：热。　⑧这句话的意思是：上六独自处于最后，成亲之后马上又被抛弃。参见上六王弼注："处卦之终，是后夫也。亲道已成，无所与终，为时所弃，宜其凶也。"上六为阴爻，"其道穷"。　⑨这句话的意思是：建立国家、亲近诸侯都要遵循比卦的原则。

初六：有孚比之，无咎。有孚盈缶，终来有它，吉。处比之始，为比之首者也。夫以不信为比之首，则祸莫大焉，故必"有孚盈缶"①，然后乃得免比之咎，故曰"有孚，比之无咎"也。处比之首，应不在一②，心无私吝③，则莫不比之。著信立诚，盈溢乎质素之器，则物终来，无衰竭也。亲乎天下，著信盈缶④，应者岂一道而来⑤？故必"有它吉"也⑥。

《象》曰：比之初六，"有它吉"也。

六二：比之自内，贞吉。处比之时，居中得位，而系应在五，不能来它⑦，故得其自内，"贞吉"而已。

《象》曰："比之自内"，不自失也。

六三：比之匪人。四自外比⑧，二为五贞⑨，近不相得，远则无应。所与比者皆非已亲，故曰"比之匪人"⑩。

《象》曰："比之匪人"，不亦伤乎？

六四：外比之，贞吉。外比于五，履得其位，比不失贤⑪，处不失位，故"贞吉"也。

《象》曰："外比"于贤，以从上也。

九五：显比，王用三驱，失前禽，邑人不诫，吉。为比之主，而有应在二，显比者也。比而显之，则所亲者狭矣⑫。夫无私于物，唯贤是与⑬，则去之与来皆无失也。夫三驱之礼，禽逆来趣己，则舍之；背己而走，则射之。爱于来而恶于去也，故其所施，常失前禽也⑭。以显比而居王位,用三驱之道者也。故曰"王用三驱,失前禽"也。用其中正,征讨有常,伐不加邑⑮,动必讨叛,邑人无虞⑯,故"不诫"也⑰。虽不得乎大人之吉,是显比之吉也。此可以为上之使,非为上之道也⑱。

《象》曰:"显比"之"吉",位正中也。舍逆取顺,"失前禽"也。"邑人不诫",上使中也。

上六:比之无首,凶。无首,后也。处卦之终,是后夫也。亲道已成,无所与终,为时所弃,宜其凶也。

《象》曰:"比之无首",无所终也。

[注释]①孚:信。盈:满。缶:盛水的瓦器,即下文"质素之器"。②应不在一:谓初六无所"应"。③吝:贪恋。④著信盈缶:信誉很盛。著:显露。⑤一道:独自。⑥有它:作为占卜术语,"有它"指有意外的凶险。注文中"有它吉"则意为有其他的吉。⑦不能来它:谓不像初六爻"有它吉"。⑧四自外比:谓六四"外比于五"。"外"指上体,"内"则为下体。⑨二为五贞:谓六二为九五守贞,参见六二王弼注。⑩匪人:即"非人",非亲非故之人。⑪贤:指九五。⑫狭:谓九五显露出所亲近的对象,是狭隘的表现。⑬与:亲近。⑭以上两句的意思:按照古代田猎礼制中三次驱赶禽兽并视其向背而射猎的"三驱之礼",凡是禽兽迎面向自己奔来则不射,背对自己奔跑的则射,相对来说爱惜来者厌恶去者,因而"常失前禽"。⑮加:欺凌。⑯无虞:没有忧患。⑰诫:戒备。⑱这句话的意思是:九五爻虽居尊位,但其仍是有局限的,只能说是为君上所役使,而非为君上之道。

小畜

☴☰乾下巽上。小畜:亨。不能畜大止健①,刚志故行②,是以"亨"。密云不雨,自我西郊。

《彖》曰:"小畜",柔得位而上下应之,曰"小畜"。谓六四也,成卦之义在此爻也。体无二阴以分其应,故"上下应之"

也③。既得其位④，而上下应之，三不能陵⑤，“小畜”之义。**健而巽，刚中而志行，乃亨。“密云不雨”，尚往也。“自我西郊”，施未行也。**小畜之势，足作密云，乃“自我西郊”，未足以为雨也。何由知未能为雨？夫能为雨者，阳上薄阴，阴能固之，然后烝而为雨⑥。今不能制初九之复自道，固九二之牵复，九三更以不能复为劣也⑦。下方尚往，施岂得行⑧？故密云而不能为雨，“尚往”故也。何以明之？夫阴能固之，然后乃雨乎？上九独能固九三之路，故九三不可以进，而“舆说辐”也⑨。能固其路而安于上，故得“既雨既处”⑩。若四、五皆能若上九之善畜，则能雨明矣。故举一卦而论之，能为小畜密云而已。阴苟不足以固阳，则虽复至盛，密云自我西郊，故不能雨也。雨之未下，即施之未行也。《彖》至论一卦之体⑪，故曰“密云不雨”。《象》各言一爻之德，故曰“既雨既处”也。

《象》曰：风行天上，小畜。君子以懿文德。未能行其施者，故可以懿文德而已⑫。

[注释]①畜：积蓄，在卦象中指以阳包阴。大畜为四阳爻包畜二阴爻，小畜卦中只有一阴，因而不能称“大”。止健：指巽卦不能抑止作为下卦的乾卦。 ②刚志故行：谓柔顺的阴爻不能抑止乾卦的上升趋势，阳爻之志可以实现。刚：九二、九五以阳爻居于中，为“刚中”。 ③上下应之：“上”指九五、上九，“下”指初九、九二、九三，这五阳爻与六四这一阴爻相“应”。 ④得其位：谓六四为阴爻，居于阴位。 ⑤三不能陵：谓九三不能侵犯六四。 ⑥这句话的意思是：密云转化为下雨的条件是，阳向上与阴相接触，阴能凝固为雨。薄：迫。烝：上升。 ⑦这句话的意思是：不能限制初九返归其道，九二可以连带复归，而九三则因太弱而不能自行反复。参见初九、九二、九三爻辞及王弼注。复：反。牵：连。 ⑧这句话的意思是：在下的阳爻自下而上，但阴爻不能固之，不能像上九那样善于畜止，故雨不得下。 ⑨舆说辐：即“舆脱輹”，又见于《大畜》九二爻辞，谓车的輹脱落，车因而不能行走。比喻上九

阻挡九三上升之道，九三不得前进。輹(fù)：又叫“伏兔”，即垫在车厢与车轴之间的木块。　⑩既：已。处：止。　⑪至论：犹言“统论”，参见《履·象》王弼注：“凡《象》者，言乎一卦之所以为主也。”谓象辞侧重于一卦之“主”。《周易略例·明象》：“夫‘彖’者，何也？统论一卦之体，明其所由之主者也。”又云：“夫‘少’者，多之所贵也；‘寡’者，众之所宗也。一卦五阳而一阴，则一阴为之主矣；五阴而一阳，则一阳为之主矣。”谓一卦之中仅有一阳爻或一阴爻，该阳爻或阴爻则为“主”。　⑫懿：美。

初九：复自道，何其咎？吉。处乾之始，以升巽初，四为己应，不距己者也。以阳升阴，复自其道，顺而无违，何所犯咎？得义之吉。

《象》曰：“复自道”，其义吉也。

九二：牵复，吉。处乾之中，以升巽五，五非畜极，非固己者也。虽不能若阴之不违，可牵以获复，是以“吉”也。

《象》曰：“牵复”在中，亦不自失也。

九三：舆说辐，夫妻反目。上为畜盛，不可牵征①，以斯而进，故必“说辐”也。己为阳极，上为阴长，畜于阴长，不能自复，方之“夫妻反目”之义也②。

《象》曰：“夫妻反目”，不能正室也。

六四：有孚，血去惕出，无咎。夫言“血”者，阳犯阴也。四乘于三③，近不相得，三务于进，而己隔之，将惧侵克者也④。上亦恶三，而能制焉，志与上合，共同斯诚⑤。三虽逼己，而不能犯，故得血去惧除⑥，保无咎也。

《象》曰：“有孚惕出”，上合志也。

九五：有孚挛如，富以其邻。处得尊位，不疑于二，来而不距，二牵己挛⑦，不为专固⑧，“有孚挛如”之谓也。以阳居阳，处实者也。居盛处实⑨，而不专固，“富以其邻”者也。

《象》曰：“有孚挛如”，不独富也。

上九：既雨既处，尚德载，妇贞厉。月几望，君子征凶。处小畜之极，能畜者也。阳不获亨，故“既雨”也；刚不能侵，故“既处”也。体巽处上⑩，刚不敢犯，“尚德”者也；为阴之长，能畜刚健，德积载者也⑪。妇制其夫，臣制其君，虽贞近危，故曰“妇贞厉”也⑫。阴之盈盛，莫盛于此，故曰“月几望”也⑬。满而又进，必失其道；阴疑于阳，必见战伐；虽复君子，以征必凶⑭，故曰“君子征凶”。

《象》曰：“既雨既处”，德积载也。“君子征凶”，有所疑也。夫处下可以征而无咎者，唯泰也。然则坤本体下，又顺而弱，不能敌刚，故可以全其类，征而吉也⑮。自此以往，则其进各有难矣。夫巽虽不能若艮之善畜⑯，犹不肯为坤之顺从也，故可得少进，不可尽陵也⑰。是以初九、九二其复则可，至于九三则舆说辐也。夫大畜者，畜之极也，畜而不已，畜极则通。是以其畜之盛，在于四、五，至于上九，道乃大行。小畜积极而后乃能畜，是以四、五可以进，而上九说征之辐⑱。

[注释]①不可牵征：谓受到上九的抑止，九三不能随初九、九二一道上升。　②方：比拟。反目：谓夫妻不和。　③乘：在上。　④惧侵克：六四之所以要阻隔，是因为怕九三前来侵犯。　⑤共同斯诚：谓六四与上九有相同的趋向，即抑止九三。　⑥血去惧除：“血”与“惧”得到清除。　⑦二牵已挛：谓九二随初九而上升，九五也连带牵系。挛(luán)：牵系。　⑧不为专固：谓九五并非专门抑止九二。　⑨盛：盛位。　⑩体巽处上：体现巽卦，处于上体。　⑪积载：积聚承载。　⑫这句话的意思是：九三与上九相“应”，居于阴位的上九制约位于阳位的九三，犹如“妇制其夫，臣制其君”，因此仍有危险。⑬几：近。望：满月。　⑭征：远行。　⑮以上两句的意思是：泰卦与小畜卦一样乾卦居于下，但泰卦初九的爻辞却说“征吉”。之所以如此，是因为泰卦

中坤卦居于上，而坤卦本身是处下柔顺的，不能抵御刚健。参见《泰·初九》王弼注："上顺而应，不为违距，进皆得志，故以其类'征吉'。" ⑯艮之善畜：大畜卦为乾下艮上。 ⑰陵：侵犯。 ⑱以上两句的意思是：大畜卦的畜止在六四、六五时达到极盛，到上九而其道大行。而小畜卦在积聚到极点后才能畜止，六四、九五尚能前进，到上九则不能继续，就像远行时车脱落了伏兔。

履

☱☰兑下乾上。履虎尾，不咥人，亨。

《彖》曰："履"，柔履刚也。说而应乎乾，是以"履虎尾，不咥人，亨"。凡《彖》者，言乎一卦之所以为主也。成卦之体，在六三也。"履虎尾"者，言其危也。三为履主，以柔履刚①，履危者也。履虎尾有不见咥者②，以其说而应乎乾也③。"乾"，刚正之德者也。不以说行夫佞邪④，而以说应乎乾，宜其履虎尾不见咥而亨。刚中正，履帝位而不疚，光明也。言五之德⑤。

《象》曰：上天下泽，履。君子以辩上下，定民志。

[注释]①以柔履刚：谓六三这一阴爻在九二这一阳爻之上。履：踏。②咥（dié）：咬。 ③说：同"悦"。 ④行夫：使臣。佞邪：奸邪之人。⑤五：九五，为"帝位"。

初九：素履往，无咎。处履之初，为履之始。履道恶华①，故素乃"无咎"②。处履以素，何往不从？必独行其愿，物无犯也。

《象》曰："素履"之"往"，独行愿也。

九二：履道坦坦，幽人贞吉。履道尚谦，不喜处盈，务在致诚，恶夫外饰者也。而二以阳处阴，履于谦也。居内履中③，隐显同也。履道之美，于斯为盛。故履道坦坦④，无险厄也⑤。在幽而贞⑥，宜其吉。

《象》曰："幽人贞吉"，中不自乱也。

六三：眇能视，跛能履。履虎尾，咥人，凶。武人为于大君。居履之时，以阳处阳，犹曰"不谦"，而况以阴居阳，以柔乘刚者乎？故以此为明，眇目者也⑦；以此为行，跛足者也；以此履危，见咥者也。志在刚健，不修所履，欲以陵武于人⑧，为于大君⑨，行未能免于凶，而志存于五，顽之甚也⑩。

《象》曰："眇能视"，不足以有明也。"跛能履"，不足以与行也。"咥人"之"凶"，位不当也。"武人为于大君"，志刚也。

九四：履虎尾，愬愬，终吉。逼近至尊，以阳承阳，处多惧之地，故曰"履虎尾，愬愬"也⑪。然以阳居阴，以谦为本，虽处危惧，终获其志，故"终吉"也。

《象》曰："愬愬，终吉"，志行也。

九五：夬履，贞厉。得位处尊，以刚决正，故曰"夬履，贞厉"也⑫。履道恶盈，而五处尊，是以危。

《象》曰："夬履，贞厉"，位正当也。

上九：视履考祥，其旋元吉。祸福之祥，生乎无所履，处履之极，履道成矣，故可"视履"而"考祥"也⑬。居极应说，高而不危，是其"旋"也⑭。履道大成，故"元吉"也。

《象》曰："元吉"在上，大有庆也。

[注释]①恶华：厌恶浮华的外饰。 ②素：素朴。 ③居内履中：九二居于内卦之中。 ④坦坦：平坦广阔。 ⑤险厄：又作"险阸"，险阻。 ⑥幽：隐。 ⑦眇(miǎo)：瞎了一只眼，后亦指两眼俱瞎。 ⑧陵武：以武力侵犯。 ⑨为于大君：谓六三欲自为君主，"志存于五"也是这个意思，五为"帝位"。 ⑩顽：愚钝。 ⑪愬愬(shuò)：恐惧貌。 ⑫夬履：即"决履"，鞋子破裂。 ⑬考祥：稽考吉祥的征兆。 ⑭旋：返归。

泰

☷乾上坤下。泰：小往大来，吉，亨。

《彖》曰："泰，小往大来，吉，亨"，则是天地交而万物通也，上下交而其志同也。内阳而外阴，内健而外顺，内君子而外小人。君子道长，小人道消也。

《象》曰：天地交，泰。后以财成天地之道，辅相天地之宜，以左右民。"泰"者①，物大通之时也。上下大通，则物失其节②，故财成而辅相③，以左右民也④。

[注释]①泰：有大、通的意思。泰卦由乾卦与坤卦构成，谓天地交通。②节：法度。 ③财：通"裁"，剪裁。辅相：辅助。 ④左右：辅佐。

初九：拔茅茹，以其汇，征吉。茅之为物①，拔其根而相牵引者也②。"茹"③，相牵引之貌也。三阳同志，俱志在外。初为类首④，己举则从，若"茅茹"也。上顺而应，不为违距⑤，进皆得志，故以其类"征吉"。

《象》曰："拔茅征吉"，志在外也。

九二：包荒，用冯河，不遐遗。朋亡，得尚于中行。体健居中，而用乎泰，能包含荒秽⑥，受纳冯河者也⑦。用心弘大，无所遐弃，故曰"不遐遗"也⑧。无私无偏，存乎光大，故曰"朋亡"也⑨。如此，乃可以得尚于中行。"尚"⑩，犹配也。"中行"，谓五。

《象》曰："包荒，得尚于中行"，以光大也。

九三：无平不陂，无往不复。艰贞无咎，勿恤其孚，于食有福。乾本上也，坤本下也，而得泰者，降与升也。而三处天地之际，将复其所处；复其所处，则上守其尊，下守其卑，是故无往而不复也，无平而不陂也⑪。处天地之将闭，平路之将陂，时将大变，世将大革，而居不失其正⑫，动不失其应⑬，艰而能贞，不失其义，故“无咎”也。信义诚著，故不恤其孚而自明也⑭，故曰“勿恤其孚，于食有福”也。

《象》曰：“无往不复”，天地际也。天地将各分复之际。

六四：翩翩，不富以其邻，不戒以孚。乾乐上复，坤乐下复，四处坤首，不固所居，见命则退，故曰“翩翩”也⑮。坤爻皆乐下，已退则从，故不待富而用其邻也；莫不与已同其志愿，故不待戒而自孚也⑯。

《象》曰：“翩翩，不富”，皆失实也。“不戒以孚”，中心愿也。

六五：帝乙归妹，以祉元吉。妇人谓嫁曰“归”。“泰”者，阴阳交通之时也。女处尊位，履中居顺，降身应二，感以相与，用中行愿，不失其礼，“帝乙归妹”，诚合斯义⑰。履顺居中，行愿以祉⑱，尽夫阴阳交配之宜，故“元吉”也。

《象》曰：“以祉元吉”，中以行愿也。

上六：城复于隍，勿用师，自邑告命，贞吝。居泰上极，各反所应，泰道将灭，上下不交，卑不上承，尊不下施，是故“城复于隍”，卑道崩也。“勿用师”，不烦攻也。“自邑告命，贞吝”，否道已成，命不行也⑲。

《象》曰：“城复于隍”，其命乱也。

[注释]①茅：茅草。 ②牵引：牵连。 ③茹：通“挐”，音 rú，连结。 ④初为类首：谓初九为三阳爻这一类之首，以“类”训“汇”。九二、九三随初九而动，因此说像拔茅草那样牵连不断。 ⑤违距：即“违拒”，违抗。“不为违距”谓上体的坤卦柔顺，不抗拒阳爻。 ⑥荒秽：荒芜。 ⑦冯河：即“凭河”，徒步涉水渡河，引申为有勇无谋的冒险行动。 ⑧遐遗：远弃。 ⑨朋：朋

党。“朋亡”在注文中理解为无朋党之私。　⑩尚：在爻辞中当为佑助的意思。　⑪陂(pō)：倾斜不平。　⑫不失其正：谓九三阳爻而处阳位。　⑬不失其应：谓九三与上六相“应”。　⑭恤：忧。孚：信。　⑮翩翩：轻而易举貌。⑯这句话的意思是：六五、上六皆乐于追随六四，不必像散财邻里那样收买人心，它们都与六四同心，不必告诫就可得到信任。　⑰这句话的意思是：六五作为阴爻，为“柔得中”，与九二相“应”，以得中之道行其意愿，并不失礼，周文王娶商王帝乙之妹之事也合乎此道。　⑱祉：福。　⑲以上数句的意思是：天地不复交通，城壕倾覆，臣下不辅佐君上，君道岌岌可危，连军队也没有必要出动，命令也不能施行。复：通“覆”。隍：没有水的城壕。否：闭塞。

否

䷋坤下乾上。否之匪人，不利君子贞。大往小来。

《彖》曰：“否之匪人，不利君子贞。大往小来”，则是天地不交而万物不通也，上下不交而天下无邦也。内阴而外阳，内柔而外刚，内小人而外君子。小人道长，君子道消也。

《象》曰：天地不交，否。君子以俭德辟难，不可荣以禄。

初六：拔茅茹，以其汇。贞吉，亨。居否之初①，处顺之始，为类之首者也。顺非健也，何可以征？居否之时，动则入邪，三阴同道②，皆不可进，故“茅茹”以类。贞而不谄③，则“吉，亨”。

《象》曰：“拔茅贞吉”，志在君也。志在于君，故不苟进。

六二：包承，小人吉，大人否亨。居否之世，而得其位。用其至顺，包承于上④。小人路通，内柔外刚；大人否之，其道乃亨⑤。

《象》曰："大人否亨"，不乱群也。

六三：包羞。俱用小道以承其上，而但不当，所以"包羞"也⑥。

《象》曰：包羞，位不当也。

九四：有命无咎，畴离祉。夫处否而不可以有命者⑦，以所应者小人也。有命于小人，则消君子之道者也。今初志在君⑧，处乎穷下，故可以"有命无咎"，而畴丽福也⑨。"畴"，谓初也。

《象》曰："有命无咎"，志行也。

九五：休否，大人吉。其亡其亡，系于苞桑。居尊得位，能休否道者也⑩。施否于小人⑪，否之休也。唯大人而后能然，故曰"大人吉"也。处君子道消之时，己居尊位，何可以安？故心存将危⑫，乃得固也。

《象》曰："大人"之"吉"，位正当也。

上九：倾否，先否后喜。先倾后通⑬，故"后喜"也。始以倾为否，后得通，乃喜。

《象》曰：否终则倾，何可长也？

[注释]①否：闭塞，与"泰"相反，谓天地不通。　②三阴同道：谓下体坤卦的三阴爻同进退。　③谄：谄佞。　④包承：包容顺承。　⑤这句话的意思是：小人得志，而大人若有包承之德，能否闭小人之吉，大人之道才能够亨通。大人：义近"君子"。　⑥这句话的意思是：众阴爻以小人之道包承于上，失位不当，所包承的只有羞辱。　⑦命：命令。　⑧初志在君：谓初六之志在君位。　⑨畴：同类，谓与九四相"应"的初六。但爻辞中的"畴"当为"谁"的意思。丽：附着，即"离"。福：即"祉"。　⑩休：美。　⑪施否于小人：谓否闭小人之道。　⑫心存将危：居安思危，即《系辞下》所谓"安而不忘危，存而不忘亡，治而不忘乱"。　⑬先倾后通：先倾覆而后亨通。

同　人

䷌离下乾上。同人于野，亨。利涉大川，利君子贞。

《彖》曰："同人"，柔得位、得中而应乎乾，曰"同人"。二为同人之主①。同人曰："同人于野，亨，利涉大川。"乾行也。所以乃能"同人于野②，亨，利涉大川"，非二之所能也，是乾之所行，故特曰"同人曰"。文明以健，中正而应，君子正也。行健不以武，而以文明用之；相应不以邪，而以中正应之③。君子正也，故曰"利君子贞"。唯君子为能通天下之志。君子以文明为德。

《象》曰：天与火，同人。天体在上而火炎上④，"同人"之义也。君子以类族辨物。君子小人，各得所同。

[注释]①二：六二。同人：在卦辞中为聚众的意思。　②野："郊"之外为"野"。　③这句话的意思是：行刚健（乾卦）不以武功而以文治（离卦），六二、九五相"应"且均居于中位，故以中正相"应"，而非邪佞。文明：文治教化，文采光明。离卦为火，其义为"文明"。　④天体在上：乾卦在上。火炎上：下体的离卦为火，其势向上。

初九：同人于门，无咎。居同人之始，为同人之首者也。无应于上①，心无系吝②，通夫大同，出门皆同，故曰"同人于门"也。出门同人，谁与为咎③？

《象》曰："出门同人"，又谁咎也？

六二：同人于宗，吝。应在乎五，唯同于主，过主则否，用心扁狭，鄙吝之道④。

《象》曰："同人于宗"，吝道也。

九三：伏戎于莽，升其高陵，三岁不兴。居同人之际，履下卦之极，不能包弘上下，通夫大同；物党相分，欲乖其道，贪于所比，据上之应；其敌刚健，非力所当，故“伏戎于莽”，不敢显亢也⑤。“升其高陵”，望不敢进，量斯势也，三岁不能兴者也。三岁不能兴，则五道亦以成矣，安所行焉⑥？

《象》曰：“伏戎于莽”，敌刚也。“三岁不兴”，安行也。“安”，辞也。

九四：乘其墉，弗克攻，吉。处上攻下，力能乘墉者也⑧。履非其位，以与人争。二自五应，三非犯己，攻三求二，尤而效之，违义伤理，众所不与，故虽乘墉而不克也。不克则反，反则得吉也。不克乃反，其所以得吉，困而反则者也⑨。

《象》曰：“乘其墉”，义弗克也。其“吉”，则困而反则也。

九五：同人，先号咷而后笑。大师克，相遇。《彖》曰：“柔得位、得中而应乎乾，曰‘同人’。”⑩然则体柔居中，众之所与；执刚用直，众所未从。故近隔乎二刚，未获厥志，是以“先号咷”也。居中处尊，战必克胜，故“后笑”也⑪。不能使物自归，而用其强直⑫，故必须“大师克”之⑬，然后“相遇”也。

《象》曰：“同人”之“先”，以中直也。“大师”相遇，言相克也。

上九：同人于郊，无悔。“郊”者，外之极也⑭。处同人之时，最在于外，不获同志，而远于内争，故虽无悔吝，亦未得其志。

《象》曰：“同人于郊”，志未得也。凡处同人而不泰焉，则必用师矣。不能大通，则各私其党而求利焉。楚人亡弓⑮，不能亡楚；爱国愈甚，益为它灾⑯，是以同人不弘⑰。刚健之爻，皆至用师也。

[注释]①无应于上：谓无所相“应”。　②系吝：相当于下文所说的“用心扁狭，鄙吝之道”。　③这句话的意思是：众人均和同，那么便无所归咎。④这句话的意思是：六二与九五相“应”，六二应与九五和同，否则就是闭塞，是狭隘的表现。　⑤这句话的意思是：九三居于下卦最上，不能包容上下，也不能臻于和同。物本来各分其类，六二与九五相“应”，但九三要拉拢相邻的六二，则是违背了事物的规律。九三欲据有六二而与九五相争，但九五刚健，非九三所能敌，因而隐藏实力而不敢显露。乖：违背。戎：军队。莽：草。亢：高。　⑥以上两句的意思是：九三权衡这一形势之后，知道不能与九五抗衡，因而隐藏实力，三年不起兵。三年不起兵，九五的君道已成，九三自然不能实现其野心。升：登。高陵：高山。　⑧乘墉：登上高墙。　⑨以上数句的意思是：九四以阳爻居于阴位，与九三相争。六二与九五相“应”，九四也去争取六二，这实际上也是在仿效九三，同样是违背规律，为众人所不齿，因而即便居高临下也不能胜利。若困穷然后重归“物党相分”成为法则，则能得吉。⑩本句象辞说的是六二以阴爻居阴位，“柔得中”，且与九五相“应”。　⑪以上两句的意思是：九五与六二相“应”，但九五之下有九三、九四二阳爻相隔，九五一时未能与六二相和同。但九五毕竟处于尊位，最后仍会获胜。因此说先哭后笑。厥：其。号咷：即“号啕”，哭泣。　⑫强直：刚直，谓九五以强力取六二。　⑬大师：大军。　⑭外之极：郊为城外，“外之极”亦指上九为同人卦最后一爻。　⑮楚人亡弓：事见《说苑》、《孔子家语》。　⑯益：增。　⑰弘：大。

大　有

䷍乾下离上。大有：元亨。不大通①，何由得大有乎②？大有，则必“元亨”矣。

《彖》曰：“大有”，柔得尊位大中，而上下应之，曰“大有”。处尊以柔，居中以大，体无二阴以分其应，上下应之，靡所不纳③，“大有”之义也。其德刚健而文明，应乎天而时行，是以“元亨”。德应于天，则行不失时矣。刚健不滞，文明不犯，应天则大，时行无违，是以“元亨”④。

《象》曰：火在天上，大有。君子以遏恶扬善，顺天休命。“大有”，包容之象也。故遏恶扬善，成物之美，顺夫天德，休物之命⑤。

[注释]①大通：即“元亨”。 ②大有：包罗万象。 ③靡：无。 ④以上两句的意思是：德与天相应，如此则“大”，刚健而不为物所滞；以时而行，则无所违背，礼仪显明而不犯于物。“天”、“刚健”均指下体的乾卦，“时”、“文明”均指上体的离卦。 ⑤休：美。

初九：无交害，匪咎。艰则无咎。以夫刚健为大有之始，不能履中，满而不溢①。术斯以往，后害必至，其欲“匪咎”，“艰则无咎”也②。

《象》曰：大有初九，“无交害”也。

九二：大车以载，任重而不危③。有攸往，无咎。健不违中，为五所任；任重不危，致远不泥④，故可以“往”而“无咎”也。

《象》曰：“大车以载”，积中不败也。

九三：公用亨于天子，小人弗克。处大有之时，居下体之极，乘刚健之上，而履得其位，与五同功，威权之盛，莫此过焉⑤。公用斯位，乃得通乎天子之道也。小人不克，害可待也⑥。

《象》曰：“公用亨于天子”，小人害也。

九四：匪其彭，无咎。既失其位，而上近至尊之威，下比分权之臣，其为惧也可谓危矣。唯夫有圣知者，乃能免斯咎也。三虽至盛，五不可舍，能辩斯数，专心承五，常匪其旁，则“无咎”矣⑦。“旁”，谓三也。

《象》曰：“匪其彭，无咎”，明辨哲也。“明”，犹“才”也。

六五：厥孚交如威如，吉。居尊以柔，处大以中，无私于物，上下应之。信以发志，故其孚"交如"也⑧。夫不私于物，物亦公焉；不疑于物，物亦诚焉。既公且信，何难何备⑨？不言而教行⑩，何为而不"威如"⑪？为大有之主，而不以此道，吉可得乎？

《象》曰："厥孚交如"，信以发志也。"威如"之"吉"，易而无备也。

上九：自天祐之，吉，无不利。"大有"，丰富之世也⑫。处大有之上，而不累于位，志尚乎贤者也。余爻皆乘刚，而己独乘柔，顺也。五为信德，而己履焉，履信之谓也。虽不能体柔，而以刚乘柔，思顺之义也。居丰有之世，而不以物累其心，高尚其志，尚贤者也。爻有三德⑬，尽夫助道⑭，故《系辞》具焉。

《象》曰：大有上吉，"自天祐"也。

[注释]①满而不溢：在大有卦的初爻，则为"满"；不能体现刚健得中，则为"不溢"。　②这句话的意思是：如果依然"满而不溢"，长此以往，灾祸必然会接踵而至，要想免祸，需艰难从事。　③任重：谓大车（牛车）承重。　④致远不泥：到达远方而不滞留，参见《论语·子张》："虽小道，必有可观者焉，致远恐泥，是以君子不为也。"　⑤莫此过焉：莫过于此。　⑥以上两句的意思是：王公可通过这一位置通于天子之道，小人则不能胜任，会招致祸害。王弼以"通"解释"亨"，但在爻辞中"亨"当为"享"，指祭祀，祭典排除地位低下之人（"小人"最初无道德意义）。　⑦这句话的意思是：明智的人需要清楚自己所处的境地，在旁的九三虽然极盛，但六五不能舍弃，需要放弃九三而一心顺承六五，方能免祸。旁：王弼用来解释爻辞的"彭"，但在爻辞中当非此义。⑧交如：上下相应的样子。　⑨何难何备：没有灾难，无需防备。　⑩不言而教行：语出《老子》第二章："是以圣人处无为之事，行不言之教，万物作焉而不辞，生而不有，为而不恃，功成而弗居。"　⑪威如：有威信的样子。　⑫丰富：广博。　⑬三德：即上文所谓"履信"、"思顺"、"尚贤"。　⑭尽夫助道：参见《系辞上》："'祐'者，助也。天之所助者，顺也；人之所助者，信也。履信思乎

顺，又以尚贤也。”

谦

䷎艮下坤上。谦：亨，君子有终。

《彖》曰："谦"，亨。天道下济而光明，地道卑而上行。天道亏盈而益谦，地道变盈而流谦，鬼神害盈而福谦，人道恶盈而好谦。谦尊而光，卑而不可逾，君子之终也。

《象》曰：地中有山，谦。君子以裒多益寡，称物平施。多者用谦以为裒①，少者用谦以为益②，随物而与③，施不失平也。

[注释]①谦：谦虚。裒(póu)：取出，衰减。 ②益：增加。 ③与：给予。

初六：谦谦君子，用涉大川，吉。处谦之下，谦之谦者也。能体谦谦，其唯君子，用涉大难①，物无害也。

《象》曰："谦谦君子"，卑以自牧也。"牧"，养也。

六二：鸣谦，贞吉。"鸣"者②，声名闻之谓也。得位居中，谦而正焉。

《象》曰："鸣谦，贞吉"，中心得也。

九三：劳谦，君子有终，吉。处下体之极，履得其位。上下无阳以分其民，众阴所宗③，尊莫先焉。居谦之世，何可安尊？上承下接，劳谦匪解④，是以"吉"也。

《象》曰："劳谦，君子"，万民服也。

六四：无不利，撝谦。处三之上而用谦焉，则是自上下下之义也⑤；承五而用谦顺，则是上行之道也⑥。尽乎奉上下下之道，故"无不利"。指撝皆谦⑦，不违则也⑧。

《象》曰："无不利，撝谦"，不违则也。

六五：不富以其邻，利用侵伐，无不利。居于尊位，用谦与顺，故能不富而用其邻也⑨。以谦顺而侵伐，所伐皆骄逆也⑩。

《象》曰："利用侵伐"，征不服也。

上六：鸣谦，利用行师，征邑国。最处于外，不与内政⑪，故有名而已，志功未得也。处外而履谦顺，可以征邑国而已⑫。

《象》曰："鸣谦"，志未得也。可"用行师"，"征邑国"也。夫"吉凶悔吝，生乎动者也"⑬。动之所起，兴于利者也。故"饮食必有讼"，"讼必有众起"⑭。未有居众人之所恶，而为动者所害；处不竞之地，而为争者所夺⑮。是以六爻虽有失位、无应、乘刚⑯，而皆无凶咎悔吝者，以谦为主也。"谦尊而光，卑而不可逾"⑰，信矣哉！

［注释］①用涉大难：指爻辞中的"用涉大川"，渡过大河。　②鸣：闻名。③众阴所宗：谓九三为谦卦的唯一阳爻，被众阴爻推为至尊。　④劳：勤。匪解：即"非懈"，不懈怠。　⑤自上下下：谓六四居九三之上而谦下。　⑥上行：谓六四上奉六五。　⑦撝(huī)：挥。"指撝皆谦"谓所到之处均谦下。⑧则：法则。　⑨不富而用其邻：谓行谦卑和顺之道，则不必大富大贵便能收获邻里的拥戴。　⑩骄逆：骄横叛逆者。　⑪与：参与。　⑫邑国：爻辞中的"邑国"，上博简本《周易》作"邦"。先秦文献中一般以"邦"表示国家，作"国"则为避汉高祖刘邦之讳所改。古文字中"国"有从邑或声的写法，今本《周易》中的"邑国"或即"国"字误读。　⑬语出《系辞下》。　⑭语出《序卦》。⑮这句话的意思是：事物的行动均由利益引起，若是处于受人厌恶、缺乏竞争的卑下境地，则不会有祸害。参见《老子》第八章："上善若水。水善利万物而不争，处众人之所恶。"王弼注："人恶卑也。"《老子》第六十一章王弼注："言唯修卑下，然后乃各得其所。"　⑯失位：谓六五以阴爻而处于阳位。无应：谓初六与六四、六二与六五均为阴爻，是相"敌"而非相"应"的关系。乘刚：谓六四以阴爻居于九三阳爻之上。　⑰语出本卦彖辞，谓行谦卑之道，则尊贵显耀，

不能被逾越。

豫

☳☷坤下震上。豫：利建侯行师。

《彖》曰："豫"，刚应而志行，顺以动，豫。豫顺以动，故天地如之，而况"建侯行师"乎？天地以顺动，故日月不过而四时不忒；圣人以顺动，则刑罚清而民服。豫之时义大矣哉！

《象》曰：雷出地奋，豫。先王以作乐崇德，殷荐之上帝，以配祖考。

初六：鸣豫，凶。处豫之初，而特得志于上①。乐过则淫，志穷则凶，豫何可鸣②？

《象》曰：初六"鸣豫"，志穷凶也。

六二：介于石，不终日，贞吉。处豫之时，得位履中，安夫贞正，不求苟豫者也③。顺不苟从，豫不违中，是以上交不谄，下交不渎④。明祸福之所生，故不苟说⑤；辩必然之理，故不改其操。介如石焉⑥，"不终日"明矣⑦。

《象》曰："不终日，贞吉"，以中正也。

六三：盱豫，悔。迟，有悔。居下体之极，处两卦之际，履非其位，承动豫之主⑧。若其睢盱而豫⑨，悔亦生焉。迟而不从⑩，豫之所疾。位非所据，而以从豫，进退离悔⑪，宜其然矣。

《象》曰："盱豫"有"悔"，位不当也。

九四：由豫，大有得。勿疑，朋盍簪。处豫之时，居动之始，独体阳爻，众阴所从。莫不由之以得其豫，故曰"由豫，大有得"

也。夫不信于物，物亦疑焉，故勿疑则朋合疾也⑫。“盍”，合也。“簪”，疾也。

《象》曰：“由豫，大有得”，志大行也。

六五：贞疾，恒不死。四以刚动，为豫之主。专权执制，非己所乘⑬，故不敢与四争权。而又居中处尊，未可得亡，是以必常至于“贞疾，恒不死”而已⑭。

《象》曰：六五“贞疾”，乘刚也。“恒不死”，中未亡也。

上六：冥豫成，有渝，无咎。处动豫之极，极豫尽乐，故至于“冥豫成”也⑮。过豫不已，何可长乎？故必渝变⑯，然后无咎。

《象》曰：“冥豫”在上，何可长也？

[注释]①特：唯独。得志于上：谓初六与九四相“应”，九四为豫卦仅有的阳爻。 ②鸣：谓过度逸乐，乃至于向外显露。 ③不求苟豫：不苟求逸豫。 ④这句话的意思是：六二柔顺但不苟且顺从，豫乐而不过分，不失中道，因而与上交往不谄媚，与下交往不侮辱。 ⑤说：同“悦”。 ⑥介：坚硬。 ⑦终日：整天。据孔颖达说，六二能够明辨祸福是非，因而能迅速发现错误的苗头，不到一天便能去恶修善。 ⑧承动豫之主：谓六三上承九四这唯一的阳爻。 ⑨睢盱(huī xū)：喜悦貌。“睢”为张目仰视的样子，“盱”为张目。 ⑩迟：慢。 ⑪离：同“罹”，遭受。 ⑫朋：朋党。合：合聚。疾：迅速，解释爻辞的“簪”，“簪”通“捷”，上博本《周易》作“疌”。 ⑬非己所乘：谓六五虽在九四之上，但并不能够驾驭。 ⑭贞疾：谓六五之位得其正，但因受到九四的侵害而有疾患。恒不死：谓六五居于中位和尊位，能够不至于灭亡。 ⑮冥豫：耽于逸乐，即下文所说“过豫不已”。 ⑯渝变：改变，谓只有改变耽于逸乐的现状，才能无祸。

随

䷐震下兑上。随：元亨，利贞，无咎。

《彖》曰：“随”，刚来而下，柔动而说，随。大亨，贞，无

咎，而天下随时。随时之义大矣哉！震刚而兑柔也，以刚下柔①，动而之说②，乃得随也③。为随而不大通，逆于时也；相随而不为利正，灾之道也。故大通利贞，乃得"无咎"也。为随而令大通利贞，得于时也，得时则天下随之矣。随之所施，唯在于时也，时异而不随，否之道也④，故随时之义大矣哉！

《象》曰：泽中有雷，随。君子以向晦入宴息。"泽中有雷"⑤，动说之象也。物皆说随，可以无为，不劳明鉴⑥，故"君子向晦入宴息"也⑦。

[注释]①以刚下柔：谓阳刚的震卦居于阴柔的兑卦之下。　②动：指震卦。说：同"悦"，指兑卦。参见《说卦》："动万物者莫疾乎雷，……说万物者莫说乎泽。"　③随：从，逐。　④否：闭塞，谓不顺时而动。　⑤泽中有雷：兑卦为泽，震卦为雷。　⑥明鉴：明察。　⑦向晦入宴息：谓随时而动，则可以无所作为，入夜即可休息。参见《老子》第二十九章王弼注："万物以自然为性，故可因而不可为也，可通而不可执也。"《老子》第四十七章王弼注："明物之性，因之而已。故虽不为，而使之成矣。"

初九：官有渝，贞吉，出门交有功。居随之始，上无其应，无所偏系①，动能随时，意无所主者也。随不以欲，以欲随宜者也②。故官有渝变③，随不失正也。出门无违，何所失哉！

《象》曰："官有渝"，从正吉也。"出门交有功"，不失也。

六二：系小子，失丈夫。阴之为物，以处随世④，不能独立，必有系也。居随之时，体分柔弱⑤，而以乘夫刚动⑥，岂能秉志？违于所近，随此失彼，弗能兼与。五处己上，初处己下，故曰"系小子，失丈夫"也⑦。

《象》曰："系小子"，弗兼与也。

六三:系丈夫,失小子。随有求得,利居贞。阴之为物,以处随世,不能独立,必有系也。虽体下卦,二已据初,将何所附?故舍初系四,志在丈夫。四俱无应⑧,亦欲于己随之,则得其所求矣,故曰"随有求得"也。应非其正⑨,以系于人,何可以妄⑩?故"利居贞"也。初处己下,四处己上,故曰"系丈夫,失小子"也。

《象》曰:"系丈夫",志舍下也。"下",谓初也。

九四:随有获,贞凶。有孚在道,以明,何咎?处说之初⑪,下据二阴,三求系己,不距则获,故曰"随有获"也。居于臣地,履非其位,以擅其民⑫,失于臣道,违正者也,故曰"贞凶"。体刚居说,而得民心,能干其事⑬,而成其功者也。虽违常义,志在济物⑭,心有公诚,著信在道,以明其功,何咎之有!

《象》曰:"随有获",其义凶也。"有孚在道",明功也。

九五:孚于嘉吉。履正居中,而处随世,尽随时之宜,得物之诚,故"嘉吉"也⑮。

《象》曰:"孚于嘉吉",位正中也。

上六:拘系之,乃从维之,王用亨于西山。随之为体,阴顺阳者也。最处上极,不从者也。随道已成,而特不从⑯,故拘系之乃从也⑰。"率土之滨,莫非王臣"⑱,而为不从,王之所讨也,故维之⑲。王用亨于西山也⑳,兑为西方,山者,途之险隔也。处西方而为不从,故王用通于西山。

《象》曰:"拘系之",上穷也。处于上极,故穷也。

[注释]①偏系:与特定对象联系。 ②宜:适宜。 ③官有渝变:谓官吏随时变通。 ④以处随世:谓阴爻所处随其时。 ⑤分:职分。 ⑥乘夫刚动:谓六二居于震卦第一爻初九之上。 ⑦以上两句的意思是:六二与初九相近,六二因居于初九之上而有过失,得初九而失九五,不可兼得。 ⑧四俱无应:谓与九四相对的初九均为阳爻,故不相"应"。 ⑨应非其正:谓六三

与上六相对而不相“应”，六三与九四相“应”并非正道。 ⑩妄：妄动。 ⑪说：兑卦。 ⑫擅：占有。 ⑬干：任。 ⑭济：成。 ⑮嘉：善。 ⑯特：独。 ⑰拘系：拘禁。 ⑱语出《诗经·小雅·北山》。 ⑲维：系。 ⑳亨：王弼解释作“通”，但在爻辞中读作“享”，指祭祀。

蛊

䷑巽下艮上。蛊：元亨，利涉大川，先甲三日，后甲三日。

《象》曰：“蛊”，刚上而柔下。上刚可以断制①，下柔可以施令②。巽而止，蛊。既巽又止③，不竞争也。有事而无竞争之患，故可以有为也。“蛊，元亨”，而天下治也。有为而大亨，非天下治而何也？“利涉大川”，往有事也。“先甲三日，后甲三日”，终则有始，天行也。“蛊”者④，有事而待能之时也⑤。可以有为，其在此时矣。物已说随⑥，则待夫作制以定其事也⑦。进德修业，往则亨矣，故“元亨，利涉大川”也。“甲”者⑧，创制之令也。创制不可责之以旧，故先之三日，后之三日，使令洽而后乃诛也⑨。因事申令⑩，终则复始，若天之行用四时也。

《象》曰：山下有风，蛊。君子以振民育德。“蛊”者，有事而待能之时也，故君子以济民养德也。

[注释]①上刚：谓艮卦为上体，为上阳。断制：决断。 ②下柔：谓巽卦为下体，为初阴。 ③巽：巽卦之义为巽（逊）。止：艮卦之义为止。 ④蛊（gǔ）：毒虫，又指邪术、蛊惑。王弼注以“事”解释经文的“蛊”。 ⑤ 能：贤能之人。 ⑥说随：悦于跟随。 ⑦作制：创立制度。 ⑧甲：相关的有“甲令”，指第一道法令、朝廷颁发的重要的法令。 ⑨这句话的意思是：新创制的法令不能以旧法令的标准去苛求，要前三日、后三日进行宣传，使法令得到协调贯彻之后再对罪犯进行惩罚。参见《巽·九五》及王弼注。 ⑩因事申

令：从事情出发反复申明法令。

初六：干父之蛊，有子，考无咎。厉，终吉。处事之首，始见任者也。以柔巽之质，干父之事①，能承先轨②，堪其任者也③，故曰"有子"也。任为事首，能堪其事，考乃无咎也④，故曰"有子，考无咎"也。当事之首，是以危也，能堪其事，故"终吉"。

《象》曰："干父之蛊"，意承考也。干事之首，时有损益，不可尽承，故"意承"而已。

九二：干母之蛊，不可贞。居于内中，宜干母事，故曰"干母之蛊"也。妇人之性，难可全正，宜屈己刚，既干且顺，故曰"不可贞"也。干不失中，得中道也。

《象》曰："干母之蛊"，得中道也。

九三：干父之蛊，小有悔，无大咎。以刚干事，而无其应，故有悔也。履得其位，以正干父，虽小有悔，终无大咎。

《象》曰："干父之蛊"，终无咎也。

六四：裕父之蛊，往见吝。体柔当位⑤，干不以刚，而以柔和，能裕先事者也⑥。然无其应，往必不合，故曰"往见吝"。

《象》曰："裕父之蛊"，往未得也。

六五：干父之蛊，用誉。以柔处尊，用中而应，承先以斯⑦，"用誉"之道也⑧。

《象》曰："干父用誉"，承以德也。以柔处中，不任威力也⑨。

上九：不事王侯，高尚其事。最处事上，而不累于位⑩，"不事王侯，高尚其事"也。

《象》曰："不事王侯"，志可则也。

[注释]①干：承。　②先轨：先前的法度。　③堪：胜任。　④考：父亲，尤指已故的父亲。　⑤体柔当位：谓六四以阴爻居于阴位。　⑥裕：宽容。先事：先父之事。　⑦斯：此，指“以柔处尊，用中而应”。　⑧誉：荣誉。⑨不任威力：不依仗威权。　⑩累：为……所牵累。

临

䷒兑下坤上。临：元亨，利贞。至于八月有凶。

《彖》曰：“临”，刚浸而长，说而顺，刚中而应。大亨以正，天之道也。阳转进长，阴道日消；君子日长，小人日忧，“大亨以正”之义。“至于八月有凶”，消不久也。八月阳衰而阴长，“小人道长，君子道消也”①，故曰“有凶”。

《象》曰：泽上有地，临。君子以教思无穷，容保民无疆。相临之道②，莫若说顺也③。不恃威制④，得物之诚，故物无违也。是以君子教思无穷⑤，容保民无疆也。

[注释]①语出《否·彖》。　②临：从上往下看。　③说顺：“说（悦）”为兑卦之义，“顺”为坤卦之义。　④威制：以威权制服。　⑤教思：教化、思念。

初九：咸临，贞吉。“咸”，感也，感应也。有应于四，感以临者也①。四履正位，而己应焉，志行正者也。以刚感顺，志行其正，以斯临物，正而获吉也。

《象》曰：“咸临，贞吉”，志行正也。

九二：咸临，吉，无不利。有应在五，感以临者也。刚胜则柔危，而五体柔②，非能同斯志者也。若顺于五，则刚德不长，何由得“吉，无不利”乎？全与相违，则失于感应。其得“咸临，吉，无不利”，必未顺命也③。

《象》曰：“咸临，吉，无不利”，未顺命也。

六三：甘临，无攸利。既忧之，无咎。“甘”者，佞邪说媚④，不正之名也。履非其位，居刚长之世⑤，而以邪说临物⑥，宜其“无攸利”也。若能尽忧其危，改修其道，刚不害正，故咎不长。

《象》曰：“甘临”，位不当也。“既忧之”，咎不长也。

六四：至临，无咎。处顺应阳，不忌刚长⑦，而乃应之，履得其位，尽其至者也⑧。刚胜则柔危，柔不失正，乃得“无咎”也。

《象》曰：“至临，无咎”，位当也。

六五：知临，大君之宜，吉。处于尊位，履得其中。能纳刚以礼，用建其正⑨，不忌刚长，而能任之。委物以能，而不犯焉，则聪明者竭其视听，知力者尽其谋能，不为而成，不行而至矣⑩。“大君之宜”⑪，如此而已，故曰“知临，大君之宜，吉”也。

《象》曰：“大君之宜”，行中之谓也。

上六：敦临，吉，无咎。处坤之极，以敦而临者也⑫。志在助贤，以敦为德，虽在刚长，刚不害厚，故“无咎”也。

《象》曰：“敦临”之“吉”，志在内也。

[注释]①感以临：感应之后相临。　②五体柔：谓与九二相“应”的六五为阴爻，其性柔。　③顺命：谓九二顺于六五。　④说媚：即“悦媚”，逢迎取悦。　⑤刚长之世：指三爻这一阳位。　⑥邪说：即“佞邪说媚”。　⑦不忌刚长：不畏惧相“应”的初九这一阳爻。　⑧至：极。　⑨用：以。　⑩参见《老子》第三章王弼注：“唯能是任，尚也曷为？唯用是施，贵之何为？”《老子》第四十七章：“是以圣人不行而知，不见而名，不为而成。”王弼注：“得物之致，故虽不行，而虑可知也；识物之宗，故虽不见，而是非之理可得而名也。明物之性，因之而已。故虽不为，而使之成矣。”　⑪大君：君主。　⑫敦：敦厚。

观

䷓坤下巽上。观：盥而不荐，有孚颙若。王道之可观者[1]，莫盛乎宗庙。宗庙之可观者，莫盛于盥也[2]。至荐[3]，简略不足复观，故观盥而不观荐也。孔子曰："禘自既灌而往者，吾不欲观之矣。"[4]尽夫观盛，则下观而化矣。故观至盥，则"有孚颙若"也[5]。

《彖》曰：**大观在上，**下贱而上贵也[6]。**顺而巽，中正以观天下。"观，盥而不荐，有孚颙若"，下观而化也。观天之神道，而四时不忒。圣人以神道设教，而天下服矣。**统说观之为道，不以刑制使物[7]，而以观感化物者也。神则无形者也[8]。不见天之使四时[9]，而四时不忒[10]；不见圣人使百姓，而百姓自服也[11]。

《象》曰：风行地上，观。先王以省方，观民设教。

［**注释**］①观：看。　②盥（guàn）：祭祀之前洗手清洁的程序。或根据《论语》的说法认为"盥"通"灌"或"祼"，指祭祀时以酒灌地的程序。　③荐：祭祀时进献。王弼注谓"荐"这一程序比较简略，不值得观看，而"灌"则为"盛"。　④语出《论语·八佾》。禘：一种祭礼。　⑤颙（yóng）若：庄重的样子。　⑥下贱而上贵：谓两阳爻居于最上，下临四阴爻。　⑦刑制：惩罚罪犯的法规。　⑧参见《系辞上》："故神无方而易无体……阴阳不测之谓神。"　⑨参见《论语·阳货》："天何言哉？四时行焉，百物生焉。"王弼《论语释疑》："以淳而观，则天地之心见于不言；寒暑代序，则不言之令行乎四时。天岂谆谆者哉！"　⑩忒：差错。　⑪参见《老子》第五章王弼注："无为于万物而万物各适其所用，则莫不赡矣。"《老子》第五十七章："我无为而民自化，我好静而民自正，我无事而民自富，我无欲而民自朴。"王弼注："上之所欲，民从之速也。我之所欲唯无欲，而民亦无欲自朴也。"

初六：童观，小人无咎，君子吝。处于观时，而最远朝美[1]，体于阴柔，不能自进，无所鉴见[2]，故曰"童观"[3]。趣顺而已[4]，无所能为，小人之道也，故曰"小人无咎"。君子处大观之时，而为童观,不亦鄙乎⑤!

《象》曰:"初六童观",小人道也。

六二:窥观,利女贞。处在于内,寡所鉴见,体性柔弱,从顺而已。犹有应焉,不为全蒙⑥,所见者狭,故曰"窥观"。居内得位,柔顺寡见,故曰"利女贞",妇人之道也。处大观之时,居中得位,不能大观广鉴,窥观而已,诚可丑也⑦。

《象》曰:"窥观女贞",亦可丑也。

六三:观我生,进退。居下体之极,处二卦之际,近不比尊,远不童观,观风者也⑧。居此时也,可以"观我生,进退"也⑨。

《象》曰:"观我生,进退",未失道也。处进退之时,以观进退之几⑩,"未失道"也。

六四:观国之光,利用宾于王。居观之时,最近至尊,观国之光者也⑪。居近得位,明习国仪者也⑫,故曰"利用宾于王"也⑬。

《象》曰:"观国之光",尚宾也。

九五:观我生,君子无咎。居于尊位,为观之主,宣弘大化⑭,光于四表⑮,观之极者也。上之化下,犹风之靡草⑯,故观民之俗,以察己道。百姓有罪,在予一人,君子风著,已乃无咎⑰。上为化主⑱,将欲自观,乃观民也。

《象》曰:"观我生",观民也。

上九:观其生,君子无咎。"观我生",自观其道者也;"观其生",为民所观者也。不在于位,最处上极,高尚其志,为天下所观者也。处天下所观之地,可不慎乎?故君子德见,乃得无咎。"生",犹动出也。

《象》曰:"观其生",志未平也。特处异地⑲,为众所观,不为平易，和光流通[20]，“志未平”也。

［注释］①朝美：朝廷之美。 ②鉴见：观察洞见。 ③童：童稚。 ④趣：旨趣。 ⑤鄙：鄙陋。 ⑥不为全蒙：并非完全蒙蔽。谓六二有九五相“应”，尚可通过狭小的缝隙窥伺。所见者寡，所以下文说“寡见”、“不能大观广鉴”。 ⑦诚可丑：确实可耻。 ⑧这句话的意思是：六三处于下体最上，处于上、下卦之间，不近于九五之尊，又远离童观的初六，可进可退，观风向行事。 ⑨生：本卦上九王弼注：“犹动出也。” ⑩几：征兆。 ⑪国之光：据虞翻之说，指国之贤人。 ⑫明习：明了熟习。国仪：国家的礼仪。 ⑬利用：利于。宾：服从。 ⑭宣弘：宣扬，光大。大化：广远深入的教化。 ⑮四表：四方极远之地，亦泛指天下。 ⑯风之靡草：风使草倒下。参见《论语·颜渊》：“君子之德风，小人之德草，草上之风必偃。” ⑰这句话的意思是：百姓若有罪，罪过则在于君主，君子之风显著，自身才能无祸。“百姓有罪，在予一人”的说法，见于《国语·周语上》、《论语·尧曰》、《墨子·兼爱》、《吕氏春秋·顺民》等文献。予一人：君王自称。 ⑱化主：教化之主，多见于佛经。 ⑲特处异地：谓上九作为阳爻高居其上，与他者不同。 ⑳和光：不露锋芒。流通：流转通行。

噬嗑

䷔**震下离上。噬嗑：亨，利用狱。**“噬”[1]，啮也。“嗑”[2]，合也。凡物之不亲，由有间也；物之不齐，由有过也。有间与过，啮而合之，所以通也。刑克以通，狱之利也[3]。

《彖》曰：**颐中有物，曰“噬嗑”。**颐中有物[4]，啮而合之，“噬嗑”之义也。**噬嗑而亨，**有物有间，不啮不合，无由亨也。**刚柔分，动而明，雷电合而章。**刚柔分动[5]，不溷乃明[6]。雷电并合[7]，不乱乃章[8]，皆“利用狱”之义。**柔得中而上行，虽不当位，“利用狱”也。**谓五也。能为啮合而通，必有其主，五则是也。“上行”，谓所之在进也[9]。凡言“上行”，皆所之在贵也。虽不当位[10]，不害用狱也。

《象》曰：雷电，噬嗑。先王以明罚敕法。

[注释]①噬：咬，"啮"也指咬。 ②嗑(hé)：合，闭。 ③以上数句的意思是：事物若不亲密，是因为有隔阂；事物若不齐整，是因为有过错。经过咬合，则可以去除隔阂与过错，可以亨通。以此比喻刑法的作用。 ④颐：面颊，这里指口内。 ⑤刚柔分：阴阳交错。动：震卦之义。 ⑥溷(hùn)：混浊。明：离卦之义。 ⑦雷：震卦。电：离卦。 ⑧章：彰明。 ⑨之：往。 ⑩虽不当位：谓六五以阴爻居阳位。

初九：屦校灭趾，无咎。居无位之地[1]，以处刑初，受刑而非治刑者也。凡过之所始，必始于微而后至于著；罚之所始，必始于薄而后至于诛。过轻戮薄[2]，故"屦校灭趾"[3]，桎其行也[4]。足惩而已，故不重也[5]。过而不改，乃谓之过。小惩大诫，乃得其福，故"无咎"也。"校"者，以木绞校者也[6]，即械也。"校"者，取其通名也。

《象》曰："屦校灭趾"，不行也。过止于此。

六二：噬肤，灭鼻，无咎。"噬"，啮也。"啮"者，刑克之谓也[7]。处中得位，所刑者当，故曰"噬肤"也。乘刚而刑，未尽顺道，噬过其分，故"灭鼻"也。刑得所疾[8]，故虽灭鼻而无咎也。"肤"者[9]，柔脆之物也。

《象》曰："噬肤，灭鼻"，乘刚也。

六三：噬腊肉，遇毒，小吝，无咎。处下体之极，而履非其位，以斯食物，其物必坚。岂唯坚乎？将遇其毒。"噬"，以喻刑人。"腊"[10]，以喻不服。"毒"[11]，以喻怨生。然承于四，而不乘刚，虽失其正，刑不侵顺，故虽"遇毒，小吝，无咎"。

《象》曰："遇毒"，位不当也。

九四：噬干胏，得金矢，利艰贞，吉。虽体阳爻，为阴之主，履不获中，而居其非其位，以斯噬物，物亦不服，故曰“噬干胏”也⑫。“金”，刚也。“矢”，直也。噬干胏而得刚直，可以利于艰贞之吉，未足以尽通理之道也。

《象》曰：“利艰贞，吉”，未光也。

六五：噬干肉，得黄金，贞厉，无咎。“干肉”，坚也。“黄”，中也。“金”，刚也。以阴处阳，以柔乘刚，以噬于物，物亦不服，故曰“噬干肉”也。然处得尊位，以柔乘刚，而居于中，能行其戮者也。履不正而能行其戮，刚胜者也。噬虽不服，得中而胜，故曰“噬干肉，得黄金”也。己虽不正，而刑戮得当，故虽“贞厉”而“无咎”也。

《象》曰：“贞厉，无咎”，得当也。

上九：何校灭耳，凶。处罚之极，恶积不改者也。罪非所惩，故刑及其首，至于灭耳。及首非诫，灭耳非惩，凶莫甚焉⑬。

《象》曰：“何校灭耳”，聪不明也。聪不明故不虑，恶积至于不可解也。

[注释]①无位之地：参见《周易略例·辩位》：“然则初、上者是事之终始，无阴阳定位也。” ②过轻戮薄：过错、刑罚轻微。 ③屦校：戴上脚镣。屦(jù)：鞋，践踏。校(jiào)：古代木制刑具的统称。灭趾：毁掉双脚。 ④桎(zhì)：古代拘束犯人两脚的刑具，又指拘束、桎梏。 ⑤重：重复。 ⑥绞：扭结。 ⑦克：约束。 ⑧刑得所疾：刑罚适得其所。 ⑨肤：以“柔脆之物”比喻受刑者。在爻辞中，“肤”当指肉。 ⑩腊(xī)：干肉，所以上文说“其物必坚”。比喻受刑者。 ⑪毒：害。 ⑫胏(zǐ)：连骨的干肉。 ⑬这句话的意思是：刑罚至于头部，已非惩戒，而是罪大恶极。

贲

䷕离下艮上。**贲：亨，小利有攸往。**

《彖》曰："贲，亨"，柔来而文刚，故"亨"。分刚上而文柔，故"小利有攸往"。刚柔不分，文何由生①？故坤之上六来居二位，"柔来文刚"之义也②。柔来文刚，居位得中，是以"亨"。乾之九二分居上位，"分刚上而文柔"之义也③。刚上文柔，不得中位，不若柔来文刚，故"小利有攸往"。刚柔交错，天文也。刚柔交错而成文焉，天之文也。文明以止，人文也。止物不以威武④，而以文明⑤，人之文也。观乎天文，以察时变；观乎人文，以化成天下。观天之文，则时变可知也⑥；观人之文，则化成可为也⑦。

《象》曰：山下有火，贲。君子以明庶政，无敢折狱。处贲之时，止物以文明，不可以威刑，故"君子以明庶政"⑧，而"无敢折狱"⑨。

[注释]①文：文饰，即"贲"。贲(bì)：文饰，此指刚柔交错。　②这句话的意思是：坤卦上六下移至六二，文饰阳爻。　③乾卦的九二上移至上九，文饰阴爻。　④止：上体艮卦之义。　⑤文明：文治教化，文采光明。下体离卦之义。　⑥时变：四时的变化。　⑦化成：教化成功。　⑧庶政：各类政务。⑨折狱：判决诉讼案件。

初九：贲其趾，舍车而徒。在贲之始，以刚处下，居于无位，弃于不义，安夫徒步以从其志者也，故饰其趾。"舍车而徒"①，义弗乘之谓也。

《象》曰："舍车而徒"，义弗乘也。

六二：贲其须。得其位而无应，三亦无应，俱无应而比焉，近而相得者也②。"须"之为物③，上附者也。循其所履，以附于上，故曰"贲其须"也。

《象》曰："贲其须"，与上兴也。

九三：贲如濡如，永贞吉。处下体之极，居得其位，与二相比，俱履其正，和合相润以成其文者也④。既得其饰，又得其润，故曰“贲如濡如”也⑤。永保其贞，物莫之陵⑥，故曰“永贞吉”也。

《象》曰：“永贞”之“吉”，终莫之陵也。

六四：贲如皤如，白马翰如，匪寇婚媾。有应在初，而阂于三为己寇⑦，虽二志相感，不获通亨。欲静则疑初之应，欲进则惧三之难，故或饰或素，内怀疑惧也。鲜洁其马⑧，翰如以待⑨，虽履正位，未敢果其志也。三为刚猛，未可轻犯，匪寇乃婚⑩，终无尤也⑪。

《象》曰：六四当位，疑也。“匪寇婚媾”，终无尤也。

六五：贲于丘园，束帛戋戋，吝，终吉。处得尊位，为饰之主，饰之盛者也。施饰于物，其道害也。施饰丘园⑫，盛莫大焉，故贲于束帛⑬，丘园乃落⑭。贲于丘园，帛乃戋戋⑮。用莫过俭，泰而能约，故必吝焉，乃得“终吉”也⑯。

《象》曰：六五之吉，有喜也。

上九：白贲，无咎。处饰之终，饰终反素，故任其质素⑰，不劳文饰，而无咎也。以白为饰，而无患忧，得志者也。

《象》曰：“白贲，无咎”，上得志也。

[注释]①徒：步行。 ②俱无应而比：谓六二与九三均无所“应”，二者相邻。 ③须：胡须，附属于上。 ④和合：和睦同心。 ⑤贲如：文饰貌。濡如：濡润貌。 ⑥陵：侵犯。 ⑦阂于三：谓九三阻隔，六四与初九虽然意趣相投，但未能顺利相应，九三因而被视作敌人。 ⑧鲜洁：使……纯洁光鲜。 ⑨翰如：等待貌。 ⑩匪寇乃婚：谓六四、初九待没有九三（寇）之后再结合。 ⑪尤：过失。 ⑫丘园：荒地园圃，生长草木之地。 ⑬束帛：捆为一束的五匹帛，为聘问、馈赠的礼物。 ⑭丘园乃落：丘园素朴，施加修饰则对道有害，丘园则会衰落。参见《老子》第三十八章王弼注：“夫仁义发于内，

为之犹伪，况务外饰而可久乎！” ⑮戋戋(jiān)：浅少。 ⑯这句话的意思是：崇尚俭约，最终会得吉。 ⑰任其质素：参见《老子》第五章王弼注：“天地任自然。”

剥

䷖坤下艮上。剥：不利有攸往。

《彖》曰：“剥”，剥也，柔变刚也。“不利有攸往”，小人长也。顺而止之，观象也。君子尚消息盈虚，天行也。坤顺而艮止也，所以“顺而止之”。不敢以刚止者，以观其形象也①。强亢激拂②，触忤以陨身③，身既倾焉，功又不就，非君子之所尚也。

《象》曰：山附于地，剥。上以厚下安宅。“厚下”者，床不见剥也④。“安宅”者，物不失处也⑤。“厚下安宅”，治剥之道也。

[注释]①形象：指坤(顺)下艮(止)上的卦象。 ②强亢激拂：过分刚直。 ③触忤：冒犯。陨身：死亡。 ④床：供人坐卧的器具。剥：强制除去。 ⑤失处：失去处所。

初六：剥床以足，蔑贞凶。“床”者，人之所以安也。“剥床以足”，犹云削床之足也。“蔑”，犹“削”也。剥床之足，灭下之道也①。下道始灭，刚陨柔长，则正削而凶来也②。

《象》曰：“剥床以足”，以灭下也。

六二：剥床以辨，蔑贞凶。“蔑”，犹甚极之辞也③。“辨”者③，足之上也。剥道浸长④，故剥其辨也。稍近于床，转欲灭物之所处⑤，长柔而削正。以斯为德，物所弃也。

《象》曰：“剥床以辨”，未有与也。

六三:剥之,无咎。与上为应,群阴剥阳,我独协焉⑥。虽处于剥,可以无咎。

《象》曰:"剥之,无咎",失上下也。三上下各有二阴,而三独应于阳,则失上下也⑦。

六四:剥床以肤,凶。初、二剥床,民所以安,未剥其身也。至四,剥道浸长,床既剥尽,以及人身,小人遂盛,物将失身,岂唯削正? 靡所不凶⑧。

《象》曰:"剥床以肤",切近灾也。

六五:贯鱼以宫人宠,无不利。处剥之时,居得尊位,为剥之主者也。剥之为害,小人得宠,以消君子者也。若能施宠小人于宫人而已⑨,不害于正,则所宠虽众,终无尤也。"贯鱼"⑩,谓此众阴也。骈头相次⑪,似贯鱼也。

《象》曰:"以宫人宠",终无尤也。

上九:硕果不食,君子得舆,小人剥庐。处卦之终,独全不落⑫,故果至于硕⑬,而不见食也⑭。君子居之,则为民覆荫;小人用之,则剥下所庇也⑮。

《象》曰:"君子得舆",民所载也。"小人剥庐",终不可用也。

[注释]①灭下:摧毁根基。 ②正削:中正之道受到削弱。 ③甚极之辞:程度最高的表述,谓本爻之"蔑"较之初六之"蔑"程度更高。 ③辨:床身与床脚之间的构件,或说为床屉。 ④浸长:逐渐壮大。 ⑤灭物之所处:剥夺"辨"这样供居处的事物。 ⑥我独协:谓六三与上九相"应",协助上九,与其他损害上九的阴爻不同。 ⑦这句话的意思是:六三的上方和下方均有两个阴爻,六三与上九相"应",因而失去上下其他阴爻的支持。 ⑧靡所不凶:无所不凶,谓直接伤及自身之后,已经不限于损害中正之道,而是凶到极致。 ⑨宫人:妃嫔、宫女的通称。 ⑩贯鱼:成串的鱼,比喻众阴爻。 ⑪骈:并

列。相次:一个挨着一个。 ⑫独全不落:独自保全而不被损害。 ⑬果至于硕:果实长大。 ⑭不见食:不被吃掉。 ⑮剥下所庇:剥去提供庇护的茅屋。

复

☷☳震下坤上。复:亨。出入无疾,朋来无咎。反复其道,七日来复,利有攸往。

《彖》曰:"复,亨",刚反动而以顺行,是以"出入无疾,入则为反,出则刚长,故无疾。"疾",犹"病"也。朋来无咎"。"朋",谓阳也。"反复其道,七日来复",阳气始剥尽,至来复时①,凡七日。天行也。以天之行,反复不过七日,复之不可远也。"利有攸往",刚长也。往则小人道消也。复,其见天地之心乎?"复"者,反本之谓也,天地以本为心者也②。凡动息则静,静非对动者也;语息则默,默非对语者也③。然则天地虽大,富有万物,雷动风行,运化万变,寂然至无④,是其本矣。故动息地中,乃天地之心见也。若其以有为心,则异类未获具存矣⑤。

《象》曰:雷在地中,复。先王以至日闭关,商旅不行,后不省方。"方",事也。"冬至",阴之复也。"夏至",阳之复也。故为复,则至于寂然大静。先王则天地而行者也,动复则静,行复则止,事复则无事也。

[注释]①来复:阳气返归。上一卦剥卦阳气殆尽,本卦则与其相反。 ②参见《老子》第十六章:"万物并作,吾以观复。"王弼注:"以虚静观其反复。凡有起于虚,动起于静,故万物虽并动作,卒复归于虚静,是物之极笃也。"《老子》第三十八章王弼注:"本在无为,母在无名。" ③这句话的意思是:行动停息之后则为静止,语言止息之后则为沉默。与"静"、"默"相比,"动"、"语"是相对的。 ④寂然至无:参见《系辞上》:"《易》无思也,无为也,寂然不动,感

而遂通天下之故。” ⑤参见《老子》第三十八章王弼注：“是以天地虽广，以无为心；圣王虽大，以虚为主。故曰以复而视，则天地之心见；至日而思之，则先王之主至也。故灭其私而无其身，则四海莫不瞻，远近莫不至；殊其己而有其心，则一体不能自全，肌骨不能相容。”

初九：不远复，无祗悔，元吉。最处复初，始复者也。复之不速，遂至迷凶①，不远而复，几悔而反②，以此修身，患难远矣。错之于事③，其殆庶几乎④？故“元吉”也。

《象》曰：“不远”之“复”，以修身也。

六二：休复，吉。得位处中，最比于初。上无阳爻，以疑其亲。阳为仁行，在初之上而附顺之，下仁之谓也。既处中位，亲仁善邻⑤，复之休也⑥。

《象》曰：“休复”之吉，以下仁也。

六三：频复，厉，无咎。“频”，频蹙之貌也⑦。处下体之终，虽愈于上六之迷⑧，已失复远矣⑨，是以蹙也。蹙而求复，未至于迷，故虽危无咎也。复道宜速，蹙而乃复，义虽无咎，它来难保⑩。

《象》曰：“频复”之“厉”，义无咎也。

六四：中行独复。四，上下各有二阴，而处厥中⑪，履得其位，而应于初，独得所复。顺道而反，物莫之犯，故曰“中行独复”也⑫。

《象》曰：“中行独复”，以从道也。

六五：敦复，无悔。居厚而履中⑬。居厚则无怨，履中则可以自考⑭，虽不足以及休复之吉，守厚以复，悔可免也。

《象》曰：“敦复，无悔”，中以自考也。

上六：迷复，凶。有灾眚，用行师，终有大败。以其国，君凶，至于十年不克征。最处复后，是迷者也。以迷求复，故曰"迷复"也。用之行师⑮，难用有克也⑯，终必大败。用之于国，则反乎君道也⑰。大败乃复，量斯势也⑱。虽复十年修之⑲，犹未能征也。

《象》曰："迷复"之"凶"，反君道也。

[注释]①迷凶：指上六的"迷复"。 ②几悔：即爻辞的"祇悔"，"几"、"祇"为语气词。 ③错：通"措"，施行。 ④殆：危险。庶几：差不多，指少。 ⑤亲仁：亲近阳爻初九。参见《论语·学而》："泛爱众而亲仁。" ⑥休：美。参见《论语·里仁》："里仁为美。" ⑦频蹙：皱眉，指犹豫不前。 ⑧愈：胜过。 ⑨失：迷失。 ⑩它来难保：其他祸患来则难以自保。 ⑪厥中：其中。 ⑫中行：半路。 ⑬厚：敦厚。 ⑭自考：自我稽考。 ⑮行师：行军。 ⑯克：胜。 ⑰反乎君道：违背君道。 ⑱量斯势：权衡这一形势。 ⑲修：整治。

无妄

☳☰震下乾上。无妄：元亨，利贞。其匪正有眚，不利有攸往。

《彖》曰："无妄"，刚自外来而为主于内。谓震也。动而健，震动而乾健也①。刚中而应，谓五也。大亨以正，天之命也。刚自外来而为主于内②，动而愈健。刚中而应③，威刚方正④，私欲不行，何可以妄⑤？使有妄之道灭，无妄之道成，非大亨利贞而何？刚自外来而为主于内，则柔邪之道消矣。动而愈健，则刚直之道通矣。刚中而应，则齐明之德著矣⑥，故"大亨以正"也。天之教命⑦，何可犯乎？何可妄乎？是以匪正则有眚⑧，而不利有攸往也。"其匪正有眚，不利有攸往"，无妄之往，何之矣！天命不祐，行矣哉！匪正有眚，不求改以从正，而欲有所往。居不可以妄之时，而欲以不正有所往，将欲何之？天命之所不祐，竟矣哉⑨！

《象》曰：天下雷行，物与，无妄。“与”，辞也，犹“皆”也。天下雷行，物皆不可以妄也。先王以茂，对时育万物。“茂”，盛也。物皆不敢妄，然后万物乃得各全其性⑩，对时育物⑪，莫盛于斯也。

[注释]①震动：震卦之义为动。 ②刚自外来：谓外卦上九变为内卦初九，成为内卦之主。 ③刚中而应：九五居上体之中，与下体的六二相“应”。 ④威刚方正：刚健开始臻于中正。 ⑤妄：虚妄。卦爻辞中的“妄”，当通“希望”之“望”。 ⑥齐明：无所不明。 ⑦教命：指示。 ⑧匪：非。眚(shěng)：灾难。 ⑨竟矣哉：相当于说“终于”。 ⑩参见《老子》第十章王弼注：“言任自然之气，致至柔之和，能若婴儿之无所欲乎？则物全而性得矣。” ⑪对时：即下文的“处无妄之时”。

初九：无妄往，吉。体刚处下，以贵下贱①，行不犯妄，故往得其志。

《象》曰：“无妄”之“往”，得志也。

六二：不耕获，不菑畬，则利有攸往。不耕而获，不菑而畬②，代终已成而不造也③。不擅其美④，乃尽臣道，故“利有攸往”。

《象》曰：“不耕获”，未富也。

六三：无妄之灾，或系之牛，行人之得，邑人之灾。以阴居阳，行违谦顺，是无妄之所以为灾也。牛者，稼穑之资也。二以不耕而获，利有攸往。而三为不顺之行⑤，故“或系之牛”⑥。是有司之所以为获⑦，彼人之所以为灾也，故曰“行人之得，邑人之灾”也。

《象》曰：“行人”得牛，邑人灾也。

九四：可贞，无咎。处无妄之时，以阳居阴，以刚乘柔，履于谦顺，比近至尊，故可以任正⑧，固有所守，而无咎也。

《象》曰："可贞，无咎"，固有之也。

九五：无妄之疾，勿药，有喜。居得尊位，为无妄之主者也。下皆无妄，害非所致，而取药焉，疾之甚也。非妄之灾，勿治自复⑨，非妄而药之则凶⑩，故曰"勿药有喜"。

《象》曰："无妄"之"药"，不可试也。药攻有妄者也，而反攻无妄，故"不可试"也。

上九：无妄行，有眚，无攸利。处不可妄之极，唯宜静保其身而已，故不可以行也。

《象》曰："无妄"之"行"，穷之灾也。

[注释]①以贵下贱：谓初九作为阳爻身居下位。　②菑（zī）：初耕的田地。畬（yú）：开垦过两年的田地。"不菑而畬"与"不耕而获"均指不参与事情的开端，但参与事情的结果。　③代终已成：代替君上以最终成就。谓六二处于中位，没有参与开端，但尽臣道，参与最终的结果。造：为。　④擅：独揽。　⑤不顺之行：谓六三以阴爻居阳位，是以不顺。　⑥系：捆缚。牛：牛参与开垦耕地，但六三不顺，因而参与开端并不吉利。　⑦有司：官吏。下文的"行人"亦指官吏。　⑧任：当。　⑨勿治自复：不经过治疗而自然恢复。⑩药：施药。

大　畜

☶☰乾下艮上。大畜：利贞。不家食，吉。利涉大川。

《彖》曰："大畜"，刚健笃实，辉光日新其德。凡物既厌而退者①，弱也；既荣而陨者②，薄也。夫能"辉光日新其德"者③，唯刚健笃实也④。刚上而尚贤，谓上九也。处上而大通，刚来而不距，"尚贤"之谓也。能止健，大正也。健莫过乾，而能止之，非夫大正，未之能也。**“不家食，吉”，养贤也。“利涉大川”，应乎天也。**有大畜之实，以之养贤，令贤者不家食⑤，乃“吉”也。尚贤制健，大正应天，不忧险难，故“利涉大川”也。

《象》曰：天在山中，大畜。君子以多识前言往行，以畜其德。物之可畜于怀，令德不散尽于此也。

[注释]①牧：放养牲口。厌：满足。 ②荣：繁盛。陨：陨落。 ③辉光：谓乾卦与艮卦均为阳卦。 ④笃实：指艮卦，其义为山。 ⑤不家食：谓贤者得到任用，不必在家吃饭。

初九：有厉，利已。四乃畜己①，未可犯也。故进则有厉，已则利也②。

《象》曰：“有厉，利已”，不犯灾也。处健之始，未果其健者③，故能“利已”。

九二：舆说輹。五处畜盛，未可犯也。遇斯而进，故“舆说輹”也④。居得其中，能以其中，不为冯河⑤，死而无悔，遇难能止，故无尤也。

《象》曰：“舆说輹”，中无尤也。

九三：良马逐，利艰贞，日闲舆卫，利有攸往。凡物极则反，故畜极则通。初二之进，值于畜盛，故不可以升。至于九三，升于上九，而上九处天衢之亨⑥，途径大通，进无违距，可以驰骋，故曰“良马逐”也⑦。履当其位，进得其时，在乎通路，不忧险厄⑧，故“利艰贞”也。“闲”，阂也⑨。“卫”，护也。进得其时，虽涉艰难而无患也，舆虽遇闲而故卫也。与上合志，故“利有攸往”也。

《象》曰：“利有攸往”，上合志也。

六四：童牛之牿，元吉。处艮之始，履得其位，能止健初。距不以角，柔以止刚，刚不敢犯，抑锐之始，以息强争，岂唯独利⑩？

乃将有喜也。

《象》曰：六四“元吉”，有喜也。

六五：豶豕之牙，吉。豕牙横猾⑪，刚暴难制之物，谓二也。五处得尊位，为畜之主。二刚而进，能豶其牙⑫，柔能制健，禁暴抑盛，岂唯能固其位？乃将有庆也。

《象》曰：六五之“吉”，有庆也。

上九：何天之衢，亨。处畜之极，畜极则通，大畜以至于大亨之时。“何”，辞也。犹云：何畜乃天之衢亨也。

《象》曰：“何天之衢”，道大行也。

[注释]①四乃畜己：谓与初九相“应”的六四畜止自身，即本卦六四注文的“能止健初”。　②已：停止前进。　③果：成。　④舆说輹：谓车的伏兔脱落。　⑤冯河：徒步涉水过河。　⑥衢：道路。　⑦逐：奔。　⑧险厄：险阻。　⑨闲：阻隔。但爻辞中的“闲”当是熟习的意思。　⑩这句话的意思是：在牛头上架设横木（梏梏）以防止牛角冲撞他人，以阴柔抑止刚强，止息依靠武力的争夺，则大吉。　⑪豕牙：猪的牙齿。横猾：强横刁猾。　⑫豶（fén）：阉割，又指阉过的猪。这里指剥夺猪的牙齿。

颐

䷚震下艮上。颐：贞吉。观颐，自求口实。

《彖》曰：“颐，贞吉”，养正则吉也。“观颐”，观其所养也。“自求口实”，观其自养也。天地养万物，圣人养贤以及万民。颐之时大矣哉！

《象》曰：山下有雷，颐。君子以慎言语，节饮食。言语饮食犹慎而节之①，而况其余乎？

[注释]①节：节制。

初九：舍尔灵龟，观我朵颐，凶。“朵颐”者[①]，嚼也。以阳处下，而为动始，不能令物由己养，动而求养者也。夫安身莫若不竞，修己莫若自保[②]。守道则福至，求禄则辱来。居养贤之世，不能贞其所履，以全其德，而舍其灵龟之明兆[③]，羡我朵颐而躁求[④]，离其致养之至道，窥我宠禄而竞进[⑤]，凶莫甚焉。

《象》曰：“观我朵颐”，亦不足贵也。

六二：颠颐，拂经于丘颐，征凶。养下曰“颠”[⑥]。“拂”，违也。“经”，犹“义”也。“丘”，所履之常也。处下体之中，无应于上，反而养初。居下不奉上而反养下，故曰“颠颐，拂经于丘”也[⑦]。以此而养，未见其福也；以此而行，未见有与[⑧]，故曰“颐，征凶”。

《象》曰：六二“征凶”，行失类也。类皆上养，而二处下养初。

六三：拂颐，贞凶。十年勿用，无攸利。履夫不正，以养于上，纳上以谄者也[⑨]。拂养正之义，故曰“拂颐，贞凶”也。处颐而为此行，十年见弃者也[⑩]。立行于斯，无施而利。

《象》曰：“十年勿用”，道大悖也。

六四：颠颐，吉。虎视眈眈，其欲逐逐，无咎。体属上体，居得其位，而应于初。以上养下，得颐之义，故曰“颠颐，吉”也。下交不可以渎，故“虎视眈眈”[⑪]。威而不猛，不恶而严[⑫]。养德施贤，何可有利？故“其欲逐逐”，尚敦实也。修此二者，然后乃得全其吉而无咎。观其自养则履正，察其所养则养阳，颐爻之贵，斯为盛矣。

《象》曰：“颠颐”之“吉”，上施光也。

六五：拂经，居贞吉，不可涉大川。以阴居阳，“拂颐”之义也。行则失类，故“宜居贞”也。无应于下，而比于上，故可守贞从上，得颐之吉。虽得居贞之吉，处颐违谦[⑬]，难未可涉也。

《象》曰："居贞"之"吉"，顺以从上也。

上九：由颐，厉，吉，利涉大川。以阳处上，而履四阴，阴不能独为主，必宗于阳也。故莫不由之以得其养，故曰"由颐"。为众阴之主，不可渎也，故"厉"乃"吉"。有似家人悔厉之义⑭，贵而无位，是以"厉"也。高而有民⑮，是以"吉"也。为养之主，物莫之违，故"利涉大川"也。

《象》曰："由颐，厉，吉"，大有庆也。

[注释]①朵：动。颐：腮帮。《序卦》："物畜然后可养，故受之以《颐》。颐者，养也。"　②参见《老子》第八章："夫唯不争，故无尤。"《老子》第二十二章："夫唯不争，故天下莫能与之争。"王弼注中也有不少反对竞争的表述。　③灵龟之明兆：用于占卜的龟壳所显示的吉凶之兆。　④躁：动。　⑤宠禄：喜爱食禄。竞进：竞相求取。　⑥养下：即"养初"，养初九，与其他爻"上养"不同。　⑦拂经于丘：根据王弼的注文，指违背其常。　⑧与：赞许。　⑨谄：谄媚。　⑩见：被。　⑪耽耽：猛虎注视貌。谓六四以上养下，不可亵渎。　⑫严：威武。　⑬违谦：违背谦和之道。　⑭参见家人卦九三爻辞："家人嗃嗃，悔厉，吉。"　⑮高而有民：居高位且得民心。

大过

䷛巽下兑上。大过：栋挠，利有攸往，亨。

《象》曰："大过"，音"相过"之"过"①。大者过也。大者乃能过也。"栋挠"，本末弱也。初为本而上为末也②。刚过而中，谓二也。居阴，过也③。处二，中也。拯弱兴衰，不失其中也。巽而说行。巽而说行④，以此救难，难乃济也⑤。"利有攸往"，乃"亨"。危而弗持，则将安用⑥？故往乃亨。大过之时大矣哉！是君子有为之时也。

《象》曰：泽灭木，大过。君子以独立不惧，遯世无闷。

此所以为大过，非凡所及也⑦。

[**注释**]①相过：互相超越。注文中“过”指过甚。 ②本：指初六。末：指上六。本、末为阴爻，为弱，与中间四爻阳过强不同。 ③过：谓九二作为阳爻居于阴位，则为过甚。 ④巽而说行：指巽卦之上有兑卦。 ⑤济：救。⑥安用：何用。 ⑦凡：凡人，与“君子”相对。

初六：藉用白茅，无咎。以柔处下，过而可以无咎，其唯慎乎？

《象》曰：“藉用白茅”，柔在下也。

九二：枯杨生稊，老夫得其女妻，无不利。“稊”者①，杨之秀也②。以阳处阴，能过其本，而救其弱者也。上无其应，心无特吝③，处过以此，无衰不济也④。故能令枯杨更生稊，老夫更得少妻。拯弱兴衰，莫盛斯爻，故“无不利”也。老过则枯，少过则稚。以老分少，则稚者长；以稚分老，则枯者荣，过以相与之谓也⑤。大过至衰，而已至壮，以至壮辅至衰，应斯义也。

《象》曰：“老夫女妻”，过以相与也。

九三：栋桡，凶。居大过之时，处下体之极，不能救危拯弱，以隆其栋⑥，而以阳处阳，自守所居，又应于上，系心在一⑦，宜其淹弱而凶衰也⑧。

《象》曰：“栋桡”之凶，不可以有辅也。

九四：栋隆，吉。有它，吝。体属上体，以阳处阴，能拯其弱，不为下所桡者也⑨，故“栋隆，吉”也。而应在初，用心不弘，故“有它吝”也。

《象》曰：“栋隆”之“吉”，不桡乎下也。

九五：枯杨生华，老妇得其士夫，无咎无誉。处得尊位，而以阳处阳，未能拯危。处得尊位，亦未有桡，故能生华⑩，不能生稊，能得夫不能得妻。处栋桡之世，而为无咎无誉，何可长哉？故生华不可久，士夫诚可丑也[11]。

《象》曰："枯杨生华"，何可久也？"老妇士夫"，亦可丑也。

上六：过涉灭顶，凶，无咎。处大过之极，过之甚也。涉难过甚，故至于"灭顶，凶"[12]。志在救时，故"不可咎"也。

《象》曰："过涉"之"凶"，不可咎也。虽凶无咎，不害义也。

[注释]①稊(tí)：杨柳新长出的嫩芽。　②秀：花穗。　③特吝：独有的贪恋。　④无衰不济：衰亡的皆得拯救。　⑤过以相与：将自身过甚的东西分给他人。　⑥隆其栋：使屋子的大梁向上隆起。　⑦系心在一：谓九三与上六相"应"同心。　⑧淹弱而凶衰：与上文的"拯弱兴衰"相反，因九三"自守所居，又应于上，系心在一"，相对狭隘所致。　⑨桡(náo)：弯曲。　⑩华：同"花"。　⑪士夫：指迎娶老妇的壮年男子。丑：羞耻。　⑫灭顶：指渡河时水漫过头顶。

习　坎

䷜坎上坎下。习坎："坎"，险陷之名也[1]。"习"，谓便习之[2]。有孚。维心亨，刚正在内，"有孚"者也。阳不外发而在乎内，"心亨"者也。行有尚。内亨外闇[3]，内刚外顺，以此行险，"行有尚"也[4]。

《彖》曰："习坎"，重险也。坎以险为用，故特名曰"重险"。言"习坎"者，习乎重险也。水流而不盈，行险而不失其信。险峭之极，故水流而不能盈也。处至险而不失刚中[5]，行险而不失其信者，"习坎"之谓也。"维心亨"，乃以刚中也。"行有尚"，往有功也。便习于坎，而之坎地，尽坎之宜，故往必有功也。天险，

不可升也。不可得升，故得保其威尊⑥。**地险，山川丘陵也。**有山川丘陵，故物得以保全也。**王公设险以守其国。**国之为卫，恃于险也。言自天地以下，莫不须险也⑦。**险之时用大矣哉！**非用之常，用有时也⑧。

《象》曰：水洊至，习坎。重险悬绝，故"水洊至"也⑨。不以坎为隔绝，相仍而至⑩，习乎坎也。**君子以常德行，习教事。**至险未夷⑪，教不可废，故"以常德行"而"习教事"也。习于坎，然后乃能不以险难为困，而德行不失常也。故则夫习坎⑫，以常德行而习教事也。

[注释]①险陷：危险的陷阱。　②便习：熟习。卦名"习坎"之"习"，是重叠的意思。　③闇：同"暗"。　④尚：推崇。但在卦辞中，"尚"当为佑助之意。　⑤至险：坎之义为险，习坎为险的极致。　⑥威尊：威严。　⑦须：要求。　⑧有时：有特定时机。　⑨洊(jiàn)：同"荐"，再，屡次。　⑩相仍：相继。　⑪夷：除。　⑫则：效法。

初六：习坎，入于坎窞，凶。"习坎"者，习为险难之事也。最处坎底，入坎窞者也①。处重险而复入坎底，其道凶也。行险而不能自济②，习坎而入坎窞，失道而穷在坎底，上无应援可以自济，是以"凶"也。

《象》曰："习坎"入坎，失道凶也。

九二：坎有险，求小得。履失其位，故曰"坎"。上无应援，故曰"有险"。坎而有险，未能出险之中也。处中而与初三相得，故可以"求小得"也。初三未足以为援，故曰"小得"也。

《象》曰：求小得，未出中也。

六三：来之坎，坎险且枕，入于坎窞，勿用。既履非其位，而又处两坎之间，出则之坎③，居则亦坎，故曰"来之坎坎"也。

“枕”者，枕枝而不安之谓也④。出则无之⑤，处则无安，故曰“险且枕”也。来之皆坎，无所用之，徒劳而已。

《象》曰：“来之坎坎”，终无功也。

六四：樽酒、簋贰、用缶，纳约自牖，终无咎。处重险而履正，以柔居柔，履得其位，以承于五。五亦得位，刚柔各得其所，不相犯位，皆无余应以相承比⑥，明信显著⑦，不存外饰。处坎以斯，虽复一樽之酒、二簋之食、瓦缶之器⑧，纳此至约⑨，自进于牖⑩，乃可羞之于王公，荐之于宗庙，故“终无咎”也。

《象》曰：“樽酒簋贰”，刚柔际也。刚柔相比而相亲焉，“际”之谓也。

九五：坎不盈，祇既平，无咎。为坎之主而无应辅可以自佐，未能盈坎者也。坎之不盈，则险不尽矣。“祇”，辞也。为坎之主，尽平乃无咎，故曰“祇既平，无咎”也。说既平乃无咎⑪，明九五未免于咎也。

《象》曰：“坎不盈”，中未大也。

上六：系用徽纆，置于丛棘，三岁不得，凶。险峭之极，不可升也。严法峻整⑫，难可犯也。宜其囚执⑬，置于思过之地。三岁险道之夷也，险终乃反，故“三岁不得”。自修三岁，乃可以求复，故曰“三岁不得，凶”也。

《象》曰：上六失道，凶三岁也。

[注释]①窞(dàn)：深坑，坑中之坑。　②自济：自救。　③之：往。　④枕：垫着。枝：通“支”，支撑。　⑤无之：无所往。　⑥无余应：无所相“应”。承比：相承邻近。　⑦明信：诚心。　⑧樽(zūn)：古代盛酒的器具。簋(guǐ)：古代盛食物的器具。瓦缶：小口大腹的瓦器。　⑨纳：献，与下文的“羞”、“荐”义近。约：俭约。　⑩牖(yǒu)：窗户。　⑪说：谓。　⑫峻整：严肃庄重。　⑬囚执：囚禁。

离

☲离上离下。**离:利贞,亨,**离之为卦,以柔为正①,故必贞而后乃亨,故曰“利贞,亨”也。**畜牝牛吉。**柔处于内,而履正中,牝之善也②。外强而内顺,牛之善也。离之为体,以柔顺为主者也,故不可以畜刚猛之物,而吉于畜牝牛也。

《彖》曰:“离”,丽也。“丽”③,犹著也,各得所著之宜。**日月丽乎天,百谷草木丽乎土,重明以丽乎正,乃化成天下。柔丽乎中正,故“亨”。是以“畜牝牛吉”也。**柔著于中正,乃得通也。柔通之吉,极于畜牝牛,不能及刚猛也。

《象》曰:明两作,离。大人以继明照于四方。“继”,谓不绝也。明照相继,不绝旷也④。

[注释]①以柔为正:离卦为阴卦,为中阴。 ②牝(pìn):雌。 ③丽:附丽。王家台秦简《归藏》离卦之“离”便写作“丽”。“离”为火,义为明。④旷:光明。

初九:履错然,敬之,无咎。“错然”者①,警慎之貌也。处离之始,将进而盛,未在既济②,故宜慎其所履,以敬为务,辟其咎也③。

《象》曰:“履错”之“敬”,以辟咎也。

六二:黄离,元吉。居中得位,以柔处柔,履文明之盛而得其中,故曰“黄离,元吉”也④。

《象》曰:“黄离,元吉”,得中道也。

九三:日昃之离,不鼓缶而歌,则大耋之嗟,凶。“嗟”,忧叹之辞也。处下离之终,明在将没,故曰“日昃之离”也⑤。明在将终,若不委之于人⑥,养志无为,则至于耋老有嗟⑦,凶矣,故曰“不鼓缶而歌,则大耋之嗟,凶”也⑧。

《象》曰:“日昃之离”,何可久也?

九四:突如其来如,焚如,死如,弃如。处于明道始变之际,昏而始晓,没而始出,故曰“突如其来如”⑨。其明始进,其炎始盛,故曰“焚如”。逼近至尊,履非其位,欲进其盛,以炎其上,命必不终,故曰“死如”。违离之义,无应无承,众所不容,故曰“弃如”也。

《象》曰:“突如其来如”,无所容也。

六五:出涕沱若,戚嗟若,吉。履非其位,不胜所履⑩。以柔乘刚,不能制下,下刚而进,将来害己,忧伤之深,至于沱嗟也⑪。然所丽在尊,四为逆首,忧伤至深,众之所助,故乃沱嗟而获吉也。

《象》曰:六五之“吉”,离王公也。

上九:王用出征,有嘉折首,获匪其丑,无咎。“离”,丽也。各得安其所丽,谓之“离”。处离之极,离道已成,则除其非类,以去民害,王用出征之时也。故必“有嘉折首,获匪其丑”⑫,乃得“无咎”也。

《象》曰:“王用出征”,以正邦也。

[注释]①错然:谨慎小心貌。 ②未在既济:其道未成。 ③辟:同“避”。 ④黄:据《噬嗑·六五》王弼注,“黄”训“中”。 ⑤昃(zè):太阳偏西。 ⑥委:托付。 ⑦耋(dié):年老,七八十岁的年纪。“耋老有嗟”谓年老应将事情托付别人,无为处世,并及时行乐,否则会有垂暮之叹。 ⑧鼓缶而歌:敲着瓦盆唱歌,参见《庄子·至乐》“鼓盆而歌”。 ⑨这句话的意思是:九四处于离卦的转折点,相当于黄昏趋向拂晓,自消失至于开始,显得突然。如:……的样子。 ⑩不胜:承受不了。 ⑪沱嗟:流泪叹息。 ⑫嘉:善。折首:斩首。匪:通“彼”。丑:类。

下　经

咸

䷞艮下兑上。咸：亨，利贞，取女吉。

《彖》曰："咸"，感也。柔上而刚下，二气感应以相与。是以"亨"也。止而说，是"利贞"也。男下女，"取女吉"也①。是以"亨，利贞，取女吉"也。天地感而万物化生，二气相与②，乃化生也③。圣人感人心而天下和平。观其所感，而天地万物之情可见矣。天地万物之情，见于所感也④。凡感之为道，不能感非类者也⑤，故引"取女"以明同类之义也。同类而不相感应，以其各亢所处也⑥。故女虽应男之物⑦，必下之而后取女乃吉也⑧。

《象》曰：山上有泽，咸。君子以虚受人。以虚受人⑨，物乃感应。

［注释］①取女：娶媳妇。　②二气相与：艮为刚卦，兑为阴卦，二气相交。参见《说卦》："山泽通气。"　③化生：化育生长。　④感：感应。　⑤非类：不同的种类，与"同类"相对。　⑥亢：高。　⑦女：据《说卦》，兑为少女。男：据《说卦》，艮为少男。　⑧下之：谓艮在下而兑在上。　⑨以虚受人：参见《老子》第六十一章王弼注："言唯修卑下，然后乃各得其所。"

初六：咸其拇。处咸之初，为感之始，所感在末①，故有志而已。如其本实②，未至伤静③。

《象》曰："咸其拇"，志在外也。四属外也。

六二：咸其腓，凶。居吉。咸道转进，离拇升腓④，腓体动躁者也。感物以躁，凶之道也⑤。由躁故凶⑥，居则吉矣⑦。处不乘刚[8]，故可以居而获吉。

《象》曰：虽“凶，居吉”，顺不害也。阴而为居，顺之道也。不躁而居，顺不害也。

九三：咸其股，执其随，往吝。股之为物[9]，随足者也。进不能制动，退不能静处，所感在股，志在随人者也[10]。志在随人，所执亦以贱矣。用斯以往，吝其宜也[11]。

《象》曰：“咸其股”，亦不处也。志在随人，所执下也。

九四：贞吉，悔亡。憧憧往来，朋从尔思。处上卦之初，应下卦之始，居体之中，在股之上。二体始相交感，以通其志，心神始感者也。凡物始感而不以之于正，则至于害，故必贞然后乃吉，吉然后乃得亡其悔也。始在于感，未尽感极，不能至于无思，以得其党，故有憧憧往来，然后朋从其思也[12]。

《象》曰：“贞吉，悔亡”，未感害也。未感于害，故可正之得悔亡也。**“憧憧往来”，未光大也。**

九五：咸其脢，无悔。“脢”者[13]，心之上，口之下。进不能大感，退亦不为无志，其志浅末，故“无悔”而已。

《象》曰：“咸其脢”，志末也。

上六：咸其辅颊舌。咸道转末，故在口舌言语而已。

《象》曰：“咸其辅颊舌”，滕口说也。辅、颊、舌者[14]，所以为语之具也。咸其辅、颊、舌，则滕口说也[15]。憧憧往来，犹未光大，况在滕口，薄可知也[16]。

[注释]①末：指拇（脚拇指），为身体的末端。初六与九四相“应”，九四处于外卦，故称“志在外”。　②本实：本体坚实。　③静：参见《老子》第十六章王弼注：“守静，物之真正也。”　④腓（féi）：小腿肚子。　⑤参见《老子》第四十五章王弼注：“静则全物之真，躁则犯物之性。”《老子》第六十章王弼注：“躁则多害，静则全真。”　⑥由：从。　⑦居：静居。　⑧处不乘刚：谓六二之

下非阳爻。 ⑨股:大腿。 ⑩随人:谓大腿随脚而动,没有主动权。 ⑪吝其宜:悔吝在情理之中。 ⑫以上数句的意思是:九四处于上、下体之间,为二体感应的始端,若其不正,则为引起祸害。九四还没有到达“感”的极致,不能无所思,有其朋党。憧憧(chōng):往来不绝貌。 ⑬脢(méi):背脊肉。 ⑭辅:颊骨。颊:脸的两侧。 ⑮滕口说:竞相言说。 ⑯薄:浅薄。

恒

䷟巽下震上。**恒:亨,无咎,利贞。**恒而亨①,以济三事也②。恒之为道,“亨”乃“无咎”也。恒通无咎,乃利正也。**利有攸往。**各得所恒,修其常道,终则有始,往而无违,故“利有攸往”也。

《象》曰:“恒”,久也。刚上而柔下,刚尊柔卑,得其序也。**雷风相与。**长阳长阴③,能相成也。**巽而动,**动无违也。**刚柔皆应,**不孤媲也④。**恒。**皆可久之道。**“恒,亨。无咎,利贞”,久于其道也。**道德所久,则常通无咎,而利正也。**天地之道,恒久而不已也。**得其所久,故不已也⑤。**“利有攸往”,终则有始也。**得其常道,故终则复始,往无穷极⑥。**日月得天而能久照,四时变化而能久成,圣人久于其道而天下化成。**言各得其所恒,故皆能长久。**观其所恒,而天地万物之情可见矣。**天地万物之情,见于所恒也。

《象》曰:雷风,恒。长阳长阴,合而相与,可久之道也。**君子以立不易方。**得其所久,故“不易”也⑦。

[注释]①恒:恒久。 ②济:成。三事:当指“无咎”、“利贞”、“利有攸往”。 ③长阳:据《说卦》,震卦为长男。长阴:据《说卦》,巽卦为长女。 ④媲(pì):比,匹敌。 ⑤不已:无穷。 ⑥穷极:终点。参见《老子》第十六章:“道乃久。”王弼注:“穷极虚无,得道之常,则乃至于不穷极也。” ⑦不易:

不变，恒久。

初六：浚恒，贞凶，无攸利。处恒之初，最处卦底，始求深者也。求深穷底，令物无余缊①，渐以至此②，物犹不堪③，而况始求深者乎？以此为恒，凶正害德④，无施而利也。

《象》曰："浚恒"之"凶"，始求深也。

九二：悔亡。虽失其位，恒位于中，可以消悔也。

《象》曰：九二"悔亡"，能久中也。

九三：不恒其德，或承之羞，贞吝。处三阳之中，居下体之上，处上体之下。上不全尊，下不全卑，中不在体，体在乎恒，而分无所定⑤，无恒者也。德行无恒，自相违错⑥，不可致诘⑦，故"或承之羞"也⑧。施德于斯，物莫之纳，鄙贱甚矣，故曰"贞吝"也。

《象》曰："不恒其德"，无所容也。

九四：田无禽。恒于非位，虽劳无获也。

《象》曰：久非其位，安得禽也？

六五：恒其德，贞妇人吉，夫子凶。居得尊位，为恒之主，不能制义⑨，而系应在二，用心专贞⑩，从唱而已。妇人之吉，夫子之凶也。

《象》曰："妇人"贞吉，从一而终也。"夫子"制义，从妇凶也。

上六：振恒，凶。夫静为躁君，安为动主⑪。故"安"者，上之所处也；"静"者，可久之道也⑫。处卦之上，居动之极⑬，以此为恒，无施而得也。

《象》曰："振恒"在上，大无功也。

[注释]①缊：通"蕴"，藏。　②渐以至此：谓逐渐由浅入深。　③堪：经

得起。 ④凶正:即"贞凶"。 ⑤分:职分。 ⑥违错:错乱。 ⑦致诘:推究。 ⑧羞:羞辱。 ⑨制义:制宜,裁断适宜。 ⑩专贞:忠贞。 ⑪参见《老子》第二十六章:"重为轻根,静为躁君," ⑫参见《老子》第十六章:"归根曰'静',是谓'复命'。复命曰常。" ⑬居动之极:谓上六居震卦最上。

遯

☶☰艮下乾上。遯:亨,小利贞。

《彖》曰:"遯,亨",遯而亨也。"遯"之为义[1],遯乃通也。刚当位而应,与时行也。谓五也。刚当位而应,非否亢也[2]。遯不否亢,能与时行也。"小利贞",浸而长也。阴道欲浸而长[3],正道亦未全灭,故"小利贞"也。遯之时义大矣哉!

《象》曰:天下有山,遯。"天下有山"[4],阴长之象[5]。君子以远小人,不恶而严。

[注释]①遯:同"遁"。参见《序卦》:"遯者,退也。"不过卦爻辞中的"遯"当指豚(猪)。 ②否亢:处高位而否闭。九五虽处高位,但以阳爻居阳位,且与六二相"应",所以说"非否亢"。 ③阴道:谓初六、六二两阴爻。浸:逐渐。④天下有山:谓艮卦(山)在乾卦(天)之下。 ⑤阴长:谓初六、六二两阴爻渐盛。

初六:遯尾,厉,勿用有攸往。"遯"之为义,辟内而之外者也[1]。尾之为物,最在体后者也[2]。处遯之时,不往何灾?而为遯尾,祸所及也。危至而后行,难可免乎[3]?厉则"勿用有攸往"也。

《象》曰:"遯尾"之"厉",不往何灾也。

六二:执之用黄牛之革,莫之胜说。居内处中,为遯之主。物皆遯已,何以固之[4]?若能执乎理中厚顺之道以固之也[5],

则莫之胜解⑥。

《象》曰:执用“黄牛”,固志也。

九三:系遯,有疾,厉。畜臣妾,吉。在内近二,以阳附阴,宜遯而系⑦,故曰“系遯”。“遯”之为义,宜远小人,以阳附阴,系于所在,不能远害,亦已惫矣⑧,宜其屈辱而危厉也⑨。系于所在,畜臣妾可也⑩。施于大事,凶之道也。

《象》曰:“系遯”之“厉”,有疾惫也。“畜臣妾,吉”,不可大事也。

九四:好遯,君子吉,小人否。处于外而有应于内,君子好遯,故能舍之。小人系恋⑪,是以否也⑫。

《象》曰:“君子好遯”,“小人否”也。音臧否之“否”。

九五:嘉遯,贞吉。遯而得正,反制于内,小人应命⑬,率正其志,不恶而严,得正之吉,遯之嘉也⑭。

《象》曰:“嘉遯,贞吉”,以正志也。

上九:肥遯,无不利。最处外极,无应于内,超然绝志,心无疑顾⑮。忧患不能累⑯,矰缴不能及⑰,是以“肥遯,无不利”也⑱。

《象》曰:“肥遯,无不利”,无所疑也。

[注释]①辟内而之外:避开内部(内卦)的小人(阴爻)而趋于外(外卦)。②体后:身体后端。 ③难可免乎:谓祸患不可免。 ④固:使……安定。 ⑤理中厚顺之道:中和敦厚之道。 ⑥莫之胜解:不能战胜自己而解脱而去。 ⑦系:关联。 ⑧惫:困顿。 ⑨危厉:惊惧不安。 ⑩畜臣妾:蓄养奴仆。 ⑪系恋:亦作“系挛”,恋念不舍。 ⑫否:恶,与“臧”相对。 ⑬小人应命:谓六二与九五相“应”。 ⑭嘉:美。 ⑮心无疑顾:谓上九无所“应”,无所顾虑。 ⑯累:牵累。 ⑰矰缴(zēng jiǎo):系有丝绳、弋射飞鸟的短箭。 ⑱肥:通“飞”。不过爻辞当按“肥”理解。

大 壮

☳☰乾下震上。大壮：利贞。

《彖》曰："大壮"，大者壮也。"大者"，谓阳爻。小道将灭，大者获正，故"利贞"也。刚以动，故"壮"。"大壮，利贞"，大者正也。正大，而天地之情可见矣。天地之情，正大而已矣。弘正极大①，则天地之情可见矣！

《象》曰：雷在天上，大壮。"刚以动"也②。君子以非礼弗履。壮而违礼则凶③，凶则失壮也，故君子以大壮而顺礼也。

[注释]①弘正极大："正"、"大"臻于极致。 ②刚以动："刚"指乾卦，"动"指震卦。 ③壮：强。

初九：壮于趾，征凶，有孚。夫得大壮者，必能自终成也，未有陵犯于物①，而得终其壮者。在下而壮，故曰"壮于趾"也。居下而用刚壮，以斯而进，穷凶可必也②，故曰"征凶，有孚"。

《象》曰："壮于趾"，其孚穷也。言其信穷。

九二：贞吉。居得中位，以阳居阴，履谦不亢③，是以"贞吉"。

《象》曰：九二"贞吉"，以中也。

九三：小人用壮，君子用罔，贞厉。羝羊触藩，羸其角。处健之极，以阳处阳，用其壮者也。故小人用之以为壮，君子用之以为罗己者也④。贞厉以壮，虽复羝羊以之触藩⑤，能无羸乎⑥！

《象》曰："小人用壮"，君子罔也。

九四：贞吉，悔亡。藩决不羸，壮于大舆之輹。下刚而进，将有忧虞⑦，而以阳处阴，行不违谦，不失其壮，故得“贞吉”而“悔亡”也。己得其壮，而上阴不罔己路⑧，故“藩决不决”也⑨。“壮于大舆之輹”，无有能说其輹者，可以往也。

《象》曰：“藩决不羸”，尚往也。

六五：丧羊于易，无悔。居于大壮，以阳处阳，犹不免咎，而况以阴处阳，以柔乘刚者乎？羊，壮也。必丧其羊，失其所居也。能丧壮于易⑩，不于险难，故得“无悔”。二履贞吉，能干其任⑪，而己委焉⑫，则得“无悔”。委之则难不至，居之则敌寇来，故曰“丧羊于易”。

《象》曰：“丧羊于易”，位不当也。

上六：羝羊触藩，不能退，不能遂，无攸利。艰则吉。有应于三，故“不能退”；惧于刚长，故“不能遂”⑬。持疑犹豫，志无所定，以斯决事，未见所利。虽处刚长，刚不害正。苟定其分，固志在三⑭，以斯自处，则忧患消亡，故曰“艰则吉”也。

《象》曰：“不能退，不能遂”，不详也。“艰则吉”，咎不长也。

[注释]①陵犯：侵犯。　②必：确定。　③履谦不亢：谓阳爻居阴位，谦卑而不高亢。　④罗：网。　⑤羝(dī)：公羊。触藩：以角抵撞藩篱。⑥羸(léi)：瘦弱。　⑦忧虞：忧虑。　⑧罔：害。　⑨藩决不决：当作“藩决不羸”。　⑩易：容易。爻辞中的“易”，当指有易氏之“易”，与殷商先公王亥放牧之事有关。　⑪能干其任：谓九二能够胜任。　⑫委：委托。　⑬遂：进。⑭固志在三：谓上六与九三相应。

晋

䷢坤下离上。晋：康侯用锡马蕃庶，昼日三接。

《彖》曰：“晋”，进也。明出地上，顺而丽乎大明，柔进

而上行，凡言上行者，所之在贵也①。**是以“康侯用锡马蕃庶，昼日三接”也。**“康”②，美之名也。顺以著明③，臣之道也；柔进而上行④，物所与也⑤，故得锡马而蕃庶⑥。以讼受服，则终朝三褫⑦；柔进受宠，则一昼三接也⑧。

《象》曰：明出地上，晋。君子以自昭明德。以顺著明，自显之道。

[注释]①所之：所往。 ②康：卦辞中的“康侯”，实际上指卫国首任国君卫康叔。卫康叔之“康”，其来源过去有不同的说法。据清华简《系年》，可知卫康叔被封于康丘，因而被称“康叔”，其后才迁至淇卫。 ③著明：显明。 ④上行：坤卦三阴爻上行，上居六五。 ⑤与：从。 ⑥锡：通“赐”。蕃庶：繁盛。 ⑦参见《讼·上九》。 ⑧一昼三接：一天受到三次接待，与“终朝三褫”相对。

初六：晋如摧如，贞吉。罔孚裕，无咎。处顺之初，应明之始①，明顺之德，于斯将隆②。进明退顺，不失其正，故曰“晋如摧如，贞吉”也③。处卦之始，功业未著④，物未之信，故曰“罔孚”。方践卦始⑤，未至履位，以此为足，自丧其长者也⑥。故必“裕”之⑦，然后“无咎”。

《象》曰：“晋如摧如”，独行正也。“裕无咎”，未受命也。未得履位，未受命也。

六二：晋如愁如，贞吉。受兹介福于其王母。进而无应，其德不昭，故曰“晋如愁如”。居中得位，履顺而正，不以无应而回其志⑧，处晦能致其诚者也⑨。修德以斯，闻乎幽昧⑩，得正之吉也，故曰“贞吉”。“母”者，处内而成德者也。鸣鹤在阴，则其子和之；立诚于暗，暗亦应之，故其初“愁如”⑪。履贞不回，则乃受兹大福于其王母也⑫。

《象》曰:"受兹介福",以中正也。

六三:众允,悔亡。处非其位,"悔"也。志在上行,与众同信,顺而丽明⑬,故得"悔亡"也。

《象》曰:"众允"之,志上行也。

九四:晋如鼫鼠,贞厉。履非其位,上承于五,下据三阴,履非其位。又负且乘⑭,无业可安,志无所据,以斯为进,正之厄也。进如鼫鼠⑮,无所守也。

《象》曰:"鼫鼠贞厉",位不当也。

六五:悔亡,失得勿恤。往吉,无不利。柔得尊位,阴为明主,能不用察,不代下任也⑯。故虽不当位,能消其悔。失得勿恤,各有其司,术斯以往,"无不利"也⑰。

《象》曰:"失得勿恤",往有庆也。

上九:晋其角,维用伐邑,厉吉,无咎,贞吝。处进之极,过明之中,明将夷焉⑱。已在乎角⑲,在犹进之,非亢如何?失夫道化无为之事,必须攻伐然后服邑⑳。危乃得吉,吉乃无咎。用斯为正,亦以贱矣。

《象》曰:"维用伐邑",道未光也。

[**注释**]①应明之始:谓初六与离卦(明)的九四相"应"。 ②于斯将隆:自此隆盛。 ③摧:退。如:……的样子。 ④著:显。 ⑤方践卦始:刚刚践履卦之始端。 ⑥长:进。 ⑦裕:宽裕。 ⑧回其志:改变初衷而别求他"应"。 ⑨晦:暗,不显明。 ⑩闻:传扬。 ⑪参见《中孚·九二》:"鹤鸣在阴,其子和之。我有好爵,吾与尔靡之。"王弼注:"立诚笃至,虽在暗昧,物亦应焉,故曰'鸣鹤在阴,其子和之'也。" ⑫王母:祖母。 ⑬丽:附丽。⑭负:指"上承于五"。乘:指"下据三阴"。九四以阳爻居阴位,故有凶险。⑮鼫(shí):鼯鼠一类的动物。或说通"硕鼠"之"硕"。 ⑯这句话的意思是:六五作为阴爻居于中位,为离卦之主,能够不用自己去明察,而是将事务委托

属下。参见《老子》第四十九章王弼注："物有其宗，事有其主。如此，则可冕旒充目而不惧于欺，黈纩塞耳而无戚于慢，又何为劳一身之聪明，以察百姓之情哉！" ⑰这句话的意思是：有所失去而不要忧虑，事物各有其职掌，依循此法行事，则无所不利。 ⑱夷：灭。下一卦即为"明夷"。 ⑲角：指最上端。⑳参见《老子》第二十三章王弼注："道以无形无为成济万物，故从事于道者以无为为居，不言为教。"服邑：使城邑归服。

明夷

䷣离下坤上。明夷：利艰贞。

《彖》曰：明入地中，"明夷"。内文明而外柔顺，以蒙大难，文王以之。"利艰贞"，晦其明也。内难而能正其志，箕子以之。

《象》曰："明入地中，明夷"，君子以莅众，莅众显明，蔽伪百姓者也①。故以蒙养正②，以明夷莅众③。用晦而明。藏明于内，乃得明也；显明于外，巧所辟也④。

[**注释**]①参见《老子》第十八章王弼注："行术用明，以察奸伪，趣睹形见，物知避之。故智慧出则大伪生也。"莅(lì)：临，治。 ②以蒙养正：参见蒙卦卦辞王弼注。 ③明夷：即下文所说"藏明"。但卦爻辞中的"明夷"当指太阳鸟，本卦讲日落，与晋卦讲日升相反。 ④参见《老子》第六十五章王弼注："而以智术动民，邪心既动，复以巧术防民之伪。民知其术，防随而避之。思惟密巧，奸伪益滋，故曰'以智治国，国之贼'也。"

初九：明夷于飞，垂其翼。君子于行，三日不食。有攸往，主人有言。明夷之主，在于上六，上六为至暗者也。初处卦之始，最远于难也。远难过甚，明夷远遯，绝迹匿形，不由轨路①，故曰"明夷于飞"。怀惧而行，行不敢显，故曰"垂其翼"也。尚义而行②，故曰"君子于行"也。志急于行，饥不遑食③，故曰"三日不食”也。殊类过甚④，以斯适人⑤，人心疑之，故曰“有攸往，主人有言”。

《象》曰：“君子于行”，义不食也。

六二：明夷夷于左股，用拯马，壮吉。夷于左股⑥，是行不能壮也。以柔居中，用夷其明，进不殊类，退不近难，不见疑惮⑦，顺以则也⑧，故可“用拯马”而“壮”吉也⑨。不垂其翼，然后乃免也。

《象》曰：六二之“吉”，顺以则也。顺之以则，故不见疑。

九三：明夷于南狩，得其大首，不可疾贞。处下体之上，居文明之极⑩，上为至晦，入地之物也⑪。故夷其明以获南狩⑫，得“大首”也⑬。“南狩”者，发其明也。既诛其主，将正其民。民之迷也，其日固已久矣。化宜以渐⑭，不可速正，故曰“不可疾贞”。

《象》曰：“南狩”之志，乃大得也。去暗主也。

六四：入于左腹，获明夷之心，于出门庭。“左”者，取其顺也。入于左腹，得其心意，故虽近不危。随时辟难，门庭而已，能不逆忤也⑮。

《象》曰：“入于左腹”，获心意也。

六五：箕子之明夷，利贞。最近于晦，与难为比，险莫如兹。而在斯中，犹暗不能没，明不可息，正不忧危，故“利贞”也⑯。

《象》曰：“箕子”之“贞”，明不可息也。

上六：不明，晦。初登于天，后入于地。处明夷之极，是至晦者也。本其初也，在乎光照，转至于晦，遂入于地。

《象》曰：“初登于天”，照四国也。“后入于地”，失则也。

[注释]①轨路：道路。　②尚：尊崇。　③遑：闲暇。　④殊类过甚：过

于特殊。 ⑤以斯适人:以此至于他人处所。 ⑥夷:伤。左股:左大腿。⑦疑惮:疑忌。 ⑧则:效法。 ⑨拯:升,举。上博本《周易》"拯"作"抍"。⑩文明之极:离卦最上。 ⑪入地:没入地平线。 ⑫南狩:向南征伐。离卦为南方之卦,表示光明,"南狩"以揭露光明。爻辞"明夷于南狩",据马王堆本《周易》,当作"明夷夷于南狩"。 ⑬大首:魁首,指与九三相"应"的上六,即下文所说"暗主"、"至晦者"。 ⑭化宜以渐:谓百姓迷失已久,要教化他们要循序渐进,欲速则不达。 ⑮这句话的意思是:由于可获取"明夷"的心意,故虽然近于"明夷"但不至于危险,可以随时避难,而不违逆。 ⑯这句话的意思是:六五虽然极度接近暗晦、险难,但有光明尚存,正直而不忧惧。爻辞用的是商纣王之叔箕子受难而韬光养晦的典故。

家 人

䷤离下巽上。家人:利女贞。"家人"之义①,各自修一家之道,不能知家外他人之事也。统而论之,非元亨利君子之贞,故"利女贞"。其正在家内而已。

《彖》曰:"家人",女正位乎内,谓二也。男正位乎外。谓五也。"家人"之义,以内为本,故先说女也。男女正,天地之大义也。家人有严君焉,父母之谓也。父父,子子,兄兄,弟弟,夫夫,妇妇,而家道正。正家而天下定矣。

《象》曰:风自火出,家人。由内以相成,炽也②。君子以言有物而行有恒。家人之道,修于近小而不妄也③。故君子以言必有物,而口无择言④;行必有恒,而身无择行⑤。

[注释]①家人:包括父母、兄弟、夫妇、子女。 ②炽:旺盛。内卦为离卦,其义为火。 ③近小:身边琐事。 ④择言:不合法度的议论。 ⑤择行:不合法度的行为。

初九:闲有家,悔亡。凡教在初,而法在始。家渎而后严之①，志变而后治之，则悔矣。处家人之初，为家人之始，故宜必以“闲有家”②，然后“悔亡”也。

《象》曰：“闲有家”，志未变也。

六二：无攸遂，在中馈，贞吉。居内处中，履得其位，以阴应阳，尽妇人之正义。无所必遂③，职乎中馈④，巽顺而已，是以“贞吉”也。

《象》曰：六二之“吉”，顺以巽也。

九三：家人嗃嗃，悔厉，吉。妇子嘻嘻，终吝。以阳处阳，刚严者也⑤，处下体之极，为一家之长者也。行与其慢⑥，宁过乎恭；家与其渎，宁过乎严。是以家人虽“嗃嗃，悔厉”⑦，犹得其道；“妇子嘻嘻”，乃失其节也。

《象》曰：“家人嗃嗃”，未失也。“妇子嘻嘻”，失家节也。

六四：富家，大吉。能以其富顺而处位，故“大吉”也。若但能富其家，何足为大吉？体柔居巽，履得其位，明于家道，以近至尊，能富其家也。

《象》曰：“富家，大吉”，顺在位也。

九五：王假有家，勿恤，吉。“假”⑧，至也。履正而应，处尊体巽，王至斯道以有其家者也。居于尊位，而明于家道，则下莫不化矣⑨。父父、子子、兄兄、弟弟、夫夫、妇妇，六亲和睦，交相爱乐⑩，而家道正，正家而天下定矣。故“王假有家”，则“勿恤”而“吉”⑪。

《象》曰：“王假有家”，交相爱也。

上九：有孚，威如，终吉。处家人之终，居家道之成，刑于寡妻⑫，以著于外者也，故曰“有孚”。凡物以猛为本者，则患在寡恩⑬；以爱为本者，则患在寡威。故家人之道，尚威严也。家道可终，唯信与威。身得威敬⑭，人亦如之。反之于身，则知施于人也。

《象》曰："威如"之"吉"，反身之谓也。

[注释]①渎：败坏。 ②闲：防闲，防备。但爻辞中的"闲"未必作此理解。 ③遂：进。爻辞中的"遂"，当为"逐"。先秦文字中"遂"一般作"述"，而不写作"遂"，"遂"同"逐"。 ④职：主。中馈：妻室。 ⑤刚严：刚强严厉。 ⑥慢：懈怠。 ⑦嗃嗃(hè)：严酷貌，与"嘻嘻"相对。 ⑧假：通"格"，至。 ⑨化：感化。 ⑩爱乐：爱悦。 ⑪恤：忧。 ⑫刑于寡妻：语出《诗经·大雅·思齐》："刑于寡妻，至于兄弟，以御于家邦。"刑：法。寡妻：嫡妻。 ⑬寡恩：缺少恩惠。 ⑭威敬：有威严，令人敬重。

睽

䷥兑下离上。睽：小事吉。

《彖》曰："睽"，火动而上，泽动而下。二女同居，其志不同行。说而丽乎明，柔进而上行，得中而应乎刚，是以"小事吉"。事皆相违①，害之道也。何由得"小事吉"？以有此三德也②。天地睽而其事同也，男女睽而其志通也，万物睽而其事类也。睽之时用大矣哉！睽离之时，非小人之所能用也。

《象》曰：上火下泽，睽。君子以同而异。同于通理③，异于职事。

[注释]①违：即"睽"之义，马王堆本《周易》"睽"作"乖"。兑卦(泽)与离卦(火)相互违背，不能互济。 ②三德：指"说而丽乎明"、"柔进而上行"、"得中而应乎刚"。 ③通理：通晓事理。

初九：悔亡。丧马，勿逐，自复。见恶人，无咎。处睽之初，居下体之下，无应独立①，悔也。与四合志，故得"悔亡"。马者，必显之物。处物之始，乖而丧其马②，物莫能同，其私必相显也，故“勿逐”而“自复”也。时方乖离，而位乎穷下，上无应可援，下无权可恃，显德自异，为恶所害，故“见恶人”乃得免咎也③。

《象》曰：“见恶人”，以辟咎也。

九二：遇主于巷，无咎。处睽失位，将无所安。然五亦失位，俱求其党，出门同趣④，不期而遇，故曰“遇主于巷”也。处睽得援⑤，虽失其位，未失道也。

《象》曰：“遇主于巷”，未失道也。

六三：见舆曳，其牛掣。其人天且劓，无初有终。

《象》曰：“见舆曳”，位不当也。“无初有终”，遇刚也。凡物近而不相得，则凶。处睽之时，履非其位，以阴居阳，以柔乘刚，志在于上，而不和于四，二应于五，则近而不相比，故“见舆曳”⑥。“舆曳”者，履非其位，失所载也。“其牛掣”者⑦，滞隔所在，不获进也。“其人天且劓”者⑧，四从上取，二从下取，而应在上九，执志不回。初虽受困，终获刚助。

九四：睽孤，遇元夫，交孚，厉，无咎。无应独处，五自应二，三与己睽，故曰“睽孤”也。初亦无应特立。处睽之时，俱在独立，同处体下，同志者也。而己失位，比于三五，皆与己乖，处无所安，故求其畴类而自托焉⑨，故曰“遇元夫”也⑩。同志相得而无疑焉，故曰“交孚”也。虽在乖隔，志故得行⑪，故虽危“无咎”。

《象》曰：“交孚无咎”，志行也。

六五：悔亡。厥宗噬肤，往何咎？非位，悔也，有应故“悔亡”。“厥宗”⑫，谓二也。“噬肤”者⑬，啮柔也。三虽比二，二之所噬，非妨己应者也。以斯而往，何咎之有？往必合也。

《象》曰：“厥宗噬肤”，往有庆也。

上九：睽孤，见豕负涂，载鬼一车，先张之弧，后说之

弧。匪寇婚媾，往遇雨则吉。处睽之极，睽道未通，故曰“睽孤”。已居炎极，三居泽盛，睽之极也⑭。以文明之极，而观至秽之物，睽之甚也。豕而负涂⑮，秽莫过焉。至睽将合，至殊将通，恢诡谲怪，道将为一⑯。未至于治，先见殊怪，故“见豕负涂”，甚可秽也。见鬼盈车，吁可怪也⑰。“先张之弧”⑱，将攻害也；“后说之弧”，睽怪通也。四剠其应⑲，故为寇也。睽志将通，匪寇婚媾，往不失时，睽疑亡也。贵于遇雨，和阴阳也。阴阳既和，群疑亡也⑳。

《象》曰：“遇雨”之“吉”，群疑亡也。

[注释]①无应独立：谓初九所无“应”。下文称“初亦无应特立”，“特立”即孤立，谓初九与九四无所“应”。　②乖：违背。　③这句话的意思是：初九处位最下，又无可凭借，见恶人无可避免，若显耀其德、强调自身独异，会被恶人加害，若见恶人则可以免去祸患。　④趣：同“趋”，往。　⑤援：援手，指與九二相“应”的六五。　⑥曳：通“辙”。爻辞的“舆曳”指车辙。　⑦掣：在爻辞中当通“觢”，音 shì，指牛角直立。　⑧天：黥(qíng)刑，在额头上刺字并涂墨。劓(yì)：割掉鼻子的一种酷刑。额头在鼻子之上，故下文称“四从上取，二从下取”。　⑨畴类：同类。　⑩元夫：指初九。　⑪故：固。　⑫厥：其。宗：主。“厥宗”指九二。　⑬噬肤：注文解释为“啮柔”。“柔”指的六三，为阴爻，是九二噬咬的对象。　⑭这句话的意思是：上九居于离卦最上(炎极、文明之极)，与其相“应”的六三居于兑卦(泽盛)最上，为睽卦的极点。　⑮豕而负涂：猪沾惹一身泥土，被视作污秽之物。　⑯这句话的意思是：违背、差异的事物到了极致，会最终相通。“恢诡谲怪，道将为一”语出《庄子·齐物论》：“恢诡谲怪，道通为一。”恢诡谲怪：离奇怪异。　⑰吁：表示惊叹。　⑱弧：弓。　⑲剠：同“黥”。谓九四伤害与上九相“应”的六三，九四被视作“寇”，下文“匪寇婚媾”即指九四阻拦六三、上九相“应”。　⑳群疑：指上述诸多光怪陆离的幻象。

蹇

䷦**艮下坎上。蹇：利西南，不利东北。**“西南”，地也。

“东北”，山也。以难之平，则难解；以难之山，则道穷①。**利见大人**，往则济也②。**贞吉**。爻皆当位，各履其正，居难履正，正邦之道也。正道未否③，难由正济④，故“贞吉”也。遇难失正，吉可得乎？

《彖》曰：“蹇”，难也，险在前也。见险而能止，知矣哉！“蹇，利西南”，往得中也。“不利东北”，其道穷也。“利见大人”，往有功也。当位“贞吉”，以正邦也。蹇之时用大矣哉！蹇难之时，非小人之所能用也。

《象》曰：山上有水，蹇。“山上有水”⑤，蹇难之象。**君子以反身修德。**除难莫若反身修德⑥。

[注释]①这句话的意思是：西南为平地，东南为山。“蹇”的意思是险难，由险难往平地，则险难可得消解；由险难往山地，则道路困穷，所以“不利”。 ②济：成。 ③否：否闭。 ④济：救。 ⑤山上有水：谓坎卦（水）在艮卦（山）之上。 ⑥反身：反躬自省。

初六：往蹇，来誉。处难之始，居止之初①，独见前识②，睹险而止，以待其时，知矣哉③！故往则遇蹇，来则得誉。

《象》曰：“往蹇，来誉”，宜待也。

六二：王臣蹇蹇，匪躬之故。处难之时，履当其位，居不失中，以应于五。不以五在难中，私身远害，执心不回，志匡王室者也，故曰“王臣蹇蹇，匪躬之故”④。履中行义，以存其上⑤，处蹇以此，未见其尤也⑥。

《象》曰：“王臣蹇蹇”，终无尤也。

九三：往蹇来反。进则入险，来则得位，故曰“往蹇来反”。为下卦之主，是内之所恃也⑦。

《象》曰:“往蹇来反”,内喜之也。

六四:往蹇来连。往则无应,来则乘刚,往来皆难,故曰“往蹇来连”⑧。得位履正,当其本实⑨,虽遇于难,非妄所招也⑩。

《象》曰:“往蹇来连”,当位实也。

九五:大蹇朋来。处难之时,独在险中,难之大者也,故曰“大蹇”。然居不失正,履不失中,执德之长⑪,不改其节。如此,则同志者集而至矣,故曰“朋来”也。

《象》曰:“大蹇朋来”,以中节也。

上六:往蹇来硕,吉,利见大人。往则长难⑫,来则难终,难终则众难皆济,志大得矣,故曰“往蹇来硕,吉”⑬。险夷难解⑭,大道可兴,故曰“利见大人”也

《象》曰:“往蹇来硕”,志在内也。有应在内,往则失之,来则志获⑮,志在内也。“利见大人”,以从贵也。

[注释]①居止之初:谓初六居于艮卦之始,艮卦之义为“止”。　②前识:参见《老子》第三十八章:“前识者,道之华而愚之始。”王弼注:“‘前识’者,前人而识也,”　③知:通“智”。　④这句话的意思是:六二为臣,九五为王,二者相“应”,均处于险难之中。六二并不为保全自身而远离险难,其志不改,一心要营救九五。匡:救。躬:己,但据上博本《周易》以及马王堆帛书《二三子问》,爻辞“匪躬之故”当作“非今之故”,“躬”与“今”音近相通。　⑤以存其上:谓六二保全其君上(九五)。　⑥尤:过。　⑦内之所恃:谓九三为内卦之主,为内卦所依靠。　⑧连:据王弼注,其义为“难”。　⑨本实:根本。⑩妄:乱,与“正”相对。　⑪执德之长:居其至德。　⑫长难:险难滋长。⑬硕:大。　⑭险夷难解:险难得到平息消解。　⑮来则志获:自上而下(来)则可获内卦之志,谓上六与九三相“应”。

解

䷧坎下震上。解:利西南。“西南”,众也。解难济险①,

利施于众。遇难不困于东北,故不言"不利东北"也。**无所往,其来复,吉。有攸往,夙吉。**未有善于解难,而迷于处安也②。"解"之为义,解难而济厄者也③。无难可往,以解来复④,则不失中;有难而往,则以速为吉者。无难则能复其中,有难则能济其厄也。

《彖》曰:"解",险以动,动而免乎险,解。动乎险外⑤,故谓之"免"。免险则解,故谓之"解"。**"解,利西南",往得众也。"其来复,吉",乃得中也。"有攸往,夙吉",往有功也。天地解而雷雨作,雷雨作而百果草木皆甲坼。**天地否结⑥,则雷雨不作;交通感散⑦,雷雨乃作也。雷雨之作,则险厄者亨,否结者散,故"百果草木皆甲坼"也⑧。**解之时大矣哉!**无坼而不释也⑨。难解之时,非治难时,故不言用;体尽于解之名,无有幽隐,故不曰义。

《象》曰:雷雨作,解。君子以赦过宥罪。

[注释]①解:接触。济:救。 ②迷于处安:迷失于安逸。 ③厄:难。 ④来复:去而复来。 ⑤动乎险外:谓震卦(动)在坎卦(险)之上。 ⑥否结:否闭,阻滞。 ⑦交通感散:天地交通、感应,阻滞消散。 ⑧甲坼:草木发芽时种子外皮裂开。"甲"指孚甲,即植物籽实的外皮。 ⑨释:解。

初六:无咎。"解"者,解也。屯难盘结①,于是乎解也。处蹇难始解之初,在刚柔始散之际,将赦罪厄②,以夷其险③。处此之时,不烦于位而"无咎"也④。

《象》曰:刚柔之际,义"无咎"也。或有过咎,非其理也,"义",犹"理"也。

九二:田获三狐,得黄矢,贞吉。狐者,隐伏之物也。刚中而应,为五所任,处于险中,知险之情,以斯解物,能获隐伏也,故曰“田获三狐”也⑤。“黄”，理中之称也⑥。“矢”，直也。田而获三狐，得乎理中之道，不失枉直之实⑦，能全其正者也，故曰“田获三狐，得黄矢，贞吉”也。

《象》曰：九二“贞吉”，得中道也。

六三：负且乘，致寇至，贞吝。处非其位，履非其正，以附于四，用夫柔邪以自媚者也。乘二负四，以容其身。寇之来也，自己所致，虽幸而免，正之所贱也⑧。

《象》曰：“负且乘”，亦可丑也。自我致戎，又谁咎也？

九四：解而拇，朋至斯孚。失位不正，而比于三，故三得附之为其拇也。三为之拇，则失初之应，故解其拇⑨，然后朋至而信矣⑩。

《象》曰：“解而拇”，未当位也。

六五：君子维有解，吉，有孚于小人。居尊履中，而应乎刚，可以“有解”而获“吉”矣。以君子之道解难释险，小人虽暗，犹知服之而无怨矣⑪，故曰“有孚于小人”也。

《象》曰：君子“有解”，小人退也。

上六：公用射隼于高墉之上，获之，无不利。初为四应，二为五应，三不应上，失位负乘。处下体之上，故曰“高墉”⑫。墉非隼之所处⑬，高非三之所履，上六居动之上，为解之极，将解荒悖而除秽乱者也⑭，故“用射”之。极而后动，成而后举，故必“获之”而“无不利”也。

《象》曰：“公用射隼”，以解悖也。

[注释]①屯难盘结：险难纠缠。“屯难”参见屯卦。　②赦：免。③夷：平。　④烦：劳。　⑤田：畋猎。　⑥理中：中正。　⑦枉直：曲直。⑧正之所贱：谓六三谄媚不正，遂能幸免于难，但仍为正道所鄙视。　⑨解其拇：爻辞的“解而拇”，上博本、马王堆本《周易》“而”均作“亓(其)”，“而”为讹

字。拇：脚的大拇指。 ⑩朋：指与九四相“应”的初六。 ⑪服：信服。 ⑫墉(yōng)：城墙。 ⑬隼(sǔn)：一种似鹰的猛禽，指与上六相“敌”的六三。 ⑭荒悖：昏乱，与“秽乱”均指六三。

损

☶兑下艮上。损：有孚，元吉，无咎，可贞，利有攸往。曷之用？二簋可用享。

《彖》曰：“损”，损下益上，其道上行。艮为阳，兑为阴，凡阴顺于阳者也。阳止于上，阴说而顺，损下益上①，“上行”之义也。损而“有孚，元吉，无咎，可贞，利有攸往。损之为道，损下益上、损刚益柔也。损下益上，非补不足也；损刚益柔，非长君子之道也②。为损而可以获“吉”，其唯“有孚”乎！损而“有孚”，则“元吉，无咎”，而可正，“利有攸往”矣。损刚益柔，不以消刚；损下益上，不以盈上。损刚而不为邪，益上而不为谄，则何咎而可正？虽不能拯济大难，以斯有往，物无距也③。曷之用？“曷”，辞也。“曷之用”，言何用丰为也④。二簋可用享”，“二簋”⑤，质薄之器也。行损以信，虽二簋而可用享。二簋应有时。至约之道⑥，不可常也。损刚益柔有时，下不敢刚，贵于上行，“损刚益柔”之谓也。刚为德长⑦，损之不可以为常也。损益盈虚，与时偕行。自然之质，各定其分，短者不为不足，长者不为有余，损益将何加焉⑧？非道之常，故必“与时偕行”也。

《象》曰：山下有泽，损。“山下有泽”⑨，损之象也。君子以惩忿窒欲。可损之善，莫善忿、欲也⑩。

[注释]①损下益上：下卦兑卦为阴卦，上卦艮卦为阳卦，减损下卦而使上卦有所增益。 ②参见《老子》第七十七章：“天之道，损有余而补不足。人之道则不然，损不足以奉有余。”长：使滋长。 ③距：同“拒”。 ④丰：丰盛，

指祭品。 ⑤二簋：簋是盛食物的器具，"二簋"规格不高。 ⑥约：俭约，指"二簋"的规格。 ⑦刚为德长：刚为至德。 ⑧参见《老子》第二十章王弼注："自然已足，益之则忧。故续凫之足，何异截鹤之胫？" ⑨山下有泽：为艮卦（山）在兑卦（泽）之上。 ⑩忿：怒。

初九：已事遄往，无咎，酌损之。损之为道，损下益上，损刚益柔，以应其时者也。居于下极，损刚奉柔，则不可以逸；处损之始，则不可以盈。事已则往①，不敢宴安②，乃获"无咎"也。刚以奉柔，虽免乎咎，犹未亲也。故既获无咎，复自"酌损"③，乃得合志也。"遄"④，速也。

《象》曰："已事遄往"，尚合志也。尚合于志，欲速往也。

九二：利贞，征凶，弗损，益之。柔不可全益，刚不可全削，下不可以无正。初九已损刚以顺柔，九二履中，而复损己以益柔，则剥道成焉⑤，故不可"遄往"而"利贞"也。进之于柔，则凶矣，故曰"征凶"也。故九二不损而务益⑥，以中为志也。

《象》曰：九二"利贞"，中以为志也。

六三：三人行，则损一人；一人行，则得其友。损之为道，损下益上，其道上行。"三人"，谓自六三已上三阴也⑦。三阴并行，以承于上，则上失其友，内无其主，名之曰"益"，其实乃"损"。故天地相应，乃得化醇；男女匹配，乃得化生⑧。阴阳不对，生可得乎？故六三独行，乃得其友，二阴俱行，则必疑矣。

《象》曰："一人行"，"三"则疑也。

六四：损其疾，使遄有喜，无咎。履得其位，以柔纳刚，能"损其疾"也。疾何可久？故速乃"有喜"。损疾以离其咎⑨，有喜乃免，故使速乃有喜，有喜乃"无咎"也。

《象》曰："损其疾"，亦可喜也。

六五：或益之十朋之龟，弗克违，元吉。以柔居尊，而为损道，江海处下，百谷归之[10]。履尊以损，则或益之矣[11]。“朋”，党也。龟者，决疑之物也。阴非先唱，柔非自任，尊以自居，损以守之。故人用其力，事竭其功，智者虑能，明者虑策[12]，弗能违也，则众才之用尽矣。获益而得“十朋之龟”[13]，足以尽天人之助也

《象》曰：六五“元吉”，自上祐也。

上九：弗损，益之，无咎，贞吉，利有攸往，得臣无家。处损之终，上无所奉，损终反益，刚德不损，乃反益之，而不忧于咎。用正而吉，不制于柔[14]，刚德遂长，故曰“弗损益之，无咎，贞吉，利有攸往”也。居上乘柔，处损之极，尚夫刚德，为物所归，故曰“得臣”。得臣则天下为一，故“无家”也。

《象》曰：“弗损，益之”，大得志也。

[注释]①已：完成。　②宴安：逸乐。　③酌损：酌情减损。　④遄(chuán)：迅速。　⑤剥道成焉：谓九二再损刚益柔，损卦将变成剥卦。与损卦的区别在于，剥卦的初爻、二爻均为阴爻。　⑥务：致力。　⑦已上：以上。⑧语出《系辞下》：“天地絪缊，万物化醇；男女构精，万物化生。”化醇：变化而精纯。　⑨离：同“罹”，遭受。　⑩参见《老子》第三十二章：“譬道之在天下，犹川谷之与江海。”王弼注：“川谷之不求江与海，非江海召之，不召不求而自归者也。”第六十一章王弼注：“江海居大而处下，则百川流之。”　⑪参见《老子》第四十二章：“人之所恶，唯‘孤’、‘寡’、‘不谷’，而王公以为称。故物或损之而益，或益之而损。”　⑫策：谋。　⑬益：爻辞中的“益”通“赐”。十朋之龟：价值十朋的龟，“朋”为货币单位，十贝为朋。　⑭不制于柔：不被柔所制服。

益

䷩震下巽上。益：利有攸往，利涉大川。

《彖》曰：“益”，损上益下，民说无疆。震，阳也。巽，阴

也。巽非违震者也。处上而巽①，不违于下，“损上益下”之谓也。**自上下下，其道大光。“利有攸往”，中正有庆。**五处中正，自上下下②，故“有庆”也。以中正有庆之德，“有攸往”也，何适而不利哉！**“利涉大川”，木道乃行。**木者③，以涉大川为常而不溺者也。以益涉难，同乎木也。**益动而巽，日进无疆。天施地生，其益无方。**损上益下。**凡益之道，与时偕行。**益之为用，施未足也④；满而益之，害之道也。故“凡益之道，与时偕行”也。

《象》曰：风雷，益。君子以见善则迁，有过则改。迁善改过，益莫大焉。

[注释]①巽：巽卦之义为巽(逊)。　②自上下下：谓九五居于上位而放低姿态对待下体。　③木：巽为木。在王弼注中，木可为渡河的舟楫，可以凭借其度过险难。　④施未足：向不足者施与。

初九：利用为大作，元吉，无咎。处益之初，居动之始，体夫刚德，以莅其事①，而之乎巽②，以斯大作③，必获大功。夫居下非厚事之地④，在卑非任重之处⑤，大作非小功所济，故“元吉”，乃得“无咎”也。

《象》曰：“元吉，无咎”，下不厚事也。时可以大作，而下不可以厚事，得其时而无其处，故“元吉”，乃得“无咎”也。

六二：或益之十朋之龟，弗克违，永贞吉。王用享于帝，吉。以柔居中，而得其位；处内履中，居益以冲⑥。益自外来，不召自至，不先不为，则朋龟献策，同于损卦六五之位⑦。位不当尊，故吉在“永贞”也。帝者，生物之主，兴益之宗，出震而齐巽者也⑧。六二居益之中，体柔当位，而应于巽，享帝之美，在此时也。

《象》曰：“或益之”，自外来也。

六三：益之，用凶事，无咎，有孚。中行告公用圭。以阴居阳，求益者也，故曰“益之”。益不外来，已自为之，物所不与，故在谦则戮，救凶则免⑨。以阴居阳，处下卦之上，壮之甚也。用救衰危，物所恃也，故“用凶事”，乃得“无咎”也。若能益不为私，志在救难，壮不至亢，不失中行⑩，以此告公，国主所任也。用圭之礼⑪，备此道矣。故曰“有孚，中行告公用圭”也。“公”者，臣之极也。凡事足以施天下，则称“王”；次天下之大者，则称“公”。六三之才，不足以告王，足以告公，而得用圭也，故曰“中行告公用圭”也。

《象》曰：“益用凶事”，固有之也。用施凶事，乃得固有之也。

六四：中行告公，从，利用为依迁国。居益之时，处巽之始，体柔当位，在上应下，卑不穷下，高不处亢，位虽不中，用中行者也。以斯告公，何有不从？以斯依迁⑫，谁有不纳也？

《象》曰：“告公从”，以益志也。志得益也。

九五：有孚惠心，勿问，元吉。有孚，惠我德。得位履尊，为益之主者也。为益之大，莫大于信；为惠之大，莫大于心。因民所利而利之焉，惠而不费，惠心者也⑬。信以惠心，尽物之愿，固不待问而“元吉，有孚，惠我德”也。以诚惠物，物亦应之，故曰“有孚，惠我德”也。

《象》曰：“有孚惠心”，勿问之矣。“惠我德”，大得志也。

上九：莫益之，或击之，立心勿恒，凶。处益之极，过盈者也⑭。求益无已，心无恒者也。无厌之求⑮，人弗与也。独唱莫和，是偏辞也⑯。人道恶盈，怨者非一⑰，故曰“或击之”也。

《象》曰：“莫益之”，偏辞也。“或击之”，自外来也。

[注释]①莅：临。　②之：往。　③以斯大作：以此兴办大事。　④厚

事：大事。　⑤卑：卑下。　⑥冲：虚。　⑦参见《损·六五》及王弼注。　⑧参见《说卦》："帝出乎震，齐乎巽。"宗：主。　⑨这句话的意思是："益"并不是外物所给予，而是由自己创造的。六三以阴爻居阳爻，不属于谦道。若是以谦道要求，则会早于凶险，若是挽救凶事，则可以免祸。　⑩中行：中道。　⑪圭：玉礼器，上圆（或剑头形）下方。　⑫依：据马王堆本《周易》，爻辞的"依"当为"家"之误。　⑬语出《论语·尧曰》："因民之所利而利之，斯不亦惠而不费乎？"惠：给人好处。费：耗费。　⑭过盈：过满。　⑮无厌：不知满足。　⑯偏辞：片面之词。　⑰非一：众多。

夬

䷪乾下兑上。**夬：扬于王庭，孚号有厉，告自邑。不利即戎，利有攸往。**夬①，与剥反者也②。剥以柔变刚，至于刚几尽；夬以刚决柔，如剥之消刚。刚陨，则君子道消；柔消，则小人道陨。君子道消，则刚正之德不可得直道而用③，刑罚之威不可得坦然而行。"扬于王庭"④，其道公也。

《彖》曰：**"夬"，决也，刚决柔也。健而说，决而和。**健而说⑤，则决而和矣。**"扬于王庭"，柔乘五刚也。**刚德齐长，一柔为逆⑥，众所同诛而无忌者也，故可"扬于王庭"。**"孚号有厉"，其危乃光也。**刚正明信以宣其令，则柔邪者危，故曰"其危乃光也"。**"告自邑，不利即戎"，所尚乃穷也。**以刚断制⑦，告令可也。"告自邑"，谓行令于邑也。用刚即戎⑧，尚力取胜也⑨。尚力取胜，物所同疾也⑩。**"利有攸往"，刚长乃终也。**刚德愈长，柔邪愈消，故"利有攸往"，道乃成也。

《象》曰：**泽上于天，夬。君子以施禄及下，居德则忌。**"泽上于天"⑪，夬之象也。泽上于天，必来下润，"施禄及下"之义也。"夬"者，明法而决断之象也。"忌"，禁也。法明断严⑫，不可以慢，故居德以明禁也。施而能严，严而能施，健而能说，决而能和，美之道也。

[注释]①夬：夬卦之“夬”，有决断的意思。　②与剥反：夬卦除六爻为阴爻，其他五爻均为阳爻；剥卦除六爻为阳爻，其他五爻均为阴爻。二者相反。　③直道：直接。　④扬于王庭：宣扬于朝廷，以君子（刚）决断小人（柔）。　⑤健而说：“健”为乾卦之义，“说（悦）”为兑卦之义。　⑥一柔：指上六这一唯一的阴爻，是为“逆”，与其他五爻“刚德”相对。　⑦断制：决断。⑧即戎：作战。　⑨尚力：崇尚武力。　⑩疾：恨。　⑪泽上于天：谓兑卦（泽）在乾卦（天）之上。　⑫法明断严：施法令和决断严明。

初九：壮于前趾，往不胜，为咎。居健之初，为决之始，宜审其策以行其事。壮其前趾[①]，往而不胜，宜其“咎”也。

《象》曰：“不胜”而“往”，咎也。不胜之理，在往前也。

九二：惕号，莫夜有戎，勿恤。居健履中，以斯决事，能审己度而不疑者也[②]。故虽有惕惧号呼，莫夜有戎[③]，不忧不惑，故“勿恤”也。

《象》曰：“有戎，勿恤”，得中道也。

九三：壮于頄，有凶。君子夬夬独行，遇雨若濡，有愠无咎。“頄”[④]，面权也，谓上六也。最处体上，故曰“权”也。剥之六三，以应阳为善。夫刚长则君子道兴，阴盛则小人道长。然则，处阴长而助阳则善，处刚长而助柔则凶矣。夬为刚长，而三独应上六，助于小人，是以凶也。君子处之，必能弃夫情累[⑤]，决之不疑，故曰“夬夬”也。若不与众阳为群，而独行殊志，应于小人，则受其困焉。“遇雨若濡”[⑥]，有恨而无所咎也。

《象》曰：“君子夬夬”，终无咎也。

九四：臀无肤，其行次且，牵羊悔亡，闻言不信。下刚而进，非己所据，必见侵伤⑦，失其所安，故“臀无肤，其行次且”也⑧。羊者，抵狠难移之物⑨，谓五也。五为夬主，非下所侵。若牵于五，则可得“悔亡”而已。刚亢不能纳言，自任所处，闻言不信⑩，以斯而行，凶可知矣。

《象》曰：“其行次且”，位不当也。“闻言不信”，聪不明也。同于噬嗑灭耳之凶⑪。

九五：苋陆夬夬，中行无咎。“苋陆”⑫，草之柔脆者也。决之至易，故曰“夬夬”也。“夬”之为义，以刚决柔，以君子除小人者也。而五处尊位，最比小人，躬自决者也。以至尊而敌至贱，虽其克胜，未足多也⑬。处中而行，足以免咎而已，未足光也⑭。

《象》曰：“中行无咎”，中未光也。

上六：无号，终有凶。处夬之极，小人在上，君子道长，众所共弃，故非号咷所能延也⑮。

《象》曰：“无号”之“凶”，终不可长也。

[注释]①趾：脚趾。 ②度：考虑。 ③莫：同“暮”。 ④頄(qiú)：颧骨。下文的“面权”即“面颧”。 ⑤弃夫情累：谓舍弃相“应”的小人(上六)。 ⑥遇雨若濡：被雨沾湿。因九三与小人相“应”，虽有灾祸，但怨不得他人。 ⑦见：被。 ⑧肤：肥肉。次且：即“趑趄(zī jū)”，想前进又不敢前进。 ⑨抵狠难移：形容羊凶悍顽固。 ⑩闻言不信：谓刚愎自用，不能接受谏言。 ⑪参见《噬嗑·上九·象》。 ⑫苋陆(xiàn lù)：即商陆。多年生草本，嫩叶可食，其根有毒，可供药用。 ⑬多：看重。 ⑭光：光大。 ⑮号咷：放声大哭。咷(táo)：同“啕”。延：长。

姤

☰巽下乾上。姤：女壮，勿用取女。

《彖》曰：“姤”，遇也，柔遇刚也。施之于人，即女遇男也。

一女而遇五男[①]，为壮至甚，故不可取也。**“勿用取女”，不可与长也。天地相遇，品物咸章也。**匹乃功成也[②]。**刚遇中正，天下大行也。**化乃大行也。**姤之时义大矣哉！**凡言义者，不尽于所见[③]，中有意谓者也[④]。

《象》曰：天下有风，姤。后以施命诰四方。

[注释]①一女而遇五男：谓姤卦有一阴爻、五阳爻。遇：解释“姤”，“姤”通“遘”。　②匹：合。　③所见：卦象。　④意谓：意义。

初六：系于金柅，贞吉。有攸往，见凶。羸豕孚蹢躅。“金”者，坚刚之物。“柅”者[①]，制动之主，谓九四也。初六处遇之始，以一柔而承五刚，体夫躁质，得遇而通，散而无主，自纵者也[②]。柔之为物，不可以不牵[③]；臣妾之道，不可以不贞，故必系于正应[④]，乃得“贞吉”也。若不牵于一，而有攸往行，则唯凶是见矣。“羸豕”[⑤]，谓牝豕也。群豕之中，豭强而牝弱[⑥]，故谓之“羸豕”也。“孚”，犹务躁也[⑦]。夫阴质而躁恣者[⑧]，羸豕特甚焉。言以不贞之阴，失其所牵，其为淫丑[⑨]，若羸豕之孚，务蹢躅也[⑩]。

《象》曰：“系于金柅”，柔道牵也。

九二：包有鱼，无咎，不利宾。初阴而穷下，故称“鱼”。不正之阴，处遇之始，不能逆近者也。初自乐来应己之厨，非为犯夺，故“无咎”也[⑪]。擅人之物[⑫]，以为己惠，义所不为，故“不利宾”也。

《象》曰：“包有鱼”，义不及宾也。

九三：臀无肤，其行次且，厉，无大咎。处下体之极，而二据于初，不为己乘，居不获安，行无其应，不能牵据，以固所处，故曰“臀无肤，其行次且”也[⑬]。然履得其位，非为妄处；不遇其时，故使危厉。灾非己招，是以“无大咎”也。

《象》曰："其行次且"，行未牵也。

九四：包无鱼，起凶。二有其鱼，故失之也。无民而动[14]，失应而作，是以"凶"也。

《象》曰："无鱼"之"凶"，远民也。

九五：以杞包瓜，含章，有陨自天。"杞"之为物[15]，生于肥地者也。"包瓜"为物，系而不食者也[16]。九五履得尊位，而不遇其应，得地而不食，含章而未发[17]，不遇其应，命未流行[18]。然处得其所，体刚居中，志不舍命，不可倾陨[19]，故曰"有陨自天"也。

《象》曰：九五"含章"，中正也。"有陨自天"，志不舍命也。

上九：姤其角，吝，无咎。进之于极，无所复遇，遇角而已[20]，故曰"姤其角"也。进而无遇，独恨而已；不与物争，其道不害，故无凶咎也。

《象》曰："姤其角"，上穷吝也。

[注释]①柅：指制约运动的事物。一说音 nǐ，车轫，指挡住车轮不使其转动的木块。一说音 chì，同"柅"，指络丝车的摇把。　②这句话的意思是：初六居于姤卦的开端，作为阴爻上承五阳爻，有躁动的特质，相遇之后得通，四散而无所凭依，自我放纵。　③牵：与"系"义近。　④正应：指与初六相"应"的九四。　⑤羸：弱。　⑥豭（jiā）：公猪。牝：雌。　⑦务：追求。⑧躁恣：急躁放纵。　⑨淫丑：邪恶。　⑩蹢躅（zhí zhú）：徘徊不进貌。⑪以上两句的意思是：初六作为有失正道的阴爻，并不违逆相邻的九二。初六乐意成为九二的庖厨，并不算侵犯。　⑫擅：占据。　⑬这句话的意思是：九三居于下体最上，九二已经具有初六，九三下无阴爻可乘，不能安定，与上九又不相"应"，所以徘徊难进。　⑭无民而动：谓九四本与初六相"应"，但初六被九二所据，所以九四失其"民"。　⑮杞：一说为枸杞，一说为杞柳。⑯参见《论语·阳货》："吾岂匏瓜也哉？焉能系而不食！"　⑰章：美。　⑱流行：运行。　⑲倾陨：倾覆。　⑳角：顶端。

萃

☷☱坤下兑上。萃：亨，聚乃通也[①]。王假有庙，"假"[②]，至也。王以聚至有庙也[③]。利见大人。亨，利贞，聚得大人，乃得通而利正也。用大牲吉，全乎聚道，用大牲乃"吉"也[④]。聚道不全而用大牲，神不福也。利有攸往。

《彖》曰："萃"，聚也。顺以说，刚中而应，故聚也。但顺而说[⑤]，则邪佞之道也。刚而违于中应[⑥]，则强亢之德也。何由得聚？顺说而以刚为主，主刚而履中，履中以应，故得聚也。"王假有庙"，致孝享也。全聚，乃得致孝之享也[⑦]。"利见大人，亨"，聚以正也。"大人"，体中正者也。通聚以正，聚乃得全也。"用大牲吉，利有攸往"，顺天命也。顺以说而不损刚，顺天命者也。天德刚而不违中，顺天则说，而以刚为主也。观其所聚，而天地万物之情可见矣。方以类聚，物以群分[⑧]。情同而后乃聚，气合而后乃群。

《象》曰：泽上于地，萃。君子以除戎器，戒不虞。聚而无防，则众心生[⑨]。

[注释]①聚：解释卦名"萃"。 ②假：通"格"，至。 ③有：在卦辞中当通"于"，介词。庙：宗庙。 ④大牲：牛。 ⑤顺而说："顺"指坤卦，"说(悦)"指兑卦。违于中应：失中位，无所"应"。 ⑥本卦六二与九五相"应"，则为"刚中而应"。 ⑦享：祭祀。 ⑧语出《系辞上》："方以类聚，物以群分，吉凶生矣。" ⑨这句话的意思是：如果聚会没有防备，则有异心滋生。

初六：有孚不终，乃乱乃萃，若号。一握为笑，勿恤。往无咎。有应在四，而三承之，心怀嫌疑[①]，故"有孚不终"也。不能守道，以结至好，迷务竞争②，故“乃乱乃萃”也。“一握”者，小之貌也。“为笑”者，懦劣之貌也③。己为正配④，三以近宠，若安夫卑退，谦以自牧⑤，则“勿恤”而“往无咎”也。

《象》曰：“乃乱乃萃”，其志乱也。

六二：引吉，无咎，孚乃利用禴。居萃之时，体柔当位，处坤之中，己独处正，与众相殊，异操而聚，民之多僻，独正者危⑥。未能变体以远于害，故必见引⑦，然后乃“吉”而“无咎”也。“禴”⑧，殷春祭名也，四时祭之省者也。居聚之时，处于中正，而行以忠信，故可以省薄荐于鬼神也⑨。

《象》曰：“引吉，无咎”，中未变也。

六三：萃如嗟如，无攸利。往无咎，小吝。履非其位，以比于四，四亦失位。不正相聚，相聚不正，患所生也。干人之应⑩，害所起也，故“萃如嗟如，无攸利”也⑪。上六亦无应而独立，处极而忧危，思援而求朋，巽以待物者也⑫。与其萃于不正，不若之于同志⑬，故可以“往”而“无咎”也。二阴相合，犹不若一阴一阳之应，故有“小吝”也。

《象》曰：“往无咎”，上巽也。

九四：大吉，无咎。履非其位，而下据三阴，得其所据，失其所处。处聚之时，不正而据，故必“大吉”，立夫大功，然后“无咎”也⑭。

《象》曰：“大吉，无咎”，位不当也。

九五：萃有位，无咎。匪孚，元永贞，悔亡。处聚之时，最得盛位，故曰“萃有位”也。四专而据，己德不行，自守而已，故曰“无咎，匪孚”。夫修仁守正，久必悔消，故曰“元永贞，悔亡”。

《象》曰：“萃有位”，志未光也。

上六：赍咨涕洟，无咎。处聚之时，居于上极，五非所乘，内无应援。处上独立,近远无助,危莫甚焉。“赍咨”⑮,嗟叹之辞也。若能知危之至,惧祸之深,忧病之甚,至于涕洟⑯,不敢自安,亦众所不害,故得“无咎”也。

《象》曰:“赍咨涕洟”,未安上也。

[注释]①嫌疑:猜疑。 ②迷务竞争:迷失自我,致力争夺。 ③懦劣:驽弱劣下。 ④正配:正妻。谓初六与九四相“应”。 ⑤自牧:自我修养。⑥这句话的意思是:六二以阴爻居阴位,又处于坤卦中位,得其中正,与他者不同。怀有不同操守的人相聚,多有邪僻者,唯一中正的人则有危险。⑦见引:指被九五加纳。爻辞中的“引”,义为“长”。 ⑧禴(yuè):同“礿”。殷商春天祭祀的仪典,在此泛指四时之祭。 ⑨省薄:俭约。荐:进献。⑩干:干扰。谓六三干扰初六与九四相“应”。 ⑪嗟如:感叹貌。 ⑫巽:顺。 ⑬之于同志:去往相同志向者的处所。 ⑭据孔颖达疏,本句当调整为:“处聚之时,不正而据,故必立夫大功,然后大吉,无咎也。”⑮赍咨(jī zī):叹息。 ⑯涕洟(tì tì):涕泪俱下,指哭泣。

升

䷭巽上坤下。升:元亨。用见大人,勿恤,巽顺可以升①。阳爻不当尊位,无严刚之正,则未免于忧,故“用见大人”,乃“勿恤”也。南征吉。以柔之南②,则丽乎大明也③。

《彖》曰:柔以时升,柔以其时,乃得升也。巽而顺,刚中而应,是以大亨。纯柔则不能自升,刚亢则物不从。既以时升,又巽而顺,刚中而应,以此而升,故得“大亨”。“用见大人,勿恤”,有庆也。“南征吉”,志行也。巽顺以升,至于大明,“志行”之谓也④。

《象》曰:地中生木,升。君子以顺德,积小以高大。

[注释]①升:登。 ②之:往。南:指南方之卦离卦。 ③丽:附丽。大

明：离卦之义为“明”。 ④志行：其志得行。

初六：允升，大吉。“允”，当也。巽卦三爻皆升者也。虽无其应，处升之初，与九二、九三合志俱升。当升之时，升必大得，是以“大吉”也。

《象》曰：“允升，大吉”，上合志也。

九二：孚乃利用禴，无咎。与五为应，往必见任①。体夫刚德，进不求宠，闲邪存诚②，志在大业，故乃利用纳约于神明矣③。

《象》曰：九二之“孚”，有喜也。

九三：升虚邑。履得其位，以阳升阴，以斯而举④，莫之违距⑤，故若“升虚邑”也⑥。

《象》曰：“升虚邑”，无所疑也。往必得邑。

六四：王用亨于岐山，吉，无咎。处升之际，下升而进，可纳而不可距也。距下之进，攘来自专⑦，则殃咎至焉⑧。若能不距而纳，顺物之情，以通庶志⑨，则得“吉”而“无咎”矣。岐山之会⑩，顺事之情，无不纳也。

《象》曰：“王用亨于岐山”，顺事也。

六五：贞吉，升阶。升得尊位，体柔而应，纳而不距，任而不专，故得“贞吉，升阶”而尊也。

《象》曰：“贞吉，升阶”，大得志也。

上六：冥升，利于不息之贞。处升之极，进而不息者也。进而不息，故虽冥犹升也⑪。故施于不息之正则可，用于为物之主则丧矣。终于不息，消之道也⑫。

《象》曰：“冥升”在上，消不富也。劳不可久也。

[注释]①见任:被任用,谓九二与六五相“应”。　②闲:防。　③纳约:谓禴祭俭约。　④举:升。　⑤违距:即“违拒”,违抗。　⑥虚邑:建在高处的城邑。“升虚邑”指九三与上六相“应”,九三上升容易。　⑦攘来自专:抗拒来者,独断专行。　⑧殃咎:灾祸。　⑨庶志:众人之志。　⑩岐山:周人发迹之地。　⑪冥:暗。　⑫消:衰微。

困

䷮坎下兑上。困:亨。困必通也①,处困而不能自通者,小人也。贞大人吉,无咎。处困而得“无咎”,“吉”乃免也。有言不信。

《彖》曰:“困”,刚掩也。刚见揜于柔也②。险以说,困而不失其所,“亨”,处险而不改其说③,困而不失其所亨也。其唯君子乎!“贞大人吉”,以刚中也。处困而用刚,不失其中,履正而能体大者也。能正而不能大博④,未能济困者也,故曰“贞大人吉”也。“有言不信”,尚口乃穷也。处困而言,不见信之时也。非行言之时⑤,而欲用言以免,必穷者也。其“吉”在于“贞大人”,口何为乎?

《象》曰:泽无水,困。君子以致命遂志。“泽无水”,则水在泽下⑥。水在泽下,困之象也。处困而屈其志者,小人也。君子固穷⑦,道可忘乎?

[注释]①困:困穷。　②见:被。揜:同“掩”,谓坎卦(刚)被兑卦(柔)所遮蔽。　③险:坎卦之义为“险”。说:兑卦之义为“说(悦)”。　④大博:大。⑤行言:说话。　⑥水在泽下:谓坎卦(水)则兑卦(泽)之下。　⑦语出《论语·卫灵公》:“君子固穷,小人穷斯滥矣。”固:安守。

初六:臀困于株木,入于幽谷,三岁不觌。最处底下,沉滞卑困[①]，居无所安，故曰“臀困于株木”也[②]。欲之其应[③]，二隔其路。居则困于株木，进不获拯，必隐遯者也，故曰“入于幽谷”也。困之为道，不过数岁者也，以困而藏，困解乃出，故曰“三岁不觌”也[④]。

《象》曰：“入于幽谷”，幽不明也。言“幽”者，不明之辞也。入于不明，以自藏也。

九二：困于酒食，朱绂方来，利用享祀。征凶，无咎。以阳居阴，尚谦者也。居困之时，处得其中。体夫刚质，而用中履谦，应不在一[⑤]，心无所私，盛莫先焉。夫谦以待物，物之所归；刚以处险，难之所济；履中则不失其宜，无应则心无私恃[⑥]，以斯处困，物莫不至，不胜丰衍[⑦]，故曰“困于酒食”，美之至矣。“坎”，北方之卦也。“朱绂”[⑧]，南方之物也。处困以斯，能招异方者也[⑨]，故曰“朱绂方来”也。丰衍盈盛，故“利用享祀”。盈而又进，倾之道也[⑩]。以此而征，凶谁咎乎？故曰“征凶，无咎”。

《象》曰：“困于酒食”，中有庆也。

六三：困于石，据于蒺藜。入于其宫，不见其妻，凶。石之为物，坚而不纳者也，谓四也。三以阴居阳，志武者也。四自纳初，不受己者也。二非所据，刚非所乘，上比困石，下据蒺藜，无应而入，焉得配偶[⑪]？在困处斯，“凶”其宜也。

《象》曰：“据于蒺藜”，乘刚也。“入于其宫，不见其妻”，不祥也。

九四：来徐徐，困于金车，吝，有终。“金车”，谓二也。二刚以载者也，故谓之“金车”。“徐徐”者，疑惧之辞也。志在于初，而隔于二，履不当位，威命不行[⑫]。弃之则不能，欲往则畏二，故曰“来徐徐，困于金车”也。有应而不能济之，故曰“吝”也。然以阳居阴，履谦之道，量力而处，不与二争，虽不当位，物终与之[⑬]，故曰

"有终"也。

《象》曰:"来徐徐",志在下也。"下",谓初也。虽不当位,有与也。

九五:劓刖,困于赤绂,乃徐有说,利用祭祀。以阳居阳,任其壮者也。不能以谦致物,物则不附。忿物不附而用其壮,猛行其威刑,异方愈乖,遐迩愈叛,刑之欲以得,乃益所以失也,故曰"劓刖,困于赤绂"也⑭。二以谦得之,五以刚失之,体在中直,能不遂迷⑮,困而后能用其道者也。致物之功,不在于暴,故曰"徐"也。困而后乃徐,徐则有说矣,故曰"困于赤绂,乃徐有说"也。祭祀,所以受福也。履夫尊位,困而能改,不遂其迷,以斯祭祀,必得福焉,故曰"利用祭祀"也。

《象》曰:"劓刖",志未得也。"乃徐有说",以中直也。"利用祭祀",受福也。

上六:困于葛藟,于臲卼,曰动悔有悔,征吉。居困之极,而乘于刚,下无其应,行则愈绕者也。行则缠绕,居不获安,故曰"困于葛藟,于臲卼"也⑯。下句无"困",因于上也⑰。处困之极,行无通路,居无所安,困之至也。凡物,穷则思变,困则谋通,处至困之地,用谋之时也⑱。"曰"者,思谋之辞也。谋之所行,有隙则获,言将何以通至困乎?"曰动悔",令生有悔,以征则济矣,故曰"动悔有悔,征吉"也。

《象》曰:"困于葛藟",未当也。所处未当,故致此困也。"动悔有悔",吉行也。

[注释]①沉滞:下沉停滞。卑困:微贱困顿。　②株木:露出地面的树根,一说指刑杖。　③欲之其应:谓初六欲前往相"应"的九四处所。　④觌(dí):相见。　⑤应不在一:谓九二无所"应"。　⑥私恃:个人的依靠。　⑦丰衍:富裕盈足。　⑧朱绂:古代礼服上的红色蔽膝,类似于围裙,后多借指官服。

绂(fú):又写作"市"、"韨"。 ⑨异方:他国。 ⑩倾:倾覆。 ⑪以上数句的意思是:六三作为阴爻居于阳位,志在刚武。九四像石头一样坚硬,接纳相"应"的初六,但不接受六三。九二为阳爻,非六三所能凌驾。六三上下都是险难,又无所"应"。蒺藜(jí lí):一年生草本植物,果皮有尖刺。 ⑫威命不行:政令不行,谓九四与初六相"应",但遭到九二阻碍。 ⑬与:从。 ⑭这句话的意思是:九五以阳爻居于阳位,过于阳刚,不够谦和,外物则不归附。若过度使用威权,其他国家就会愈加违背,远近都会反叛。通过刑罚有所得,反而进一步失去。劓刖(yì yuè):割鼻断足。根据马王堆本《周易》,此处爻辞的"劓刖",当作下文所见"臲卼"。赤绂:即"朱绂"。 ⑮遂迷:执迷。 ⑯葛藟(lěi):落叶木质藤本,即野葡萄。臲卼(niè wù):动摇不安貌。 ⑰这句话的意思是:"于臲卼"之前没有"困"字,是因为承"困于葛藟"一句而来。 ⑱参见《系辞下》:"易,穷则变,变则通,通则久。"

井

䷯巽下坎上。井:改邑不改井,井以不变为德者也①。无丧无得,德有常也。往来井井。不渝变也②。汔至亦未繘井,已来至而未出井也③。羸其瓶,凶。井道以已出为功也。几至而覆④,与未汲同也。

《彖》曰:巽乎水而上水,"井"。音"举上"之"上"。井养而不穷也,"改邑不改井",乃以刚中也。以刚处中⑤,故能定居其所而不变也。"汔至亦未繘井",未有功也。井以已成为功。"羸其瓶",是以凶也。

《象》曰:木上有水,井。君子以劳民劝相。"木上有水"⑥,井之象也。上水以养,养而不穷者也。"相",犹"助"也。可以劳民劝助⑦,莫若养而不穷也。

[注释]①不变为德:为井卦之义。 ②渝:变。 ③已:解释"汔","汔"音 qì。出井:解释"繘井""繘"音 yù,指用绳汲井水。 ④覆:解释"羸"。

⑤以刚处中：上卦与下卦均为阳爻居中位。 ⑥木上有水：谓坎卦（水）在巽卦（木）之上。 ⑦劳民：慰勉人民。劝助：鼓励扶助。

初六：井泥不食，旧井无禽。最在井底，上又无应，沉滞滓秽①，故曰“井泥不食”也。井泥而不可食，则是久井不见渫治者也②。久井不见渫治，禽所不向③，而况人乎？一时所共弃舍也。井者，不变之物，居德之地。恒德至贱，物无取也④。

《象》曰：“井泥不食”，下也。“旧井无禽”，时舍也。

九二：井谷射鲋，瓮敝漏。溪谷出水，从上注下，水常射焉。井之为道，以下给上者也，而无应于上，反下与初，故曰“井谷射鲋”⑤。“鲋”，谓初也。失井之道，水不上出而反下注，故曰“瓮敝漏”也⑥。夫处上宜下，处下宜上。井已下矣而复下注，其道不交，则莫之与也⑦。

《象》曰：“井谷射鲋”，无与也。

九三：井渫不食，为我心恻，可用汲。王明，并受其福。“渫”，不停污之谓也⑧。处下卦之上，履得其位，而应于上，得井之义也。当井之义，而不见食，修己全洁⑨，而不见用，故“为我心恻”也⑩。“为”，犹“使”也。不下注而应上，故“可用汲”也。王明，则见照明；既嘉其行，又钦其用，故曰“王明，并受其福”也⑪。

《象》曰：“井渫不食”，行恻也。行感于诚，故曰“恻”也。**求“王明”，受福也。**

六四：井甃，无咎。得位而无应，自守而不能给上，可以修井之坏⑫，补过而已。

《象》曰：“井甃，无咎”，修井也。

九五：井洌寒泉食。“洌”，絜也⑬。居中得正，体刚不桡⑭，不食不义，中正高絜，故“井洌寒泉”，然后乃食也。

《象》曰："寒泉"之"食"，中正也。

上九：井收勿幕，有孚，元吉。处井上极，水已出井，井功大成，在此爻矣，故曰"井收"也⑮。群下仰之以济⑯，渊泉由之以通者也。"幕"，犹"覆"也。不擅其有，不私其利，则物归之，往无穷矣，故曰"勿幕，有孚，元吉"也。

《象》曰："元吉"在上，大成也。

[注释]①滓秽：污秽。 ②久井：旧井。渫(xiè)：除去污泥。 ③禽所不向：谓禽鸟远离。 ④这句话的意思是：井不变且居德之地，所以有"恒德"。因其处下，所以至为轻贱，人与禽兽都舍弃它而去。 ⑤这句话的意思是：井本应是由下供给上，但九二无所"应"，反而是像溪谷一样从上往下注水。鲋(fù)：鲫鱼，指初六。 ⑥瓮：根据上博本、马王堆本、双古堆本《周易》，今本的"瓮"当为"唯"之误。敝：破。 ⑦这句话的意思是：井处下又滋养下方，与上不相交通，如此一来便没有什么与其亲善。 ⑧停污：污泥淤积。 ⑨修己全洁：自我修养，保持洁净。 ⑩恻(cè)：悲痛，马王堆本《周易》作"塞"。 ⑪这句话的意思是：如果遇到明主，那么就能显现其美行。嘉美其美行，又钦敬其用，所以说"王明，并受其福"。 ⑫修井之坏：解释"井甃"。甃(zhòu)：指砖砌的井壁，亦可指修治井壁。 ⑬絜：同"洁"。 ⑭桡：同"挠"，曲。 ⑮收：成。 ⑯济：成。

革

䷰离下兑上。革：已日乃孚，元亨，利贞，悔亡。夫民可与习常，难与适变；可与乐成，难与虑始①。故革之为道②，即日不孚③，"已日乃孚"也④。孚，然后乃得"元亨，利贞，悔亡"也。已日而不孚，革不当也⑤。悔吝之所生，生乎变动者也。革而当，其悔乃亡也。

《彖》曰："革"，水火相息，二女同居，其志不相得，曰"革"。凡不合然后乃变生⑥，变之所生，生于不合者也。故取不合之象以为革也。"息"者，生变之谓也。火欲上而泽欲下，水火相战，而后生变者也。二女同居⑦，而有水火之性，近而不相得也。

"已日乃孚"，革而信之。文明以说，大亨以正。革而当，其悔乃亡。天地革而四时成，汤武革命，顺乎天而应乎人。革之时大矣哉！夫所以得革而信者，文明以说也⑧。文明以说，履正而行，以斯为革，应天顺民，大亨以正者也。革而大亨以正，非当如何？

《象》曰：泽中有火，革。君子以治明时。历数时会，存乎变也。

[注释]①参见《商君书·更法》："语曰：'愚者暗于成事，知者见于未萌。民不可与虑始，而可与乐成。'"　②革：变更。　③即日：当日。孚：信。④已日：终日。　⑤当：合宜。　⑥不合：谓离卦（火）、兑卦（泽）"火欲上而泽欲下"，故不相合。　⑦二女：据《说卦》，离为中女，兑为少女。　⑧文明：离卦之义。说：兑卦之义。

初九：巩用黄牛之革。在革之始，革道未成，固夫常中①，未能应变者也。此可以守成，不可以有为也。"巩"，固也。"黄"，中也。牛之革，坚仞不可变也②。固之所用，常中坚仞，不肯变也。

《象》曰："巩用黄牛"，不可以有为也。

六二：已日乃革之，征吉，无咎。阴之为物，不能先唱，顺从者也。不能自革，革已乃能从之③，故曰"已日乃革之"也。二与五虽有水火殊体之异，同处厥中④，阴阳相应，往必合志，不忧咎也，是以"征吉"而"无咎"。

《象》曰："已日革之"，行有嘉也。

九三：征凶，贞厉。革言三就，有孚。已处火极，上卦三爻，虽体水性，皆从革者也。自四至上，从命而变，不敢自违，故曰

“革言三就”[⑤]。其言实诚，故曰“有孚”。“革言三就，有孚”而犹征之，凶其宜也。

《象》曰：“革言三就”，又何之矣。

九四：悔亡，有孚改命，吉。初九处下卦之下，九四处上卦之下，故能变也。无应，“悔”也。与水火相比，能变者也，是以“悔亡”。处水火之际，居会变之始，能不固吝，不疑于下，信志改命，不失时愿，是以“吉”也[⑥]。有孚则见信矣，见信以改命，则物安而无违，故曰“悔亡，有孚改命，吉”也。处上体之下，始宣命也[⑦]。

《象》曰：“改命”之“吉”，信志也。信志而行。

九五：大人虎变，未占有孚。未占而孚，合时心也。

《象》曰：“大人虎变”，其文炳也。

上六：君子豹变，小人革面，居变之终，变道已成。君子处之，能成其文[⑧]，小人乐成，则变面以顺上也。征凶，居贞吉。改命创制，变道已成，功成则事损，事损则无为。故居则得正而吉，征则躁扰而凶也[⑨]。

《象》曰：“君子豹变”，其文蔚也。“小人革面”，顺以从君也。

[注释]①固：守。常中：恒常之中。　②仞：通“韧”，坚韧。　③革已：变革完成。　④厥中：其中位。　⑤革言：从革之言。三：九四、九五、上六三爻。就：成。　⑥这句话的意思是：九四居于上下卦之间，是变化的开端，不会一直悔吝。不怀疑下卦，相信下卦改命（革命）之志，不失去这一意愿。⑦宣命：宣示革命之志。　⑧文：文理。　⑨躁扰：急躁好动。

鼎

☲☴巽下离上。鼎：元吉，亨。革去故而鼎取新[①]。取新而当其人，易故而法制齐明[②]。吉，然后乃亨，故先“元吉”而后“亨”

也。“鼎”者，成变之卦也。革既变矣，则制器立法以成之焉。变而无制，乱可待也。法制应时，然后乃“吉”。贤愚有别，尊卑有序，然后乃“亨”，故先“元吉”而后乃“亨”。

《象》曰：“鼎”，象也。法象也③。**以木巽火，亨饪也。**“亨饪”④，鼎之用也。**圣人亨，以享上帝，而大亨以养圣贤。**“亨”者，鼎之所为也。革去故而鼎成新，故为亨饪调和之器也⑤。去故取新，圣贤不可失也。“饪”，孰也⑥。天下莫不用之，而圣人用之，乃上以享上帝，而下以大亨养圣贤也。**巽而耳目聪明，**圣贤获养，则已不为而成矣，故巽而耳目聪明也。**柔进而上行，得中而应乎刚，是以“元亨”。**谓五也。有斯二德⑦，故能成新而获大亨也。

《象》曰：木上有火，鼎。君子以正位凝命。“凝”者，严整之貌也。“鼎”者，取新成变者也。革去故而鼎成新。“正位”者，明尊卑之序也。“凝命”者，以成教命之严也⑧。

[注释]①参见《杂卦》：“‘革’，去故也。‘鼎’，取新也。”　②易故：改变旧事物。法制：法令制度。齐明：整齐而严明。　③法象：效法于鼎之象。④亨饪：即“烹饪”。　⑤调和：烹调。　⑥孰：同“熟”。　⑦二德：即“柔进而上行”、“得中而应乎刚”，指初六上行，六五与九二相“应”。　⑧教命：教令，指上对下的告谕。

初六：鼎颠趾，利出否。得妾以其子，无咎。凡阳为实而阴为虚①。鼎之为物，下实而上虚，而今阴在下，则是为覆鼎也，鼎覆则趾倒矣②。“否”，谓不善之物也。取妾以为室主③，亦“颠趾”之义也。处鼎之初，将在纳新，施颠以出秽④，得妾以为子，故“无咎”也。

《象》曰：“鼎颠趾”，未悖也。倒以写否⑤，故“未悖”也⑥。

“利出否”,以从贵也。弃秽以纳新也。

九二:鼎有实,我仇有疾,不我能即,吉。以阳之质,处鼎之中,有实者也。有实之物,不可复加,益之则溢⑦,反伤其实。“我仇”⑧,谓五也。困于乘刚之疾不能就我⑨,则我不溢,得全其“吉”也。

《象》曰:“鼎有实”,慎所之也。有实之鼎,不可复有所取。才任已极⑩,不可复有所加。“我仇有疾”,终无尤也。

九三:鼎耳革,其行塞,雉膏不食,方雨亏悔,终吉。“鼎”之为义,虚中以待物者也。而三处下体之上,以阳居阳,守实无应,无所纳受。耳宜空以待铉⑪,而反全其实塞,故曰“鼎耳革,其行塞”,虽有“雉膏”⑫,而终不能食也。雨者,阴阳交和,不偏亢者也。虽体阳爻,而统属阴卦。若不全任刚亢,务在和通,“方雨”则“悔亏”⑬,“终”则“吉”也。

《象》曰:“鼎耳革”,失其义也。

九四:鼎折足,覆公餗,其形渥,凶。处上体之下,而又应初,既承且施,非己所堪,故曰“鼎折足”也。初已出否,至四所盛,则已洁矣,故曰“覆公餗”也⑭。“渥”,沾濡之貌也⑮。既覆公餗,体为渥沾,知小谋大,不堪其任,受其至辱,灾及其身,故曰“其形渥,凶”也。

《象》曰:“覆公餗”,信如何也!不量其力,果致凶灾,信之如何!

六五:鼎黄耳金铉,利贞。居中以柔,能以通理,纳乎刚正,故曰“黄耳金铉,利贞”也。耳黄,则能纳刚正以自举也。

《象》曰:“鼎黄耳”,中以为实也。以中为实,所受不妄也。

上九:鼎玉铉,大吉,无不利。处鼎之终,鼎道之成也。

居鼎之成，体刚履柔，用劲施铉，以斯处上，高不诫亢⑯。得夫刚柔之节⑰，能举其任者也。应不在一，则应所不举，故曰“大吉，无不利”也。

《象》曰：“玉铉”在上，刚柔节也。

[注释]①阳：上体离卦为阳卦。阴：下体巽卦为阴卦。②鼎覆：鼎倒置。趾：鼎足。③室主：主妇，正室。④施颠：颠倒。出秽：污秽倾倒而出。⑤写：去除。⑥悖：违背。⑦益：加。⑧仇（qiú）：匹配。⑨乘刚之疾：谓与九二相“应”的六五居于阳爻九四之上。就：趋向。⑩才任：才能与职任。⑪耳：鼎耳。铉（xuàn）：古代举鼎的器具，状如钩，铜制，用以提鼎两耳。⑫雉膏：肥美的野鸡肉。⑬方：始。⑭餗（sù）：指鼎中的食物。⑮沾濡：沾湿。⑯高不诫亢：谓上九以阳爻居于阴位，不必担心过于高亢。⑰节：适度。

震

䷲震下震上。震：亨。惧以成①，则是以“亨”。震来虩虩，笑言哑哑。“震”之为义，威至而后乃惧也，故曰“震来虩虩”②，恐惧之貌也。“震”者，惊骇怠惰③，以肃解慢者也④。故“震来虩虩”，恐致福也⑤。“笑言哑哑”⑥，后有则也⑦。震惊百里，不丧匕鬯。威震惊乎百里，则是可以不丧匕鬯矣⑧。“匕”，所以载鼎实。“鬯”，香酒。奉宗庙之盛也。

《彖》曰：“震，亨”。“震来虩虩”，恐致福也。“笑言哑哑”，后有则也。“震惊百里”，惊远而惧迩也。威震惊乎百里，则惰者惧于近也。“不丧匕鬯”，出可以守宗庙社稷，以为祭主也。明所以堪长子之义也⑨。“不丧匕鬯”，则已出可以守宗庙⑩。

《象》曰：洊雷，震。君子以恐惧修省。

[注释]①惧:谓震卦为雷,其义为动,令人惊惧。 ②虩虩(xì):恐惧貌。 ③惊骇怠惰:使怠惰者恐惧。 ④肃:即下文所谓“肃整”。解慢:又作“懈慢”、“解嫚”,懈怠懒散。 ⑤恐:恐惧。 ⑥哑哑(è):笑声。 ⑦则:法。 ⑧匕:勺、匙之类的取食用具。鬯(chàng):古代祭祀用的酒,用郁金草酿黑黍而成。 ⑨堪:任用。 ⑩己出可以守宗庙:君王离开国度仍有嫡长子守护宗庙社稷。

初九:震来虩虩,后笑言哑哑,吉。体夫刚德,为卦之先,能以恐惧修其德也。

《象》曰:“震来虩虩”,恐致福也。“笑言哑哑”,后有则也。

六二:震来厉,億丧贝,跻于九陵,勿逐,七日得。“震”之为义,威骇怠懈,肃整惰慢者也。初干其任①,而二乘之,震来则危,丧其资货②,亡其所处矣,故曰“震来厉,億丧贝”。“億”③,辞也。“贝”,资货、粮用之属也。犯逆受戮,无应而行,行无所舍④。威严大行,物莫之纳,无粮而走。虽复超越陵险⑤,必困于穷匮⑥,不过七日,故曰“勿逐,七日得”也。

《象》曰:“震来厉”,乘刚也。

六三:震苏苏,震行无眚。不当其位,位非所处,故惧“苏苏”也⑦。而无乘刚之逆,故可以惧行而“无眚”也⑧。

《象》曰:“震苏苏”,位不当也。

九四:震遂泥。处四阴之中,居恐惧之时,为众阴之主,宜勇其身以安于众。若其震也,遂困难矣。履夫不正,不能除恐,使物安己,德未光也。

《象》曰:“震遂泥”,未光也。

六五:震往来厉,億无丧,有事。往则无应,来则乘刚,恐而往来，不免于危。夫处震之时，而得尊位，斯乃有事之机也⑨。而惧往来，将丧其事，故曰“億无丧，有事”也。

《象》曰：“震往来厉”，危行也。“其事在中”，大无丧也。大则无丧，往来乃危也⑩。

上六：震索索，视矍矍，征凶。震不于其躬，于其邻，无咎。婚媾有言。处震之极，极震者也。居震之极，求中未得，故惧而“索索”⑪，视而“矍矍”⑫，无所安亲也。已处动极而复征焉，“凶”其宜也。若恐非己造，彼动故惧，惧邻而戒，合于备豫，故“无咎”也⑬。极惧相疑，故虽“婚媾”而“有言”也。

《象》曰：“震索索”，中未得也。虽“凶”“无咎”，畏邻戒也。

[注释]①干：任。　②资货：财物。　③億(yì)：臆度，揣测。王弼注理解作语气词，则通“噫”。　④舍：止。　⑤陵：经过。　⑥穷匮：穷困匮乏。　⑦苏苏：畏惧不安貌。　⑧眚(shěng)：灾难。　⑨有事之机：主导事物的关键。　⑩这句话的意思是：六五居于尊位，是事物的枢纽，若行大事，则不会有所损失；如若往来惊惧不定，就会有危险。　⑪索索：恐惧貌。　⑫矍矍(jué)：惊惧四顾貌。　⑬这句话的意思是：如果恐惧并非上六自己造成，而是相邻者震动而引发恐惧，故有所戒备，这是合乎防备之道的，所以没有灾祸。

艮

䷳艮下艮上。艮其背，目无患也①。不获其身；所止在后，故不得其身也。行其庭，不见其人，相背故也。无咎。凡物对面而不相通，否之道也②。“艮”者，止而不相交通之卦也。各止而不相与③，何得“无咎”？唯不相见乃可也。施止于背，不隔物欲④，得其所止也。“背”者，无见之物也。无见则自然静止，静止而无见,则"不获其身"矣。"相背"者,虽近而不相见,故"行其庭,不见其人"也。夫施止不于无见,令物自然而止,而强止之,则奸邪并兴。近而不相得,则凶。其得"无咎","艮其背,不获其身;行其庭。不见其人"故也。

《彖》曰:"艮",止也。时止则止,时行则行,动静不失其时,其道光明。止道不可常用⑤,必施于不可以行。适于其时,道乃光明也。**艮其止,止其所也。**易背曰"止"⑥,以明背即止也。施止不可于面,施背乃可也。施止于止,不施止于行,得其所矣,故曰"艮其止,止其所"也。**上下敌应,不相与也。是以"不获其身,行其庭,不见其人,无咎"也。**

《象》曰:兼山,艮。君子以思不出其位。各止其所,不侵官也⑦。

[注释]①目无患:谓所艮(止)在背,前面的双眼不受影响。 ②否:否闭。 ③相与:即阴阳相"应"。 ④不隔物欲:谓不必等待物欲滋生才去阻隔,将物欲限制于未萌生的状态。 ⑤止道:止之道。 ⑥易:郭京《周易举正》谓当作"艮"。 ⑦侵官:超越权限而侵犯其他官员的职权。

初六:艮其趾,无咎,利永贞。处止之初,行无所之,故止其趾①,乃得"无咎"。至静而定,故"利永贞"。

《象》曰:"艮其趾",未失正也。

六二:艮其腓,不拯其随,其心不快。"随",谓趾也。止其腓②,故其趾不拯也③。腓体躁而处止,而不得拯其随,又不能退听安静④,故"其心不快"也。

《象》曰:"不拯其随",未退听也。

九三:艮其限。列其夤,厉,薰心。"限"⑤,身之中也。三当两象之中,故曰"艮其限"。"夤"⑥,当中脊之肉也。止加其身，中体而分，故"列其夤"而忧危"薰心"也⑦。"艮"之为义，各止于其所，上下不相与，至中则列矣⑧。列加其夤，危莫甚焉。危亡之忧，乃薰灼其心也。施止体中，其体分焉。体分两主，大器丧矣。

《象》曰："艮其限"，危"薰心"也。

六四：艮其身，无咎。中上称身，履得其位，止求诸身，得其所处，故不陷于咎也。

《象》曰："艮其身"，止诸躬也。自止其躬，不分全体。

六五：艮其辅，言有序，悔亡。施止于辅⑨，以处于中，故口无择言⑩，能亡其悔也。

《象》曰："艮其辅"，以中正也。能用中正，故"言有序"也。

上九：敦艮，吉。居止之极，极止者也。敦重在上⑪，不陷非妄⑫，宜其"吉"也。

《象》曰："敦艮"之"吉"，以厚终也。

[注释]①趾：脚趾，指脚。 ②腓（féi）：腿肚子。 ③拯救：举。 ④退听：退让顺从。⑤限：指腰。 ⑥夤（yín）：夹脊肉，又作"腪"。 ⑦薰（xūn）：通"熏"，烧灼。 ⑧列：通"裂"。 ⑨辅：颊骨。 ⑩择言：不合法度的议论。⑪敦重：敦厚庄重。 ⑫非妄：错误虚妄。

渐

䷴艮下巽上。渐：女归吉，利贞。"渐"者，渐进之卦也。止而巽①，以斯适进②，渐进者也。以止巽为进，故"女归吉"也③。进而用正，故"利贞"也。

《彖》曰："渐"，之进也，之于进也。"女归吉"也。进得位，往有功也。进以正，可以正邦也。其位刚，得中也。以渐进得位也。止而巽，动不穷也。

《象》曰：山上有木，渐。君子以居贤德善俗。贤德以止巽则居，风俗以止巽乃善。

[注释]①止而巽："止"为艮卦之义，"巽(逊)"为巽卦之义。 ②适：往。下文说"适进"为"始于下而升"，即由下不断往上升。 ③女归：女子出嫁。

初六：鸿渐于干。小子厉，有言无咎。"鸿"①，水鸟也。适进之义，始于下而升者也，故以鸿为喻之。六爻皆以进而履之为义焉。始进而位乎穷下②，又无其应，若履于干③，危不可以安也。始进而未得其位，则困于小子④，穷于谤言，故曰"小子厉，有言"也。困于小子谗谀之言，未伤君子之义，故曰"无咎"也。

《象》曰："小子"之"厉"，义"无咎"也。

六二：鸿渐于磐。饮食衎衎，吉。"磐"⑤，山石之安者也。进而得位，居中而应，本无禄养⑥，进而得之，其为欢乐⑦，愿莫先焉。

《象》曰："饮食衎衎"，不素饱也。

九三：鸿渐于陆。夫征不复，妇孕不育，凶，利御寇。"陆"⑧，高之顶也。进而之陆⑨，与四相得⑩，不能复反者也。"夫征不复"，乐于邪配，则妇亦不能执贞矣⑪。非夫而孕，故"不育"也。三本艮体⑫，而弃乎群丑⑬，与四相得，遂乃不反，至使"妇孕不育"。见利忘义，贪进忘旧，"凶"之道也。异体合好⑭，顺而相保，物莫能间⑮，故"利御寇"也。

《象》曰："夫征不复"，离群丑也。"妇孕不育"，失其道也。"利"用"御寇"，顺相保也。

六四：鸿渐于木。或得其桷，无咎。鸟而之木，得其宜也。"或得其桷"⑯，遇安栖也。虽乘于刚，志相得也。

《象》曰："或得其桷"，顺以巽也。

九五：鸿渐于陵。妇三岁不孕，终莫之胜，吉。“陵”，次陆者也。进得中位，而隔乎三、四，不得与其应合，故“妇三岁不孕”也。各履正而居中，三、四不能久塞其涂者也⑰。不过三岁，必得所愿矣。进以正邦，三年有成，成则道济，故不过三岁也⑱。

《象》曰：“终莫之胜，吉”，得所愿也。

上九：鸿渐于陆。其羽可用为仪，吉。进处高絜⑲，不累于位，无物可以屈其心而乱其志。峨峨清远⑳，仪可贵也，故曰“其羽可用为仪，吉”。

《象》曰：“其羽可用为仪，吉”，不可乱也。

[注释]①鸿：大雁。 ②穷下：穷困卑下的境地。 ③干：岸。 ④小子：小人。在爻辞中当指小儿子，上博本《周易》作“少子”。 ⑤磐：水滨小丘。 ⑥禄养：以食禄奉养。 ⑦欢乐：解释“衎衎”。衎衎（kàn）：和乐貌。 ⑧陆：高平之地。 ⑨之：往。 ⑩与四相得：谓九三与六四均无所“应”。 ⑪这句话的意思是：丈夫远行不归，与邪佞相匹配，其妻子也不能守其贞洁。 ⑫三本艮体：谓九三位于下体艮卦之内。 ⑬丑：类。“群丑”指下体艮卦的初六、六二。 ⑭异体合好：谓九三、六四分属上、下体却能相合。 ⑮间：阻隔。 ⑯桷（jué）：方形的椽子。 ⑰涂：同“途”。 ⑱这句话的意思是：九五居于尊位，前进能够安定国家，九三、六四不能够阻碍，三年可以成功。济：成。 ⑲絜：同“洁”。 ⑳峨峨：高貌。

归　妹

䷵兑下震上。归妹：征凶，无攸利。“妹”者，少女之称也。兑为少阴，震为长阳，少阴而承长阳，说以动①，嫁妹之象也②。

《彖》曰：“归妹”，天地之大义也，天地不交而万物不兴。“归妹”，人之终始也。阴阳既合，长少又交③，天地之大义，人伦之终始。**说以动，所归妹也。**少女而与长男交，少女所不乐也。而今说以动，所归必妹也。虽与长男交，嫁而系娣④，是以说也。**“征凶”，位不当也。**履于不正，说动以进，妖邪之道也。**“无攸利”，柔乘刚也。**以征，则有不正之凶；以处，则有乘刚之逆⑤。

《象》曰：泽上有雷，归妹。君子以永终知敝。“归妹”，相终始之道也，故“以永终知敝”⑥。

[注释]①说以动：“说（悦）”为兑卦之义，“动”为震卦之义。 ②嫁妹：嫁少女，即“归妹”。 ③长少又交：指兑卦（少阴、少女）、震卦（长阳、长男）相交。 ④娣（dì）：妹妹。古代嫁女，常以女方的妹妹（娣）、侄女（姪）陪嫁。⑤这句话的意思是：六三、六五分别在九二、九四之上，属于“柔乘刚”，因而有凶险。 ⑥敝：坏。

初九：归妹以娣。跛能履，征吉。少女而与长男为耦①，非敌之谓②，是娣从之义也。“妹”，少女之称也。少女之行，善莫若娣。夫承嗣以君之子，虽幼而不妄行，少女以娣，虽跛能履，斯乃恒久之义，吉而相承之道也③。以斯而进，“吉”其宜也。

《象》曰：“归妹以娣”，以恒也。“跛能履”，“吉”，相承也。

九二：眇能视，利幽人之贞。虽失其位，而居内处中，眇犹能视④，足以保常也。在内履中，而能守其常，故“利幽人之贞”也⑤。

《象》曰：“利幽人之贞”，未变常也。

六三：归妹以须，反归以娣。室主犹存，而求进焉，进未值时，故有须也⑥。不可以进，故反归待时，以娣乃行也⑦。

《象》曰：“归妹以须”，未当也。

九四:归妹愆期,迟归有时。夫以不正无应而适人也⑧,必须彼道穷尽⑨,无所与交,然后乃可以往,故愆期迟归⑩,以待时也。

《象》曰:"愆期"之志,有待而行也。

六五:帝乙归妹,其君之袂不如其娣之袂良。月几望,吉。归妹之中,独处贵位,故谓之"帝乙归妹"也⑪。"袂",衣袖,所以为礼容者也。"其君之袂",谓帝乙所宠也,即五也。为帝乙所崇饰,故谓之"其君之袂"也。配在九二,兑少震长,以长从少,不若以少从长之为美也,故曰"不若其娣之袂良"也。位在乎中,以贵而行,极阴之盛,以斯适配,虽不若少⑫,往亦必合,故曰"月几望,吉"也⑬。

《象》曰:"帝乙归妹","不如其娣之袂良"也。其位在中,以贵行也。

上六:女承筐无实,士刲羊无血,无攸利。"羊",谓三也。处卦之穷,仰无所承,下又无应。为女而承命,则筐虚而莫之与⑭;为士而下命,则刲羊而无血⑮。刲羊而无血,不应所命也。进退莫与,故曰"无攸利"也。

《象》曰:上六"无实",承虚筐也。

[注释]①耦:同"偶",配偶。　②非敌:不匹敌。　③这句话的意思是:设立继承人当取嫡长子,虽然嫡长子年幼,立他为继承人也不算过分。虽然所娶之女的妹妹年幼,作为陪嫁仍是可行的。　④眇(miǎo):眼盲。　⑤幽人:处于幽暗境地的人。在爻辞中当指囚犯。　⑥这句话的意思是:正室尚在,六三试图前进,未当其时,但仍有所等待。　⑦以:带着。　⑧适:往,嫁。⑨须:等待。　⑩愆(qiān):耽误。　⑪帝乙:商王。　⑫不若少:不如以少从长。　⑬几:近。望:满月。　⑭筐虚而莫之与:筐是空的,没有什么可以给予他人。谓上六上无所承。　⑮刲(kuī):刺杀,割取。"刲羊而无血"谓上

六下无所“应”。

丰

䷶震上离下。丰：亨，王假之。大而亨者，王之所至。勿忧，宜日中。“丰”之为义，阐弘微细①，通夫隐滞者也②。为天下之主，而令微隐者不亨，忧未已也，故至“丰亨”，乃得“勿忧”也。用夫丰亨不忧之德，宜处天中以遍照者也，故曰“宜日中”也。

《彖》曰：“丰”，大也。音“阐大”之“大”也。明以动，故丰。“王假之”，尚大也。“大”者，王之所尚，故至之也。“勿忧，宜日中”，宜照天下也。以勿忧之德，故“宜照天下”也。日中则昃，月盈则食，天地盈虚，与时消息，而况于人乎？况于鬼神乎？丰之为用，困于昃食者也③。施于未足则尚丰，施于已盈则方溢④，不可以为常，故具陈消息之道者也⑤。

《象》曰：雷电皆至，丰。君子以折狱致刑。文明以动⑥，不失情理也。

[注释]①阐弘微细：阐扬光大细微的事物。阐：大，发扬。 ②隐滞：隐藏沉滞的事物。 ③昃（zè）：太阳偏西。食：月食。 ④方：将。 ⑤陈：呈现。消息：盛衰消长。 ⑥文明以动：“文明”为离卦（电）之义，“动”为震卦（雷）之义。

初九：遇其配主，虽旬无咎，往有尚。处丰之初，其配在四，以阳适阳①，以明之动②，能相光大者也。“旬”，均也。虽均“无咎”，“往有尚”也。初、四俱阳爻，故曰“均”也。

《象》曰：“虽旬无咎”，过旬灾也。过均则争，交斯叛也③。

六二：丰其蔀，日中见斗。往得疑疾，有孚发若，吉。

"蔀"[4]，覆暧[5]，鄣光明之物也[6]。处明动之时，不能自丰，以光大之德，既处乎内，而又以阴居阴，所丰在蔀，幽而无睹者也，故曰"丰其蔀，日中见斗"也[7]。"日中"者，明之盛也。"斗见"者，暗之极也。处盛明而丰其蔀，故曰"日中见斗"。不能自发[8]，故"往得疑疾"。然履中当位，处暗不邪，"有孚"者也。"若"，辞也。有孚可以发其志，不困于暗，故获"吉"也。

《象》曰："有孚发若"，信以发志也。

九三：丰其沛，日中见沬。折其右肱，无咎。"沛"，幡幔[9]，所以御盛光也。"沬"[10]，微昧之明也。应在上六，志在乎阴，虽愈乎以阴处阴，亦未足以免于暗也。所丰在沛，"日中"则"见沬"之谓也。施明，则"见沬"而已；施用，则"折其右肱"[11]。故可以自守而已，未足用也。

《象》曰："丰其沛"，不可大事也。明不足也。"折其右肱"，终不可用也。虽有左在[12]，不足用也。

九四：丰其蔀，日中见斗。遇其夷主，吉。以阳居阴，"丰其蔀"也。得初以发，"夷主吉"也[13]。

《象》曰："丰其蔀"，位不当也。"日中见斗"，幽不明也。"遇其夷主"，吉行也。

六五：来章，有庆誉，吉。以阴之质，来适尊阳之位，能自光大，章显其德[14]，获"庆誉"也[15]。

《象》曰：六五之"吉"，有庆也。

上六：丰其屋，蔀其家，窥其户，阒其无人，三岁不觌，凶。屋，藏荫之物，以阴处极，而最在外，不履于位，深自幽隐，绝迹深藏者也。既"丰其屋"，又"蔀其家"，屋厚家覆，暗之甚也。虽"窥其户，阒其无人"[16]，弃其所处而自深藏也。处于明动尚大之时，而深自幽隐以高其行，大道既济而犹不见，隐不为贤，更为反道,"凶"其宜也[17]。三年,丰道之成。治道未济,隐犹可也;既济而隐,是以治为乱者也。

《象》曰:"丰其屋",天际翔也。翳光最甚者也[18]。"窥其户,阒其无人",自藏也。可以出而不出,"自藏"之谓也。非有为而藏,不出户庭,失时致凶,况自藏乎?凶其宜也。

[注释]①以阳适阳:谓初九以阳爻居阳位。 ②以明之动:谓下体离卦(明)上升至上体震卦(动)。 ③这句话的意思是:如果失去均平,就会产生斗争,相交则会产生背离。 ④蔀(bù):搭棚用的席。 ⑤暧(ài):昏暗,隐蔽。 ⑥鄣:同"障"。 ⑦斗:北斗。"日中见斗"指日食,故下文称"暗之极"。 ⑧发:明。 ⑨幡幔:帐幕。 ⑩沬(mèi):通"昧",微暗。 ⑪肱(gōng):胳膊由肘到肩的部分。 ⑫左:指左肱。 ⑬这句话的意思是:九四与初九相对,同为阳爻,可以相互显发,各为主客。夷:平均。 ⑭章显:即"彰显"。 ⑮庆誉:赏赐褒扬。 ⑯阒(qù):形容寂静。 ⑰这句话的意思是:上六处于丰卦的最上位,深藏自己而使德行高尚,大道成而不显现,隐居而不为贤人,转而违反常道,因而凶险。 ⑱翳(yì):遮蔽。

旅

䷷艮下离上。旅:小亨,旅贞吉。不足全夫贞吉之道[1],唯足以为旅之贞吉[2],故特重曰"旅贞吉"也[3]。

《彖》曰:"旅,小亨",柔得中乎外而顺乎刚,止而丽乎明,是以"小亨,旅贞吉"也。夫物失其主则散,柔乘于刚则乖[4],既乖且散,物皆羁旅,何由得"小亨"而"贞吉"乎?夫阳为物长[5],而阴皆顺阳,唯六五乘刚而复得中乎外[6],以承于上。阴各顺阳,不为乖逆。止而丽明[7],动不履妄[8],虽不及刚得尊位,恢弘大通,是以"小亨"。令附旅者不失其正[9],得其所安也。旅之时义大矣哉!"旅"者,大散,物皆失其所居之时也。咸失其居,物愿所附,岂非知者有为之时?

《象》曰：山上有火，旅。君子以明慎用刑而不留狱。止以明之，刑戮详也[10]。

［注释］①夫：代词，那。 ②旅：羁旅，在外客居。 ③特重曰：着重强调。 ④乖：差错，违背。 ⑤物长：事物中最尊贵者。 ⑥得中乎外：谓六五居于外卦的中位。 ⑦止：艮卦之义。丽：附丽。明：离卦之义。 ⑧履妄：居于不合理之所。 ⑨附旅：寄旅，客居他乡。 ⑩刑戮详：明察犯罪，审慎用刑。

初六：旅琐琐，斯其所取灾。最处下极，寄旅不得所安，而为斯贱之役[1]，所取致灾，志穷且困。

《象》曰："旅琐琐"，志穷灾也。

六二：旅即次，怀其资，得童仆贞。"次"者[2]，可以安行旅之地也。"怀"，来也。得位居中，体柔奉上，以此寄旅，必获次舍。怀来资货[3]，得童仆之所正也。旅不可以处盛，故其美尽于童仆之正也。过斯以往，则见害矣！童仆之正，义足而已。

《象》曰："得童仆贞"，终无尤也。

九三：旅焚其次，丧其童仆，贞厉。居下体之上，与二相得。以寄旅之身，而为施下之道，与萌侵权，主之所疑也，故次焚、仆丧而身危也[4]。

《象》曰："旅焚其次"，亦以伤矣。以旅与下，其义丧也。

九四：旅于处，得其资斧，我心不快。斧，所以斫除荆棘以安其舍者也。虽处上体之下，不先于物，然而不得其位，不获平坦之地，客于所处，不得其次，而得其资斧之地[5]，故其心"不快"也。

《象》曰："旅于处"，未得位也。"得其资斧"，心未快也。

六五：射雉一矢，亡，终以誉命。射雉以一矢，而复亡之[⑥]，明虽有雉，终不可得矣。寄旅而进，虽处于文明之中，居于贵位，此位终不可有也。以其能知祸福之萌，不安其处以乘其下，而上承于上，故“终以誉”而见“命”也[⑦]。

《象》曰：“终以誉命”，上逮也。

上九：鸟焚其巢，旅人先笑后号咷。丧牛于易，凶。居高危而以为宅，“巢”之谓也。客旅得上位，故“先笑”也。以旅而处于上极，众之所嫉也。以不亲之身，而当嫉害之地，必凶之道也，故曰“后号咷”[⑧]。牛者，稼穑之资[⑨]。以旅处上，众所同嫉，故“丧牛于易”[⑩]。不在于难，物莫之与，危而不扶[⑪]，丧牛于易，终莫之闻[⑫]。莫之闻，则伤之者至矣！

《象》曰：以旅在上，其义“焚”也。“丧牛于易”，终莫之闻也。

[注释]①斯贱：又作“斯贱”，卑贱。 ②次：旅行所居止的处所，即下文所说“次舍”。 ③资货：财物。 ④这句话的意思是：九三居于下体最上，上无所“应”，以客居的身份控制在下的六二，萌生侵夺权力的念头，而被主上所怀疑，因而客舍被烧、童仆丧失且自身陷入危险。 ⑤资斧：锋利的斧头。“资斧之地”指需要用斧头砍斫荆棘的荒地，非平坦顺畅之地。 ⑥复亡之：指失去仅剩的一支箭。 ⑦誉：美誉。见命：被赏赐爵命。 ⑧号咷：大哭。⑨稼穑：耕种。资：凭借。 ⑩丧牛于易：指殷商先公放牧于有易氏之地的典故。 ⑪扶：帮助。 ⑫终莫之闻：始终没有人告知而使有所警觉。

巽

☴巽下巽上。巽：小亨，全以巽为德[①]，是以“小亨”也。上下皆巽，不违其令，命乃行也。故申命行事之时[②]，上下不可以不巽也。**利有攸往，**巽悌以行[3]，物无距也[4]。**利见大人。**大人用之，道愈隆。

《彖》曰：重巽以申命，命乃行也。未有不巽而命行也。**刚巽乎中正而志行。**以刚而能用巽，处乎中正，物所与也[5]。**柔皆顺乎刚，**明无违逆，故得"小亨"。**是以"小亨，利有攸往，利见大人"。**

《象》曰：随风，巽。君子以申命行事。

[注释]①巽：巽卦之义为"巽(逊)"，即"顺"。　②申命：重申教命。"重巽"可读作"重训"，因而引伸出"申命"之说。　③悌：敬爱兄长，引申为顺从长上。　④距：同"拒"。　⑤与：交往。

初六：进退，利武人之贞。处令之初，未能服令者也，故"进退"也。成命齐邪[1]，莫善武人，故"利武人之贞"以整之[2]。

《象》曰："进退"，志疑也。巽顺之志，进退疑惧。**"利武人之贞"，志治也。**

九二：巽在床下，用史巫纷若，吉，无咎。处巽之中，既在下位，而复以阳居阴，卑巽之甚[3]，故曰"巽在床下"也。卑甚失正，则入于咎过矣。能以居中而施至卑于神祇[4]，而不用之于威势，则乃至于"纷若"之"吉"[5]，而亡其过矣。故曰"用史巫纷若，吉，无咎"也[6]。

《象》曰："纷若"之"吉"，得中也。

九三：频巽，吝。"频"，频蹙[7]，不乐而穷，不得已之谓也。以其刚正而为四所乘，志穷而巽，是以"吝"也。

《象》曰："频巽"之"吝"，志穷也。

六四：悔亡，田获三品。乘刚，"悔"也。然得位承五，卑得所奉，虽以柔御刚，而依尊履正，以斯行命，必能获强暴，远不仁者也⑧。获而有益，莫善三品⑨，故曰“悔亡，田获三品”。一曰干豆，二曰宾客，三曰充君之庖。

《象》曰：“田获三品”，有功也。

九五：贞吉，悔亡，无不利，无初有终。先庚三日，后庚三日，吉。以阳居阳，损于谦巽⑩，然秉乎中正以宣其令，物莫之违，故曰“贞吉，悔亡，无不利”也。化不以渐，卒以刚直用加于物，故初皆不说也⑪。终于中正，邪道以消，故“有终”也。申命令谓之“庚”⑫。夫以正齐物⑬，不可卒也⑭。民迷固久⑮，直不可肆也⑯。故先申三日，令著之后⑰，复申三日，然后诛而无咎怨矣。“甲”、“庚”⑱，皆申命之谓也。

《象》曰：九五之“吉”，位正中也。

上九：巽在床下，丧其资斧，贞凶。处巽之极，极巽过甚，故曰“巽在床下”也。斧，所以断者也。过巽失正，丧所以断⑲，故曰“丧其资斧，贞凶”也。

《象》曰：“巽在床下”，上穷也。“丧其资斧”，正乎凶也。

[注释]①成命：实现命令。齐邪：使坏人改邪归正。　②整：治。③卑巽：即“卑逊”、“卑顺”，谦恭驯顺。　④神衹：天神与地衹，泛指神灵。衹(qí)：地神。　⑤纷若：盛多貌。　⑥史巫：指掌神职的祝、宗、卜、史之类的官职。　⑦频蹙：又作“颦蹙”、“颦顣”，皱眉，形容忧伤，即下文所谓“不乐而穷”。　⑧这句话的意思是：六四以阴位居阳爻，得位居正。又下乘九三这一阳爻，上承九五这一阳爻，九五为尊。因此能够捕获凶暴者，远离不仁者。　⑨三品：即下文所说“干豆”、“宾客”、“充君之庖”，参见《礼记·王制》，指田猎所获之物的用途，可晒成干肉盛于豆这样的礼器作为祭品，或者宴飨宾客，或者供君王厨房使用。　⑩谦巽：即“谦逊”。　⑪初：一开始。不说：

即“不悦”。　⑫庚：续，重复，即“申”。　⑬齐物：使物整齐，归于正道。　⑭卒：同“猝”，仓促。　⑮迷：迷失。固：确实。　⑯直：正。肆：迅速。　⑰著：显著。　⑱甲：参见蛊卦卦辞：“先甲三日，后甲三日。”王弼注：“‘甲’者，创制之令也。创制不可责之以旧，故先之三日，后之三日，使令洽而后乃诛也。因事申令，终则复始，若天之行用四时也。”　⑲丧所以断：谓上九过于谦顺，丧失决断的能力。

兑

䷹兑上兑下。兑：亨，利贞。

《彖》曰：“兑”，说也。刚中而柔外，说以利贞，说而违刚则谄①，刚而违说则暴，刚中而柔外②，所以“说以利贞”也。刚中，故“利贞”；柔外，故“说，亨”。是以顺乎天而应乎人。天，刚而不失说者也。说以先民，民忘其劳。说以犯难，民忘其死。说之大，民劝矣哉！

《象》曰：丽泽，兑。君子以朋友讲习。“丽”③，犹“连”也。施说之盛，莫盛于此。

[注释]①说：兑卦之义为“说(悦)”。悦而少刚则失之谄媚，刚而少悦则失之强暴。　②刚中而柔外：为上、下体的中爻为刚，指九二、九五；外爻(上爻)为柔，指六三、上六。　③丽：附丽，谓兑卦为两个兑卦相连。

初九：和兑，吉。居兑之初，应不在一，无所党系①，“和兑”之谓也。说不在谄②，履斯而行，未见有疑之者，“吉”其宜矣。

《象》曰：“和兑”之“吉”，行未疑也。

九二：孚兑，吉，悔亡。说不失中，有孚者也。失位而说，孚吉③，乃“悔亡”也。

《象》曰："孚兑"之"吉"，信志也。其志信也。

六三：来兑，凶。以阴柔之质，履非其位，来求说者也。非正而求说，邪佞者也。

《象》曰："来兑"之"凶"，位不当也。

九四：商兑未宁，介疾有喜。"商"，商量裁制之谓也。"介"，隔也。三为佞说，将近至尊，故四以刚德裁而隔之，匡内制外④，是以"未宁"也。处于几近⑤，闲邪介疾⑥，宜其"有喜"也⑦。

《象》曰：九四之"喜"，有庆也。

九五：孚于剥，有厉。比于上六，而与相得，处尊正之位，不说信乎阳，而说信乎阴⑧，"孚于剥"之义也。"剥"之为义，小人道长之谓⑨。

《象》曰："孚于剥"，位正当也。以正当之位，信于小人而疏君子⑩，故曰"位正当"也。

上六：引兑。以夫阴质，最处说后，静退者也。故必见引⑪，然后乃说也。

《象》曰：上六"引兑"，未光也。

[**注释**]①无所党系：谓初九无所相"应"，没有朋党。 ②说不在谄：谓初九为阳爻，不违背阳刚，故不谄媚。 ③孚吉：有信而得吉。 ④匡：正。制：制裁。 ⑤处于几近：谓佞邪六三近于至尊九五。 ⑥闲：防。介：隔。疾：病。 ⑦喜：病愈。 ⑧说信乎阴：谓九五与上六相近相悦。 ⑨参见《剥·象》："'剥'，剥也，柔变刚也。'不利有攸往'，小人长也。" ⑩疏：疏远。⑪见引：被引导。

涣

䷺坎下巽上。涣：亨，王假有庙，利涉大川，利贞。

《彖》曰："涣，亨"，刚来而不穷，柔得位乎外而上同。

二以刚来居内,而不穷于险①。四以柔得位乎外②,而与上同。内刚而无险困之难,外顺而无违逆之乖③,是以“亨”、“利涉大川,利贞”也。凡刚得畅而无忌回之累④,柔履正而同志乎刚,则皆“亨”、“利涉大川,利贞”也。**“王假有庙”,王乃在中也。**王乃在乎涣然之中⑤,故至有庙也⑥。**“利涉大川”,乘木有功也。**“乘木”⑦,即涉难也。木者,专所以涉川也。涉难而常用涣道,必有功也。

《象》曰:风行水上,涣。先王以享于帝,立庙。

[注释]①不穷于险:谓九二处于坎卦(险)之中,但从上往下数,还没有到头。 ②得位乎外:谓六四以阴爻居阴位,处于外卦,与上九相同。③乖:违背。 ④忌:畏忌。回:奸邪。 ⑤涣然:离散貌。 ⑥至:解释“假(格)”。有:在卦辞中相当于介词“于”。庙:宗庙。 ⑦乘木:坎卦(水)在下,巽卦(木)在上,故称“乘木”。

初六:用拯马壮,吉。“涣”,散也。处散之初,乖散未甚,故可以游行①,得其志而违于难也。不在危剧而后乃逃窜②,故曰“用拯马壮,吉”③。

《象》曰:初六之“吉”,顺也。观难而行,不与险争,故曰“顺也”。

九二:涣奔其机,悔亡。“机”④,承物者也,谓初也。二俱无应,与初相得,而初得散道,离散而奔,得其所安,故“悔亡”也。

《象》曰:“涣奔其机”,得愿也。

六三:涣其躬,无悔。“涣”之为义,内险而外安者也⑤。散躬志外⑥,不固所守,与刚合志⑦,故得“无悔”也。

《象》曰:“涣其躬”,志在外也。

六四:涣其群,元吉。涣有丘,匪夷所思。逾乎险难,得位体巽，与五合志。内掌机密，外宣化命者也⑧，故能散群之险，以光其道。然处于卑顺，不可自专⑨，而为散之任⑩，犹有丘虚匪夷之虑⑪，虽得“元吉”，所思不可忘也。

《象》曰：“涣其群，元吉”，光大也。

九五：涣汗其大号，涣王居，无咎。处尊履正，居巽之中，散汗大号⑫，以荡险阨者也⑬。为涣之主，唯王居之，乃得“无咎”也。

《象》曰：“王居，无咎”，正位也。正位不可以假人⑭。

上九：涣其血，去逖出，无咎。“逖”⑮，远也。最远于害，不近侵克⑯，散其忧伤，远出者也。散患于远害之地，谁将咎之哉！

《象》曰：“涣其血”，远害也。

[**注释**]①游行：在地面上移动。　②危剧：危急。　③拯：升，举。根据上博本、马王堆本《周易》，“用拯马壮，吉”之“用”为衍文，其后脱“悔亡”二字。④机：非“機（机）会”之“机”。通“几”，小桌子。根据上博本《周易》，“机”为“処（处）”之误。　⑤内险而外安：涣卦的内卦为坎卦，喻险；外卦为巽卦，喻安。　⑥躬：自身。志外：志在外。　⑦与刚合志：谓六三与上九相“应”。⑧宣：传达。化命：教化的命令。　⑨自专：亲身独任其事。　⑩任：责任。⑪丘虚：地势高的地方。匪夷：即“非夷”，不平。　⑫散汗：因恐惧而出汗。大号：大喊。　⑬荡：清除。险阨：险阻。　⑭假人：授予他人。　⑮逖（tì）：远。　⑯侵克：侵害攻击。

节

䷻兑下坎上。节：亨，苦节，不可贞。

《彖》曰：“节，亨”，刚柔分而刚得中。坎阳而兑阴也。阳上而阴下，刚柔分也。刚柔分而不乱，刚得中而为制，主“节”之义也。节之大者，莫若刚柔分、男女别也。“苦节，不可贞”，其道穷也。为节过苦①，则物所不能堪也②。物不能堪，则不可复正也。**说以行险，当位以节，中正以通。**然后及“亨”也③。无说而行险，过中而为节，则“道穷”也。**天地节而四时成，节以制度，不伤财，不害民。**

《象》曰：泽上有水，节。君子以制数度，议德行。

[注释]①苦：困苦，与“甘”相对。 ②堪：承受。 ③然后及亨：谓做到“说以行险，当位以节”，才能“中正以通”。下文“无说而行险，过中而为节”则与此相对。

初九：不出户庭，无咎。为节之初，将整离散而立制度者也①。故明于通塞，虑于险伪，不出户庭，慎密不失，然后事济而“无咎”也②。

《象》曰：“不出户庭”，知通塞也。

九二：不出门庭，凶。初已造之③，至二宜宣其制矣，而故匿之④，失时之极⑤，则遂废矣。故“不出门庭”则“凶”也。

《象》曰：“不出门庭，凶”，失时极也。

六三：不节若，则嗟若，无咎。“若”，辞也。以阴处阳，以柔乘刚，违节之道⑥，以至哀嗟⑦。自己所致⑧，无所怨咎，故曰“无咎”也。

《象》曰：“不节”之“嗟”，又谁咎也？

六四：安节，亨。得位而顺，不改其节而能“亨”者也。承上以斯⑨，得其道也。

《象》曰：“安节”之“亨”，承上道也。

九五：甘节，吉。往有尚。当位居中，为节之主，不失其中、不伤财、不害民之谓也。为节之不苦，非甘而何？术斯以往⑩，

“往有尚”也[11]。

《象》曰：“甘节”之“吉”，居位中也。

上六：苦节，贞凶，悔亡。过节之中，以致亢极，“苦节”者也。以斯施人，物所不堪，正之“凶”也。以斯修身，行在无妄，故得“悔亡”。

《象》曰：“苦节，贞凶”，其道穷也。

[注释]①整：治。 ②这句话的意思是：明察顺逆，考虑奸险虚伪，思虑审慎周密而无所失，然后可以事成而无害。 ③初已造之：谓初九创立制度。 ④故匿：故意隐匿。 ⑤失时之极：失去最好的时机。 ⑥节之道：即本卦彖辞王弼注所说：“节之大者，莫若刚柔分、男女别也。” ⑦哀嗟：悲叹。 ⑧致：招致。 ⑨承上以斯：像六四一样上承九五。斯：此。 ⑩术斯以往：以此法去实践。 ⑪尚：助。

中孚

䷼兑下巽上。中孚：豚鱼吉。利涉大川，利贞。

《彖》曰：“中孚”，柔在内而刚得中，说而巽，有上四德[1]，然后乃孚[2]。孚乃化邦也。信立而后邦乃化也[3]。柔在内而刚得中[4]，各当其所也。刚得中，则直而正；柔在内，则静而顺。说而以巽，则乖争不作[5]。如此，则物无巧竞[6]。敦实之行著[7]，而笃信发乎其中矣[8]。“豚鱼吉”，信及豚鱼也。鱼者，虫之隐者也[9]。豚者[10]，兽之微贱者也。争竞之道不兴，中信之德淳著[11]，则虽微隐之物，信皆及之。“利涉大川”，乘木舟虚也。乘木于用舟之虚[12]，则终已无溺也。用中孚以涉难，若乘木舟虚也。中孚以“利贞”，乃应乎天也。盛之至也。

《象》曰：泽上有风，中孚。君子以议狱缓死。信发于中，虽过可亮[13]。

[注释]①四德：指“柔在内”、“刚得中”、“说”、“巽”。　②孚：信。③化：感化。　④柔在内：谓六三、六四两阴爻夹于中间。刚得中：谓九二、九五居于中位。　⑤乖争：纷争。　⑥巧竞：虚伪争夺。　⑦敦实：敦厚诚实。著：显明。　⑧笃信：深信。　⑨虫：动物的通称。隐者：谓鱼可以潜隐于水中。　⑩豚：猪。　⑪淳著：昭著。　⑫参见《老子》第十一章王弼注：“木、埴、壁所以成三者，而皆以无为用也。言‘无’者，有之所以为利，皆赖无以为用也。”舟船中空，照应两阴爻夹于六爻之中。　⑬亮：信。

初九：虞吉，有它不燕。“虞”[①]，犹“专”也。为信之始，而应在四，得乎专吉者也。志未能变，系心于一，故“有它不燕”也[②]。

《象》曰：初九“虞吉”，志未变也。

九二：鹤鸣在阴，其子和之。我有好爵，吾与尔靡之。处内而居重阴之下[③]，而履不失中，不徇于外[④]，任其真者也[⑤]。立诚笃至[⑥]，虽在暗昧，物亦应焉，故曰“鸣鹤在阴，其子和之”也。不私权利[⑦]，唯德是与，诚之至也。故曰“我有好爵”，与物散之。

《象》曰：“其子和之”，中心愿也。

六三：得敌，或鼓或罢，或泣或歌。三居少阴之上[⑧]，四居长阴之下[⑨]，对而不相比[⑩]，“敌”之谓也。以阴居阳，欲进者也。欲进而阂敌[⑪]，故“或鼓”也。四履正而承五，非己所克，故“或罢”也[⑫]。不胜而退，惧见侵陵[⑬]，故“或泣”也。四履于顺，不与物校[⑭]，退而不见害[⑮]，故“或歌”也。不量其力，进退无恒，惫可知也[⑯]。

《象》曰：“或鼓或罢”，位不当也。

六四：月几望，马匹亡，无咎。居中孚之时，处巽之始，应说之初，居正履顺，以承于五，内毗元首[⑰]，外宣德化者也。充乎阴德之盛，故曰“月几望”[⑱]。“马匹亡”者，弃群类也。若夫居盛德之位，而与物校其竞争，则失其所盛矣，故曰“绝类”而“上”。履正承尊，不与三争，乃得“无咎”也。

《象》曰：“马匹亡”，绝类上也。“类”，谓三。俱阴爻，故曰“类”也。

九五：有孚挛如，无咎。“挛如”者[19]，系其信之辞也。处中诚以相交之时，居尊位以为群物之主，信何可舍？故“有孚挛如”，乃得“无咎”也。

《象》曰：“有孚挛如”，位正当也。

上九：翰音登于天，贞凶。“翰”，高飞也。“飞音”者，音飞而实不从之谓也。居卦之上，处信之终，信终则衰，忠笃内丧，华美外扬，故曰“翰音登于天”也[20]。翰音登天，正亦灭矣。

《象》曰：“翰音登于天”，何可长也？

[注释]①虞：除了王弼“专”的解释，也有解释作“安”、“准备”等说法。②有它：孔颖达解释作别有他求，在爻辞中“无它”指无凶险。不燕：即“不晏”，不安宁，马王堆本《周易》作“不宁”。 ④徇：求。 ⑤真：参见《老子》第二十八章王弼注：“‘朴’，真也。” ⑥笃至：深厚到了极点。 ⑦权利：权势和货财，照应“好爵”。 ⑧少阴：据《说卦》，指兑卦。 ⑨长阴：据《说卦》，指巽卦。 ⑩比：亲近。 ⑪阂：阻隔。 ⑫罢：同“疲”，累。 ⑬惧见侵陵：害怕被侵犯欺凌。 ⑭校：对抗。 ⑮见害：被害。 ⑯ 惫：极度疲乏。 ⑰毗：辅佐。元首：指九五。 ⑱月几望：月近于满月。马王堆本《周易》则作“月既望”。 ⑲挛如：牵连貌。 ⑳翰音：在爻辞中当指鸡鸣。

小过

䷽艮上震下。小过：亨，利贞。可小事，不可大事。飞鸟遗之音，不宜上，宜下，大吉。飞鸟遗其音[1]，声哀以求处，上愈无所适[2]，下则得安。愈上则愈穷，莫若飞鸟也。

《彖》曰："小过"，小者过而亨也。"小"者，谓凡诸小事也，过于小事而通者也[3]。过以"利贞"，与时行也。过而得以"利贞"，应时宜也。施过于恭俭，"利贞"者也。柔得中，是以"小事吉"也。刚失位而不中，是以"不可大事"也，成大事者，必在刚也。若柔而浸大[4]，剥之道也。有飞鸟之象焉。"不宜上，宜下"，即"飞鸟之象"。"飞鸟遗之音，不宜上，宜下，大吉"，上逆而下顺也。上则乘刚[5]，逆也；下则承阳[6]，顺也。施过于不顺，凶莫大焉；施过于顺，过更变而为吉也。

《象》曰：山上有雷，小过。君子以行过乎恭，丧过乎哀，用过乎俭。

[注释]①遗其音：失其声，谓过于哀伤。 ②愈无所适：更加没有去处。 ③过：过分。 ④浸：渐。 ⑤上则乘刚：谓六五居于阳爻九四之上。 ⑥下则承阳：谓六二居阳爻九三之下。

初六：飞鸟以凶。小过，上逆下顺，而应在上卦[1]。进而之逆[2]，无所错足[3]，飞鸟之"凶"也。

《象》曰："飞鸟以凶"，不可如何也？

六二：过其祖，遇其妣，不及其君，遇其臣，无咎。过而得之谓之"遇"。在小过而当位，过而得之之谓也。"祖"，始也，谓初也。"妣"者[4]，居内履中而正者也。过初而履二位，故曰"过其祖"而"遇其妣"。过而不至于僭[5]，尽于臣位而已，故曰"不及其君，遇其臣，无咎"。

《象》曰："不及其君"，臣不可过也。

九三：弗过防之，从或戕之，凶。小过之世，大者不立，故令小者得过也。居下体之上，以阳当位，而不能先过防之[6]，至令小咸过而复应而从焉⑦。其从之也，则戕之凶至矣⑧。故曰“弗过防之，从或戕之，凶”也。

《象》曰：“从或戕之”，凶如何也？

九四：无咎，弗过遇之，往厉必戒，勿用永贞。 虽体阳爻而不居其位，不为责主⑨，故得“无咎”也。失位在下，不能过者也。以其不能过，故得合于免咎之宜，故曰“弗过遇之”。夫“宴安酖毒，不可怀也”⑩，处于小过不宁之时，而以阳居阴，不能有所为者也。以此自守，免咎可也；以斯攸往⑪，危之道也。不交于物，物亦弗与，无援之助，故危则必戒而已⑫，无所告救也。沉没怯弱，自守而已，以斯而处于群小之中，未足任者也，故曰“勿用永贞”，言不足用之于永贞。

《象》曰：“弗过遇之”，位不当也。“往厉必戒”，终不可长也。

六五：密云不雨，自我西郊。公弋，取彼在穴。 “小过”，小者过于大也。六得五位，阴之盛也，故“密云不雨”，至于西郊也。夫雨者，阴在于上，而阳薄之而不得通，则烝而为雨，今艮止于下而不交焉，故“不雨”也。是故小畜“尚往”而“亨”，则不雨也⑬。小过阳不上交，亦不雨也。虽阴盛于上，未能行其施也。“公”者，臣之极也，五极阴盛，故称“公”也。“弋”，射也。“在穴”者，隐伏之物也。“小过”者，过小而难未大作，犹在隐伏者也。以阴质治小过，能获小过者也，故曰“公弋，取彼在穴”也。除过之道，不在取之，是乃密云未能雨也。

《象》曰：“密云不雨”，已上也。 阳已上⑭，故止也。

上六：弗遇过之，飞鸟离之，凶，是谓灾眚。 小人之过，遂至上极。过而不知限，至于亢也。过至于亢，将何所遇？飞而不已，将何所托？灾自己致⑮，复何言哉！

《象》曰："弗遇过之"，已亢也。

[注释]①应在上卦：谓初六与上卦的九四相"应"。　②之：往。　③错足：即"措足"，立足，置身。　④妣：指祖母以及祖母辈以上的女性祖先，与"祖"相对。　⑤僭：超越本分。　⑥过防：防范严密。　⑦小：指九三之下的初六、六二。咸：皆。复应而从：谓九三与上六相"应"。　⑧戕：杀害。⑨责：责任。　⑩语出《左传》闵公元年。宴安酖毒：又作"宴安鸩毒"，比喻耽于逸乐而杀身。酖：通"鸩"，音 zhèn，用毒鸟鸩的羽毛泡成的毒酒。怀：怀恋。⑪以斯攸往：以此所往。　⑫戒：谨慎。　⑬以上数句参见小畜卦卦爻辞。⑭阳已上：艮卦的阳爻已经上来。　⑮灾自己致：灾祸由自己招致。

既　济

䷾离下坎上。既济：亨，小利贞，初吉，终乱。

《彖》曰："既济，亨"，小者亨也。"既济"者①，以皆济为义者也。小者不遗，乃为皆济，故举小者以明既济也。"利贞"，刚柔正而位当也。刚柔正而位当②，则邪不可以行矣，故唯正乃"利贞"也。"初吉"，柔得中也。"终"止则"乱"，其道穷也。柔得中，则小者亨也；柔不得中，则小者未亨；小者未亨，虽刚得正，则为未既济也。故既济之要，在柔得中也。以既济为安者，道极无进③，终唯有乱，故曰"初吉终乱"。终乱不为自乱，由止故乱④，故曰"终止则乱"也。

《象》曰：水在火上，既济。君子以思患而豫防之。存不忘亡，既济不忘未济也。

[注释]①既：尽，皆。济：渡河。　②刚柔正而位当：谓阳爻初九、九三、九五皆在阳位，阴爻六二、六四、上六皆在阴位。　③道极无进：到了路的尽头而不再前进。　④由止故乱：由于终止不再前进，遂导致祸乱。

初九：曳其轮，濡其尾，无咎。最处既济之初，始济者也。始济未涉于燥①，故轮曳而尾濡也②。虽未造易③，心无顾恋，志弃难者也。其为义也，无所咎也。

《象》曰："曳其轮"，义"无咎"也。

六二：妇丧其茀，勿逐，七日得。居中履正，处文明之盛，而应乎五，阴之光盛者也。然居初、三之间，而近不相得，上不承三，下不比初。夫以光盛之阴，处于二阳之间，近而不相得，能无见侵乎④？故曰"丧其茀"也⑤。称"妇"者，以明自有夫而它人侵之也⑥。"茀"，首饰也。夫以中道执乎贞正，而见侵者，众之所助也。处既济之时，不容邪道者也。时既明峻⑦，众又助之，窃之者逃窜而莫之归矣⑧。量斯势也⑨，不过七日，不须已逐，而自得也。

《象》曰："七日得"，以中道也。

九三：高宗伐鬼方，三年克之，小人勿用。处既济之时，居文明之终，履得其位，是居衰末而能济者⑩。"高宗伐鬼方"⑪，"三年"乃"克"也。君子处之，故能兴也；小人居之，遂丧邦也⑫。

《象》曰："三年克之"，惫也。

六四：繻有衣袽，终日戒。"繻"⑬，宜曰"濡"。"衣袽"⑭，所以塞舟漏也。履得其正，而近不与三、五相得。夫有隙之弃舟，而得济者，"有衣袽"也。邻于不亲而得全者⑮，"终日戒"也。

《象》曰："终日戒"，有所疑也。

九五：东邻杀牛，不如西邻之禴祭，实受其福。"牛"，祭之盛者也。"禴"⑯，祭之薄者也。居既济之时，而处尊位，物皆济矣。将何为焉？其所务者，祭祀而已。祭祀之盛，莫盛修德，故沼沚之毛，苹蘩之菜，可羞于鬼神⑰。故"黍稷非馨，明德惟馨"⑱。是以"东邻杀牛，不如西邻之禴祭，实受其福"也⑲。

《象》曰："东邻杀牛"，不如西邻之时也。在于合时，不在于丰也。“实受其福”，吉大来也。

上六：濡其首，厉。处既济之极，既济道穷，则之于未济。之于未济，则首先犯焉⑳。过进不已，则遇于难，故“濡其首”也。将没不久，危莫先焉。

《象》曰：“濡其首，厉”，何可久也？

[注释]①燥：干燥，与“湿”相对。　②轮：车轮。曳：拖。尾：车尾。濡：沾湿。　③造：到。易：与“难”相对。　④见侵：被侵略。　⑤茀(fú)：通“髴”，王弼解释作“首饰”，即头上的装饰物。　⑥有夫：谓六二与九五相“应”。它人：即“他人”。　⑦时既明峻：形势显明。　⑧莫之归：没有人归附他。　⑨量斯势：估量这种形势。　⑩衰末：谓九三居于离卦(文明)的末端。　⑪高宗：指商王武丁。鬼方：商周时期北方的古部族，属于戎狄。　⑫丧邦：灭国。　⑬繻(rú)：丝织品，这里通“濡”。　⑭袽(rú)：烂衣服或破旧棉絮，用于塞住漏水的破船。　⑮邻于不亲：谓六四与九三、九五相邻但不相契合。⑯ 禴(yuè)：一种相对俭约的祭祀仪典。　⑰参见《左传》隐公三年：“信不由中，质无益也。明恕而行，要之以礼，虽无有质，谁能间之？苟有明信，涧、溪、沼、沚之毛，苹、蘩、薀、藻之菜，筐、筥、锜、釜之器，潢污、行潦之水，可荐于鬼神，可羞于王公。”沼：池子。沚(zhǐ)：水中的小块陆地。毛：草。苹：浮萍。蘩(fán)：白蒿。菜：蔬菜。羞：进献。　⑱语出《左传》僖公五年。黍：黄米。稷：小米或高粱，亦泛指谷物。馨：香。　⑲东邻杀牛：谓东边的邻居祭祀相对奢侈，郑玄谓“东邻”指商纣王之国。西邻之禴祭：谓西边的邻居祭祀相对俭约，郑玄谓“西邻”指周文王之国。　⑳首先犯：头部先受到侵犯。

未　济

䷿坎下离上。未济：亨，小狐汔济，濡其尾，无攸利。

《彖》曰：“未济，亨”，柔得中也。以柔处中，不违刚也；能纳刚健，故得“亨”也。“小狐汔济”，未出中也。小狐不能涉大川①，须汔然后乃能济②。处未济之时，必刚健拔难③，然后乃能济，汔乃能济，未能出险之中。**“濡其尾，无攸利”，不续终也。**小狐虽能渡，而无余力，将济而濡其尾④，力竭于斯，不能续终，险难犹未足以济也。济未济者，必有余力也。**虽不当位，刚柔应也。**位不当⑤，故未济；刚柔应⑥，故可济。

《象》曰：火在水上，未济。君子以慎辨物居方。辨物居方⑦，令物各当其所也。

[注释]①小狐：喻指阴爻，即既济卦的“小者”。 ②汔(qì)：水干涸。 ③拔难：脱离险境。 ④尾：指狐狸的尾巴。在象辞中指初六，与“终(上九)”相对。 ⑤位不当：谓阴爻初六、六三、六五处于阳位，阳爻九二、九四、上九处于阴位。 ⑥刚柔应：谓相对的爻刚柔相“应”。 ⑦辨：辨别。方：义近下文的“所”，处所。

初六：濡其尾，吝。处未济之初，最居险下，不可以济者也。而欲之其应，进则溺身。未济之始，始于既济之上六也。濡其首犹不反，至于濡其尾，不知纪极者也①。然以阴处下，非为进亢②，遂其志者也。困则能反，故不曰“凶”。事在已量③，而必困乃反，顽亦甚矣④，故曰“吝”也。

《象》曰：“濡其尾”，亦不知极也。

九二：曳其轮，贞吉。体刚履中，而应于五，五体阴柔，应与而不自任者也⑤。居未济之时，处险难之中，体刚中之质，而见任与⑥，拯救危难，经纶屯蹇者也⑦。用健拯难，靖难在正⑧，而不违中，故“曳其轮，贞吉”也。

《象》曰：九二“贞吉”，中以行正也。位虽不正，中以行正也。

六三：未济，征凶。利涉大川。以阴之质，失位居险，不能自济者也。以不正之身，力不能自济，而求进焉，丧其身也，故曰

“征凶”也。二能拯难，而已比之，弃已委二⑨，载二而行，溺可得乎？何忧未济？故曰“利涉大川”。

《象》曰：“未济，征凶”，位不当也。

九四：贞吉，悔亡。震用伐鬼方，三年，有赏于大国。处夫济之时，而出险难之上，居文明之初。体乎刚质，以近至尊，虽履非其位，志在乎正，则“吉”而“悔亡”矣。其志得行，靡禁其威⑩，故曰“震用伐鬼方”也。“伐鬼方”者，兴衰之征也。故每至兴衰而取义焉。处文明之初，始出于难，其德未盛，故曰“三年”也。五居尊以柔，体乎文明之盛，不夺物功者也，故以大国赏之也。

《象》曰：“贞吉，悔亡”，志行也。

六五：贞吉，无悔。君子之光有孚，吉。以柔居尊，处文明之盛，为未济之主，故必正然后乃“吉”，“吉”乃得“无悔”也。夫以柔顺文明之质，居于尊位，付与于能⑪，而不自役⑫，使武以文，御刚以柔，斯诚“君子之光”也。付物以能，而不疑也，物则竭力，功斯克矣，故曰“有孚，吉”。

《象》曰：“君子之光”，其晖吉也。

上九：有孚于饮酒，无咎。濡其首，有孚失是。未济之极，则反于既济。既济之道，所任者当也。所任者当，则可信之无疑，而已逸焉。故曰“有孚于饮酒，无咎”也。以其能信于物，故得逸豫而不忧于事之废。苟不忧于事之废，而耽于乐之甚⑬，则至于失节矣。由于有孚，失于是矣，故曰“濡其首，有孚失是”也。

《象》曰：“饮酒濡首”，亦不知节也。

[注释]①纪极：终极，限度。　②亢：高。　③已量：已经确定的限度。④顽：愚钝。　⑤应与：谓与九二相“应”的六五前来交往。不自任：谓六五不自为，委任于九二。　⑥见任与：谓九二被赋予任务。　⑦经纶：筹划治理。屯蹇：险难。　⑧靖难：平定变乱。　⑨弃已委二：谓六三邻近九二，委身九

二。 ⑩靡:不。 ⑪付与于能:托付给有能力的人。 ⑫自役:自己行事。⑬耽:沉溺。

论语释疑(佚文)

学　　而

有子曰:“其为人也孝弟,而好犯上者鲜矣。不好犯上,而好作乱者,未之有也!君子务本,本立而道生。孝弟也者,其为仁之本与!”自然亲爱为“孝”,推爱及物为“仁”也①。

[注释]①推爱及物:将爱推及到他物。参见《学而》:“弟子入则孝,出则悌,谨而信,泛爱众,而亲仁。”

为　　政

子曰:“吾十有五而志于学,三十而立,四十而不惑,五十而知天命,天命废兴有期,知道终不行也。六十而耳顺,“耳顺”,言心识在闻前也②。七十而从心所欲,不踰矩。”

[注释]①这句话的意思是:天命兴衰有其定数,知道“道”终有衰微之日。　②心识:心智。闻前:听闻之前。

子夏问孝,子曰:"色难。有事,弟子服其劳。有酒食,先生馔。曾是以为孝乎?"问同而答异者,或攻其短,或矫其时失①,或成其志,或说其行②。

[**注释**]①矫:纠正。 ②说:同"悦"。

八 佾

林放问礼之本,子曰:"大哉问!"时人弃本崇末①,故大其能寻本礼意也②。

[**注释**]①本:道。末:与"本"相对,包括礼。参见《老子》第三十八章王弼注:"夫礼也,所始首于忠信不笃,通简不畅,责备于表,机微争制。夫仁义发于内,为之犹伪,况务外饰而可久乎!故'夫礼者,忠信之薄而乱之首'也。……守母以存其子,崇本以举其末,则形、名俱有而邪不生,大、美配天而华不作。故母不可远,本不可失。" ②寻本礼意:追溯礼之根本。

里 仁

子曰:"参乎!吾道一以贯之哉!""贯",犹"统"也。夫事有归①,理有会②。故得其归,事虽殷大③,可以一名举;总其会,理虽博,可以至约穷也④。譬犹以君御民⑤,执一统众之道也⑥。**曾子曰:"唯。"子出,门人问曰:"何谓也?"曾子曰:"夫子之道,'忠恕'而已矣!"**"忠"者,情之尽也。"恕"者,反情以同物者也⑦。未有反诸其身而不得物之情,未有能全其恕而不尽理之极也⑧。能尽理极,则无物不统。极不可二,故谓之"一"也。推身统物,穷类适尽⑨,一言而可终身行者,其唯"恕"也。

[**注释**]①归:归宿。 ②会:合。 ③殷大:众多。 ④至约:极少,

“约”与“博”相对。　⑤御民：治民。　⑥执一统众：参见《周易略例·明象》：“夫众不能治众，治众者，至寡者也。……故自统而寻之，物虽众，则知可以执一御也；由本以观之，义虽博，则知可以一名举也。”　⑦反情：内省。同：统。　⑧极：极致。　⑨穷类适尽：探求万物而至于终点。

公冶长

子谓子贡曰：“汝与回也孰愈？”对曰：“赐也何敢望回。回也闻一以知十，赐也闻一以知二。”假数以明优劣之分①。言己与颜渊十裁及二②，明相去悬远也③。子曰：“弗如也！吾与汝弗如也！”

[注释]①假数：借用数字。　②裁：同“才”，仅。　③相去悬远：相距甚远。

雍也

子见南子，子路不悦。案本传①，孔子不得已而见南子②，犹文王拘羑里③，盖天命之穷会也④。子路以君子宜防患辱⑤，是以“不悦”也。夫子矢之曰：“予所否者，天厌之，天厌之！”否泰有命⑥。我之所屈不用于世者⑦，乃天命厌之⑧，言非人事所免也⑨。重言之者⑩，所以誓其言也。

[注释]①案本传：据《史记·孔子世家》。　②南子：卫灵公夫人，把持卫国朝政，行为不端。　③羑(yǒu)里：在今河南汤阴北，相传周文王被商纣王囚禁于此。　④穷会：穷困之时。　⑤患辱：忧患与耻辱。　⑥否泰有命：否闭与通达有其定数。　⑦不用于世：不被世人重视。　⑧厌之：厌弃我。⑨非人事所免：不是人为所能改变。　⑩重言之：再次申说“天厌之”。

述而

子曰:“述而不作,信而好古,窃比于我老彭。”“老”是老聃①,“彭”是彭祖②。老子者,楚苦县厉乡曲仁里人也③。姓李氏,名“耳”,字“伯阳”,谥曰“聃”,周守藏室之史也④。子曰:“志于道,“道”者,“无”之称也,无不通也,无不由也⑤。况之曰“道”⑥,寂然无体,不可为象。是道不可体⑦,故但志慕而已⑧。据于德,依于仁,游于艺。”

[注释]①老聃(dān):即老子。 ②彭祖:传说中长寿之人,享年八百岁。 ③苦县:春秋楚县,在今河南鹿邑。 ④藏室:藏书室。 ⑤由:从。⑥况:比拟。 ⑦体:亲近。 ⑧但:仅。志慕:向往仰慕。

子曰:“加我数年,五十以学《易》,可以无大过矣。”《易》以几、神为教①。颜渊庶几有过而改②,然则穷神研几可以无过。明易道深妙,戒过明训③,微言精粹④,熟习然后存义也⑤。

[注释]①参见《系辞上》:“夫易,圣人之所以极深而研几也。唯深也,故能通天下之志;唯几也,故能成天下之务;唯神也,故不疾而速,不行而至。”几:精微之理。 ②庶几:参见《系辞下》:“颜氏之子,其殆庶几乎!”“颜氏之子”指颜渊,后以“庶几”借指贤才。 ③戒过明训:防备过错的明确训诫。④微言:精深微妙的言辞。精粹:精细淳美。 ⑤存义:保全道义。

子曰:“圣人,吾不得而见之矣。得见君子者,斯可矣!”此为圣人与君子异也。然德足君物①,皆称“君子”,亦有德者之通称也。

[注释]①君物:君临万物。

子温而厉，威而不猛，恭而安。温者不厉①，厉者不温；威者心猛②，猛者不威；恭则不安③，安者不恭，此对反之常名也④。若夫温而能厉，威而不猛，恭而能安，斯不可名之理全矣⑤。故至和之调⑥，五味不形⑦；大成之乐⑧，五声不分⑨；中和备质⑩，五材无名也⑪。

[注释]①温：温和。厉：严厉。　②威：有威严。猛：凶猛。　③恭：庄严。安：安详。　④对反：成对相反。常名：常见的名称。　⑤不可名之理：不可命名的道理。　⑥至和：极和谐。调：指调味。　⑦五味：指酸、甜、苦、辣、咸五种味道。　⑧大成：形容音乐的完美。　⑨五声：指宫、商、角、征、羽五音。　⑩备：美好。　⑪五材：亦作"五才"，指指金、木、水、火、土五种物质。

泰　伯

子曰："兴于诗，立于礼，成于乐。"言有为政之次序也①。夫喜、惧、哀、乐，民之自然，应感而动，则发乎声歌②。所以陈诗采谣，以知民志风③。既见其风，则捐益基焉④。故因俗立制，以达其礼也。矫俗检刑⑤，民心未化，故又感以声乐，以和神也⑥。若不采民诗，则无以观风。风乖俗异⑦，则礼无所立，礼若不设，则乐无所乐，乐非礼则功无所济⑧。故三体相扶⑨，而用有先后也。

[注释]①为政：治理国家。　②参见《诗大序》："情动于中，而形于言；言之不足，故嗟叹之；嗟叹之不足，故永歌之；永歌之不足，不知手之舞之，足之蹈之也。情发于声，声成文谓之音。"　③参见《礼记·王制》："命大师陈诗，以观民风。"《吕氏春秋·音初》："凡音者，产乎人心者也。感于心则荡乎音，音成于外而化乎内。是故闻其声而知其风，察其风而知其志，观其志而知其德。"陈诗采谣：采集并进献民间诗歌。风：风俗。　④捐、益：助。基焉：基于此。　⑤检：查验。　⑥和神：和悦神灵。参见《尚书·尧典》："诗言志，歌

永言,声依永,律和声。八音克谐,无相夺伦,神人以和。” ⑦乖:违背。⑧济:成。 ⑨三体:指诗、礼、乐。相扶:相助。

子曰:“如有周公之才、之美,设使骄且吝,其余不足观也已矣!”人之才美如周公,设使骄悋①,其余无可观者。言才美以骄悋弃也。况骄悋者必无周公才美乎!假无设有②,以其骄悋之鄙也③。

[注释]①设使:假如。骄悋(lìn):同“骄吝”,自傲且狭隘。 ②假:借。设:设想。 ③鄙:鄙陋。

子曰:“狂而不直,侗而不愿,悾悾而不信,吾不知之矣!”夫推诚训俗①,则民俗自化;求其情伪②,则俭心兹应③。是以圣人务使民皆归厚,不以探幽为明;务使奸伪不兴,不以先觉为贤④。故虽明并日月⑤,犹曰“不知”也。

[注释]①训俗:教化民众。 ②情伪:真情与巧伪。 ③俭心:俭朴之心。兹:此。应:响应。 ④参见《老子》第四十九章王弼注:“若乃多其法网,烦其刑罚,塞其径路,攻其幽宅,则万物失其自然,百姓丧其手足,鸟乱于上,鱼乱于下。是以圣人之于天下歙歙焉,心无所主也;为天下浑心焉,意无所适莫也。无所察焉,百姓何避?无所求焉,百姓何应?无避无应,则莫不用其情矣。” ⑤明并日月:与日月齐光。

子曰:“巍巍乎,舜、禹之有天下也,而不与焉!”逢时遇世①,莫如舜、禹也。

[注释]①逢时遇世:指遭逢舜、禹在位时那样的理想社会。

子曰:“大哉,尧之为君也!巍巍乎唯天为大,唯尧则

之。荡荡乎民无能名焉！圣人有则天之德①。所以称"唯尧则之"者，唯尧于时全则天之道也②。"荡荡"，无形无名之称也。夫名所名者，生于善有所章而惠有所存③。善恶相须④，而名分形焉⑤。若夫大爱无私，惠将安在？至美无偏，名将何生？故则天成化⑥，道同自然，不私其子而君其臣⑦。凶者自罚，善者自功。功成而不立其誉，罚加而不任其刑⑧。百姓日用而不知所以然，夫又何可名也！**巍巍乎其有成功也，焕乎其有文章。"**

[注释]①则天：以天为法。　②于时：其时。　③章：同"彰"，彰明。惠：恩惠。　④相须：亦作"相需"，互相依存。　⑤名分：名位与身分。⑥成化：完成教化。　⑦私其子：偏私其子。君其臣：君临其臣。　⑧加：施行。任：用。

子　罕

达巷党人曰："大哉孔子！博学而无所成名！"譬犹和乐出乎八音乎①？然八音非其名也！**子闻之，谓门弟子曰："吾何执？执御乎？执射乎？吾执御矣！"**

[注释]①八音：指金、石、丝、竹、匏、土、革、木八种不同材质所制成的乐器。

子贡曰："有美玉于斯，韫椟而藏诸？求善贾而沽诸？"子曰："沽之哉，沽之哉！重言"沽之哉"①，卖之不疑也。故孔子乃聘诸侯②，以急行其道也。**我待贾者也！"**

[注释]①沽(gū)：卖。　②聘：访问。

子曰："可与共学，未可与适道；可与适道，未可与立；

可与立,未可与权。”“权”者,道之变。变无常体,神而明之,存乎其人,不可豫设①,尤至难者也。

[注释]①豫设:预先筹划和准备。

乡　党

厩焚,子退朝曰:“伤人乎?”不问马。孔子时为鲁司寇①,自公朝退而之火所②。“不问马”者,矫时重马者也③。

[注释]①司寇:官名,掌管刑狱、纠察等事。　②公朝:朝廷。之:往。火所:起火的处所。　③矫:纠正。重马:重视马。

先　进

德行:颜渊、闵子骞、冉伯牛、仲弓。此四科者①,各举其才长也。颜渊,德行之俊,尤兼之矣。言语:宰我、子贡。政事:冉有、季路。文学:子游、子夏。弟子才不徒十②,盖举其美者,以表业分名③。其余则各以所长,从四科之品也。

[注释]①四科:指“德行”、“言语”、“政事”、“文学”。　②才不徒十:有才能者不仅仅十个。　③表业分名:表彰次序,区别名分。

颜渊死,门人欲厚葬之。子曰:“不可。”有财,死则有礼;无财,则已焉①。既而备礼②,则近厚葬矣。故云孔子不听也。门人厚葬之,子曰:“回也,视予犹父也。予不得视犹子也。非我也,夫二三子也。”

[注释]①则已焉:则罢了,谓没有钱财不必过分追求礼数。　②备礼:

礼仪周备。

柴也愚,“愚”,好仁过也。参也鲁,“鲁”,质胜文也①。师也僻,“僻”,饰过差也②。由也喭。“喭”③,刚猛也。子曰:“回也,其庶乎,屡空。庶几慕圣④,忽忘财业⑤,而数空匮也⑥。赐不受命,而货殖焉。億则屡中。”“命”,爵命也⑦。“忆”,忆度也⑧。子贡虽不受爵命而能富,虽不穷理而幸中,盖不逮颜之“庶几”⑨。轻四子所病⑩,故称“子曰”以异之。

[注释]①质胜文:参见《论语·雍也》:“质胜文则野,文胜质则史。文质彬彬,然后君子。”质:质朴。文:文饰。 ②过差:过分。 ③喭(yàn):刚猛。 ④庶几:参见《系辞下》:“颜氏之子,其殆庶几乎!”慕圣:仰慕圣人。 ⑤忽忘:忘记。 ⑥数(shuò):屡次。匮:缺乏。 ⑦爵命:封爵受职。 ⑧忆度:臆度。 ⑨不逮:不及。 ⑩四子:指高柴、曾参、颛孙师、仲由。所病:毛病所在。

子路、曾皙、冉有、公西华侍坐。子曰:“以吾一日长乎尔,无吾以也。居则曰:不吾知也。如或知尔,则何以哉?”子路率尔而对曰:“千乘之国,摄乎大国之间,加之以师旅,因之以饥馑。由也为之,比及三年,可使有勇,且知方也。”夫子哂之。“求,尔何如?”对曰:“方六七十,如五六十,求也为之,比及三年,可使足民也。如其礼乐,以俟君子。”“赤,尔何如?”对曰:“非曰能之,愿学焉。宗庙之事,如会同,端章甫,愿为小相焉。”“点,尔何如?”鼓瑟希,铿尔,舍瑟而作,对曰:“异乎三子者之撰。”子曰:“何伤乎?亦各言其志也。”曰:“莫春者,春服既成,得冠者五六人,童子六七人,浴乎沂,风乎舞雩,咏而归。”沂水近孔子宅①,舞雩坛在其上②,坛有树木,游者托焉也③。夫子喟然叹曰:"吾与点也。"

[注释]①沂(yí)水:河名,源出山东省,至江苏省入海。 ②舞雩(yú):古代求雨时举行的伴有乐舞的祭祀。 ③托:寄托。

颜渊

司马牛问仁,子曰:"'仁'者,其言也讱。"情发于言,志浅则言疏①,思深则言讱也②。曰:"其言也讱,斯可谓之仁已矣乎?"子曰:"为之难,言之得无讱乎!"

[注释]①疏:空疏。 ②讱(rèn):出言谨慎缓慢。

宪问

子曰:"君子而不仁者有矣,夫未有小人而仁者也。"假君子以甚小人之辞①,君子无不仁也。

[注释]①甚:超过。

子贡曰:"管仲非仁者与?桓公杀公子纠,不能死,反相之。"子曰:"管仲相桓公,霸诸侯,一匡天下,民到于今受其赐。于时戎狄交侵①,亡荆灭卫②。管仲攘戎狄而封之③,南服楚师④,北伐山戎⑤,而中国不移⑥。故曰"受其赐"也。微管仲,吾其被发左衽矣!岂若匹夫匹妇之为谅也,自经于沟渎,而莫之知也。"

[注释]①交侵:迭相侵犯。 ②荆:楚国。 ③攘:除。 ④服楚师:使

楚国军队归服。　⑤山戎：古代北方的一个部族。　⑥中国不移：谓中原不受动摇。

子曰："其言之不怍，则其为之难。"情动于中而外形于言，情正实①，而后"言之不怍"②。

[注释]①正实：真实。　②怍(zuò)：惭愧。

子曰："贤者辟世，其次辟地，其次辟色，其次辟言。"子曰："作者七人矣。"七人：伯夷、叔齐、虞仲、夷逸、朱张、柳下惠、少连也①。

[注释]①七人：均为洁身自好的贤者，参见《论语·微子》："逸民伯夷、叔齐、虞仲、夷逸、朱张、柳下惠、少连。"

卫灵公

子曰："民之于仁也，甚于水火。水火吾见蹈而死者矣，未见蹈仁而死者也。"民之远于仁，甚于远水火也。见有蹈水火死者①，未尝见蹈仁死者也。

[注释]①蹈：践踏。

阳货

子曰："性相近也，习相远也。"不性其情，焉能久行其正？此是情之正也。若心好流荡失真，此是情之邪也。若以情近性，故云"性其情"。情近性者，何妨是有欲？若逐欲迁①，故云"远"也；若欲而不迁，故曰"近"。但近性者正，而即性非正②；虽即性非正，而能使之正。譬如近火者热，而即火非热；虽即火非热，而能使之热。能使之热者何？气也，热也。能使之正者何？仪也③，静也。又知其有浓薄者。孔子曰："性相近也。"若全同也，相近之辞不生；若全异也，相近之辞亦不得立。今云"近"者，有同有异，取其共是④。无善无恶则同也，有浓有薄则异也，虽异而未相远，故曰"近"也。

[注释]①逐欲迁：随欲望而变迁。 ②即：达到。 ③仪：礼仪规范。④共是：共同所肯定的。

公山弗扰以费畔，召，子欲往。子路不悦曰："未之也已，何必公山氏之之也！"子曰："夫召我者而岂徒哉！如有复用我者，吾其为东周乎！"言如能用我者，不择地而兴周室道也。

[注释]①周室道：即西周之道。

佛肸召，子欲往。子路曰："昔者，由也闻诸夫子曰：'亲于其身为不善者，君子不入也。'佛肸以中牟畔，子之往也，如之何？"子曰："然有是言也。曰：'不曰坚乎？磨而不磷；不曰白乎？涅而不缁。'吾岂匏瓜也哉？焉能系而不食！"孔子机发后应①，事形乃视②，择地以处身，资教以全度者也③，故不入乱人之邦④。圣人通远虑微，应变神化，浊乱不能污其洁，凶恶不能害其性，所以避难不藏身，绝物不以形也⑤。有是言者，言各有所施也。苟不得系而不食⑥，舍此适彼，相去何若也。

[注释]①机发：机关启动。 ②事形：事物正式形成。 ③资教：凭借

教化。全度：保全救护。　④乱人之邦：有违背正道之人的国家。　⑤绝物：隔离外物。　⑥系：悬挂。

子曰："由，汝闻六言六蔽矣乎？"不自见其过也①。对曰："未也。"曰："居，吾语汝。好仁不好学，其蔽也愚；好智不好学，其蔽也荡；好信不好学，其蔽也贼；好直不好学，其蔽也绞；好勇不好学，其蔽也乱；好刚不好学，其蔽也狂。"

[注释]①见：同"现"，显现。

子曰："礼云，礼云，玉帛云乎哉？乐云，乐云，钟鼓云乎哉？"礼以敬为主，玉帛者，敬之用饰也。乐主于和，钟鼓者，乐之器也。于时所谓"礼乐"者，厚贽币而所简于敬①，盛钟鼓而不合《雅颂》②，故正言其义也。

[注释]①贽(zhì)币：礼品。简：怠慢。　②雅颂：指庄严神圣的音乐。

子曰："予欲无言。"子贡曰："子如不言，则小子何述焉？"子曰："天何言哉？四时行焉，百物生焉。天何言哉！""予欲无言"，盖欲明本。举本统末，而示物于极者也。夫立言垂教，将以通性，而弊至于湮①；寄旨传辞，将以正邪②，而势至于繁。既求道中，不可胜御③。是以修本废言，则天而行化。以淳而观，则天地之心见于不言；寒暑代序④，则不言之令行乎四时。天岂谆谆者哉⑤！

[注释]①湮(yān)：埋没。　②正邪：使奸邪归于正。　③不可胜御：不能完全防御。　④代序：时序更替。　⑤谆谆(zhūn)：反复告诫貌。

微　子

逸民伯夷、叔齐、虞仲、夷逸、朱张、柳下惠、少连。子曰:“不降其志,不辱其身,伯夷、叔齐与!”谓:“柳下惠、少连,降志辱身矣,言中伦,行中虑,其斯而已矣。”谓:“虞仲、夷逸,隐居放言,身中清,废中权。我则异于是,无可无不可。”朱张,字子弓,荀卿以比孔子。今序六人而阙朱张者①,明取舍与己合同也②。

[注释]①阙:同“缺”。　②合同:志同道合。

主要参考文献

(魏)王弼撰,楼宇烈校释:《王弼集校释》,北京:中华书局,1980年。

(魏)王弼撰,楼宇烈校释:《老子道德经注校释》,北京:中华书局,2008年。

(魏)王弼撰,楼宇烈校:《老子道德经注》,北京:中华书局,2011年。

(魏)王弼撰,楼宇烈校释:《周易注(附周易略例)》,北京:中华书局,2011年。

(魏)王弼撰,楼宇烈校释:《周易注校释》,北京:中华书局,2012年。

(清)阮元校刻:《十三经注疏》,北京:中华书局,1980年。

国学整理社编:《诸子集成》,北京:中华书局,2006年。

《道藏》,北京:文物出版社、上海:上海书店、天津:天津古籍出版社,1988年。

(宋)范晔撰,(唐)李贤等注:《后汉书》,北京:中华书局,1965年。

(晋)陈寿撰,(宋)裴松之注:《三国志》,北京:中华书局,1964年。

（唐）房玄龄等撰:《晋书》,北京:中华书局,1974 年。

（唐）魏征等撰:《隋书》,北京:中华书局,1973 年。

余嘉锡撰:《世说新语笺疏》,北京:中华书局,1983 年。

Rudolf G. Wagner, *A Chinese Reading of the Daodejing: Wang Bi's Commentary on the Laozi with Critical Text and Translation*, Albany: State University of New York Press, 2003.

蔡振丰:《王弼的言意理论与玄学方法》,新北:花木兰文化出版社,2010 年。

高龄芬:《王弼与郭象玄学方法之研究》,新北:花木兰文化出版社,2008 年。

胡海:《王弼玄学的人文智慧》,北京:人民出版社,2007 年。

蒋丽梅:《王弼老子注研究》,北京:中国社会科学出版社,2012 年。

康中乾:《有无之辨——魏晋玄学本体思想再解读》,北京:人民出版社,2003 年。

林丽真:《王弼》,台北:东大图书股份有限公司,1988 年。

林丽真:《王弼老、易、论语三注研究》,台北:东大图书股份有限公司,1988 年。

刘季冬:《儒道会通——王弼〈老子注〉之思想建构》,北京:人民出版社,2014 年。

牟宗三:《才性与玄理》,长春:吉林出版集团有限责任公司,2010 年。

裴传永:《王弼与魏晋玄学》,济南:山东文艺出版社,2004 年。

汤一介:《郭象与魏晋玄学(增订本)》,北京:北京大学出版社,2000 年。

汤一介、胡仲平编:《魏晋玄学研究》,武汉:湖北教育出版社,2008年。

汤用彤:《魏晋玄学论稿》,上海:上海古籍出版社,2005年。

田永胜:《王弼思想与诠释文本》,北京:光明日报出版社,2003年。

(德)瓦格纳:《王弼〈老子注〉研究》,杨立华译,南京:江苏人民出版社,2008年。

王葆玹:《正始玄学》,济南:齐鲁书社,1987年。

王葆玹:《王弼评传——玄学之祖,宋学之宗》,南宁:广西教育出版社,1997年。

王晓毅:《儒释道与魏晋玄学的形成》,北京:中华书局,2003年。

王晓毅:《王弼评传》,南京:南京大学出版社,2011年。

武锋:《王弼》,西安:陕西师范大学出版社,2017年。

杨鉴生:《王弼研究》,郑州:河南人民出版社,2012年。

尹锡珉:《王弼易学解经体例探源》,成都:巴蜀书社,2006年。

余敦康:《何晏王弼玄学新探》,北京:方志出版社,2007年。

余敦康:《魏晋玄学史(第2版)》,北京:北京大学出版社,2015年。

庄耀郎:《王弼玄学》,新北:花木兰文化出版社,2011年。

近期国学读物要目

国学新读本

诗经　梁锡锋　注说
论语　臧知非　注说
尚书　姜建设　注说
国语　曹建国　张玖青　注说
孔子家语　杨朝明　注说
山海经　郑慧生　注说
墨子　苏凤捷　程梅花　注说
孟子　何晓明　周春健　注说
庄子　曹础基　注说
荀子　杨朝明　注说
韩非子　赵　沛　注说
孙子兵法　赵国华　注说
楚辞　李中华　邹福清　注说
潜夫论　王　健　注说
文心雕龙　戚良德　注说

礼记　杨天宇　注说
老子　曹　峰　注说
吕氏春秋　张富祥　注说
商君书　徐　莹　注说
战国策　张彦修　注说
淮南子　杨有礼　注说
春秋繁露　曾振宇　注说
世说新语　赵成林　注说
史通　李振宏　注说

周易　龚留柱　注说
新语　李振宏　注说
新书　徐　莹　注说
新论　臧知非　注说
说苑　赵国华　范正娥　注说
搜神记　王利锁　注说
颜氏家训　郭宝军　注说

文中子　王路曼　池　桢　注说
潜书　池　桢　王路曼　注说
六祖坛经　姚彬彬　注说
韩愈集　刘真伦　注说
柳宗元集　岳　珍　注说
贞观政要　苏士梅　注说
通书　张文瀚　注说
正蒙　李　峰　注说
王弼集　党圣元　陈民镇注说
欧阳修集　杨　亮　注说
王安石集　张富祥　李玉诚　注说
容斋随笔　张富祥　注说
论语集注　梁振杰　注说
大学中庸集注　梁振杰　注说
孟子集注　赵庆伟　注说
近思录　路新生　注说
传习录　岳淑珍　注说
焚书　李竞艳　注说
明夷待访录　赵轶峰　注说
闲情偶寄　惠　萍　注说
龚自珍集　曹志敏　注说
校邠庐抗议　刘克辉　戴宁淑　注说
劝学篇　马小泉　注说

百年河大国学旧著新刊

河洛方言诠诂　王广庆　著
三统历表　邵瑞彭　著
中国戏剧概论　卢　前　著
晚明思想史散论　嵇文甫　著
论语新探　赵纪彬　著
天问研究　孙作云　著
汉魏六朝文学史　李嘉言　著
金艺文志　金登科记考　万　曼　著
唐集叙录　万　曼　著
中国文学史新编　张长弓　著
汉碑集释　高　文　著
袁中郎研究　任访秋　著
东夷杂考　李白凤　著
宋会要辑稿考校　王云海　著
长江集新校　李嘉言　著

高适岑参选集　高　文　王刘纯　选著
花间集注　华锺彦　著
庆湖遗老诗集校注　王梦隐　著
曾瑞散曲集校注　李春祥　著
辛弃疾选集　佟培基　选著
汉魏六朝韵谱　于安澜　著
毡推闲话　武慕姚　著
中国救荒史　邓云特　著
红学二百年　李春祥　著
文心雕龙选讲　温绎之　著

于安澜书画学四种

画论丛刊
画史丛书
画品丛书
书学名著选

元典文化丛书

中华第一经——《周易》与中国文化　宋会群　苗雪兰　著
教化百科——《诗经》与中国文化　孙克强　张小平　著
经国治民之典——《周礼》与中国文化　郝铁川　著
哲人的智慧——《老子》与中国文化　高秀昌　龚　力　著
圣人箴言录——《论语》与中国文化　李振宏　著
武学圣典——《孙子兵法》与中国文化　龚留柱　著
亚圣思辨录——《孟子》与中国文化　何晓明　著
逍遥之祖——《庄子》与中国文化　白本松　王利锁　著
外王之学——《荀子》与中国文化　张曙光　著
中国帝王术——《韩非子》与中国文化　王宏斌　著
史家绝唱——《史记》与中国文化　邓鸿光　著
诸经总龟——《春秋》与中国文化　涂文学　周德钧　著
管理宝典——《管子》与中国文化　袁　闯　著
纵横家书——《战国策》与中国文化　张彦修　著
人仙之间——《抱朴子》与中国文化　徐仪明　冷天吉　著
医学圣典——《黄帝内经》与中国文化　王庆宪　梁晓珍　著
礼乐渊薮——《礼记》与中国文化　黄宛峰　著
词章之祖——《楚辞》与中国文化　李中华　著
星学宝典——《历书天官书》与中国文化　郑慧生　著
天人衡中——《春秋繁露》与中国文化　曾振宇　范学辉　著
王政全书——《吕氏春秋》与中国文化　张富祥　著
神话之源——《山海经》与中国文化　高有鹏　孟　芳　著

新道鸿烈——《淮南子》与中国文化　杨有礼　著
史家龟鉴——《史通》与中国文化　曾凡英　著
政事纲纪——《尚书》与中国文化　姜建设　著
春秋弦歌——《左传》与中国文化　龚留柱　著
平民理想——《墨子》与中国文化　苏凤捷　程梅花　著
人伦本原——《孝经》与中国文化　臧知非　著
法典之王——《唐律疏议》与中国文化　徐永康　吉霁光　郑取　著
文论巨典——《文心雕龙》与中国文化　戚良德　著

宋代研究丛书

北宋诗学　张海鸥　著
宋代东京研究　周宝珠　著
宋代地域经济　程民生　著
宋代监察制度　贾玉英　著
宋代官员选任和管理制度　苗书梅　著
宋代地域文化　程民生　著
宋代文学通论　王水照　主编
宋代司法制度　王云海　主编
宋代教育　苗春德　主编
清明上河图与清明上河学　周宝珠　著
宋代文化史　姚瀛艇　主编
黄庭坚与宋代文化　杨庆存　著
宋代交通管理制度研究　曹家齐　著
岳飞和南宋前期政治与军事研究　王曾瑜　著
成圣之道——北宋二程修养工夫论之研究　温伟耀　著
宋代绘画研究　邓乔彬　著

汉语史专书语法研究丛书

《三朝北盟会编》语法研究　刁晏斌　著
《荀子》虚词研究　黄珊　著
《晏子春秋》词类研究　姚振武　著
《聊斋俚曲》语法研究　冯春田　著
《孟子》词类研究　崔立斌　著
《朱子语类辑略》语法研究　吴福祥　著
敦煌变文 12 种语法研究　吴福祥　著
《吕氏春秋》句法研究　殷国光　著
《尚书》语法论稿　钱宗武　著
《左传》语法研究　何乐士　著
《元典章·刑部》语法研究　李崇兴　祖生利　著
汉语语法史断代专书比较研究　何乐士　著

图书在版编目(CIP)数据

王弼集/党圣元,陈民镇注说. —郑州:河南大学出版社,2018.8

(国学新读本)

ISBN 978-7-5649-3457-6

Ⅰ.①王… Ⅱ.①党…②陈… Ⅲ.①王弼(226—249)—思想评论 Ⅳ.①B235.25

中国版本图书馆 CIP 数据核字(2018)第 210704 号

责任编辑 何 新 展文婕

责任校对 解远文

封面设计 马 龙

出版发行 河南大学出版社

地址:郑州市郑东新区商务外环中华大厦 2401 号 邮编:450046

电话:0371—86059701(营销部) 网址:www.hupress.com

排 版 郑州市今日文教印制有限公司

印 刷 开封智圣印务有限公司

版 次 2019 年 8 月第 1 版 **印 次** 2019 年 8 月第 1 次印刷

开 本 650mm×960mm 1/16 **印 张** 21.25

字 数 267 千字 **定 价** 53.00 元
